精品课程新形态教材
21 世纪应用型人才培养系列教材
新时代创新型人才培养精品教材

U0878192

教学技术与媒体

JIAOXUE JISHU
YU MEITI

主编 屈 勇

辽宁大学出版社
Liaoning University Press | 沈阳

图书在版编目（CIP）数据

教学技术与媒体/屈勇主编．--沈阳：辽宁大学出版社，2025．2．--（精品课程新形态教材）（21世纪应用型人才培养系列教材）（新时代创新型人才培养精品教材）．--ISBN 978-7-5698-1952-6

Ⅰ．G40-057

中国国家版本馆CIP数据核字第20250X1M59号

教学技术与媒体

JIAOXUE JISHU YU MEITI

出 版 者：辽宁大学出版社有限责任公司

（地址：沈阳市皇姑区崇山中路66号　　邮政编码：110036）

印 刷 者：涿州汇美亿浓印刷有限公司

发 行 者：辽宁大学出版社有限责任公司

幅面尺寸：185mm×260mm

印　　张：17.5

字　　数：360千字

出版时间：2025年2月第1版

印刷时间：2025年2月第1次印刷

责任编辑：李天泽

封面设计：高梦琦

责任校对：张宛初

书　　号：ISBN 978-7-5698-1952-6

定　　价：49.00元

联系电话：024-86864613

邮购热线：024-86830665

网　　址：http://press.lnu.edu.cn

编写委员会

主　编：屈　勇

副主编：万　靖　吴　栓

前言

Preface

在时代的浩瀚长河中，教育始终是人类文明传承与发展的基石，信息技术则如灵动的羽翼，为教学的飞翔注入了强大的动力。进入 21 世纪，信息技术已渗透到经济发展和社会生活的各个方面，人们的生产方式、生活方式以及学习方式正在发生深刻的变化，全民教育、优质教育，个性化学习、终身学习已成为信息时代教育发展的重要特征。

党的二十大犹如一盏明灯，照亮了新时代教育事业的前进方向，为教学技术的发展赋予了崭新的使命与意义。教育公平，这一崇高的追求，在教学技术的助力下，正逐步成为触手可及的现实。曾几何时，地域的遥远、资源的匮乏，如同重重山峦，阻挡着无数孩子追求知识的道路。然而，随着教学技术的蓬勃发展，特别是互联网的普及和在线教育平台的兴起，知识的传播不再受限于时空的藩篱。

教育部下发的《关于实施卓越教师培养计划 2.0 的意见》提出通过实施卓越教师培养，在师范院校办学特色上发挥排头兵作用，在师范专业培养能力提升上发挥领头雁作用，在师范人才培养上发挥风向标作用，培养造就一批教育情怀深厚、专业基础扎实、勇于创新教学、善于综合育人和具有终身学习发展能力的高素质专业化创新型中小学教师。在党的二十大精神的指引下，在广大教学技术工作者的不懈努力下，教学技术学将不断创新发展，为教育事业的繁荣注入源源不断的活力。到 2035 年，师范生的综合素质、专业化水平和创新能力显著提升，为培养造就数以百万计的骨干教师、数以十万计的卓越教师、数以万计的教育家型教师奠定坚实基础。

党的二十大报告明确提出，要加快建设数字中国，促进数字经济和实体经济深度融合。教育作为国家发展的重要支撑，数字化转型势在必行。基础教育改革的关键在于教师，只有从根本上改变教师队伍的素质，提高教学技能才能保证教育改革顺利进行。改变教师队伍的素质，提高教学技能，不仅要从广大的在职教师人手，更要从教师的“发源地”入手，为基础教育服务，输送高素质合格的教师是师范教育不可推卸的责任，师范生作为未来师资力量的主力军，对师范生教学技术的培养必须符合我国新课改的要求。

站在新时代的潮头，我们展望未来，教学技术学的前景无比广阔。随着 5G 技术、物联网、区块链等新兴技术的不断涌现，教学技术将迎来更加深刻的变革和突破。未来的教学，将是更加智能化、个性化、终身化的教与学，教学技术将成为实现这一美好愿景的强大支撑。本教材将专门论述教师的教学技能，以期帮助教师能够在课堂上更好地发挥信息化教学能力，提高教学质量，完成教学工作任务，增强教学改革与发展的能力。“教学技术”是师范类专业学生的专业基础课。本教材根据师范院校学生的特点，以及中小学教师课堂教学需求，介绍了教学技术的基本理论，探讨了教学技能的基本技能，阐明了教学设计和评价的原理与方法，最后根据课程思政的要求，“提质培优”，充分发挥现代教学技术的优势，引导师范生掌握更多的教学技能。

本教材全面系统地介绍和阐述了现代教学技术的基础理论知识、教学方法和教学媒体操作技能，在突出体现教学实用性的同时，注意体现了教材的思想性、科学性和系统性。全书共分九章，具体内容包括教学技术概述、教学技术理论基础、教学设计、课堂教学技术、信息化教学评价、教学媒体、多媒体课件制作、微课设计与制作、智慧媒体与平台。该书可供各师范类院校作为教材使用，也可供从事相关工作的人员作为参考用使用。

本教材由屈勇担任教材主编，吴栓、万靖任副主编。具体编写任务如下：前言由屈勇、向朝春编写，第一章、第二章、第三章由屈勇编写，第四章由鞠小勤编写，第六章、第七章由万靖编写，第五章、第八章、第九章由吴栓编写。全书由屈勇、潘勇、陈立万统稿。

本书在编写过程中，笔者引用了一些国内外专家、学者的文章和资料，其中的主要来源在参考资料目录中列出，如有遗漏，恳请原谅。特别鸣谢陈立万教授的精心指导和潘勇教授的大力支持。由于作者的经验和水平有限，加上时间仓促，书中难免有谬误之处，恳求专家与读者批评指正，不胜感激。最后要感谢多年来对“教学技术”相关课程建设给予关心、支持和帮助的各位朋友。

编　者

2024 年 12 月

目录

Contents

第一章

“千里征途，踔厉奋发”
——教学技术概览

【学习目标】

1. 理解教学技术的定义和内涵。
2. 掌握教学技术学的基本框架和研究范畴。
3. 了解教学技术的应用领域及对教学的影响。
4. 了解教学技术的发展历程和热门领域。
5. 理解教学技术的重要作用和意义。

【思政导读】

全面提高人才自主培养质量，着力造就拔尖创新人才，聚天下英才而用之。

第一节　教学技术的基本概念

现代教学技术是以计算机为核心的信息技术在教育教学中的理论与实践，是深化教育教学改革的突破口和制高点。学习现代教学技术的基本理论和基本技能，对适应教育信息化发展的趋势，提高教学质量和效率，实施素质教育具有重要的意义。

一、教学技术的定义和内涵

(一)教学技术的定义

何谓教学技术？自国内采用教学技术学这一学科、专业名称开始，20 年来学术界一直存在着两种观点的争论：一种观点认为教学技术是“教学中的技术”，指在教学范畴下技术作为一个主体而独立存在，强调的是技术及技术运用本身，这种观点被称为教学技术的重点在“技”；另一种观点认为教学技术是“借助于技术的教学”，是指现代教学需要借助技术来实现，强调的是教学，技术是教学的辅助手段，这种观点被称为教学技术的重点在“教”。以上两种观点截然相反，导致了长期以来教学技术姓“技”还是姓“教”之争。实质上，以上两种观点都对，不能把它们割裂开来。教学技术就是“教学中的技术”，更是“借助于技术的教学”。技术是手段，教学是目的，并不对立。我们不妨认为教学技术是复姓“教技”，重要的是将两者有机和谐地统一为一体，体现教学技术的真正面目。

为了清楚地理解什么是教学技术，首先得认识什么是“技术”。一般认为，技术就是根据生产实践经验和自然科学原理发展而成的各种工艺操作方法与技能。实质上，技术涵盖了人类生产力发展水平的标志性事物，是生存和生产工具、设施、装备、语言、数字数据、信息记录等的总和。它包含两个核心内容：一是有形的物质工具手段，二是无形的非物质智能方法。目前，人们普遍理解为技术就是提高生产力的系统化的实用知识。教学技术就是教育中的技术，教学技术侧重于技术在教育中的应用，是以“技术”为出发点来研究教育，从而形成了相应的实践和理论。

从技术角度出发，教学技术的定义可以表述为：人类为满足教与学的需要所采用的一切教育经验、方法技能和工具手段的总和。它分为有形技术(物化形态)和无形技术(智能形态)两大类(见表 1-1)。

表 1-1 不同时期的有形教学技术和无形教学技术

技术特征 \ 发展阶段	传统教学技术（手工技术时代）	视听媒体教学技术（机电技术时代）	信息化教学技术（信息技术时代）
有形的技术	· 竹筒 · 粉笔、黑板 · 印刷材料 · 实物 · 模型等	· 幻灯、投影 · 广播、电影 · 教学机器 · 电视、录像 · 卫星电视等	· 多媒体计算机 · 人工智能技术 · 校园网 · 因特网 · 虚拟现实等
无形的技术	· 口耳相传 · 诡辩术 · 讲演术 · 孔子的启发式教学 · 苏格拉底的产婆术 · 直观教学法等	· 经验之塔理论 · 教育目标分类学 · 标准参照评价 · 程序教学 · 先行组织者理论 · 基于行为主义的教学系统设计 · 系统方法 · 细化理论 · 成分显示理论等	· 网络课程开发理论 · 基于认知理论的教学设计 · 基于建构主义的以“学”为主的教学设计 · 绩效技术 · 知识管理技术等

1. 有形教学技术

借助有形教学技术进行信息传递、加工、处理、呈现的有效手段，是人类实现教育活动的物质基础。自从人类教育活动产生以来，就直接或间接地受到有形教学技术的支持，不管是古代的口耳相传、印刷技术，还是现代的电子技术、计算机技术，它们都在不同的历史时期为教育活动的有效实施提供了物质条件。

2. 无形教学技术

无形教学技术也称观念形态，或者说是智能形态的教学技术，是指在教育实践中总结与概括出来的用于指导教学技术应用实践的策略和方法。它的特征是以理论知识为核心，包括技术应用原则、原理、策略和方法等。这些技术是无形的，但通过有形技术形态即教育媒体表现出来。

无形教学技术是教学技术长期发展的结果，是教学技术实践人员长期的智慧结晶，是对有形教学技术在教育实践中的规律性认识。因此，我们运用有形的教学技术进行教育活动，必然需要相关理论（无形的教学技术）的指导，来解决“如何使用”“怎样才能用好”等问题。

总之，教学技术的两个层面“有形教学技术和无形教学技术”是相互影响、相互作用的，它们以有机整体的形式发挥着作用。

纵观教学技术的发展历程，有形教学技术在不断发展，随着新的教育媒体不断地出现，无形教学技术也得到了丰富和发展，形成了指导教学技术实践的理论。

1994 年美国教育传播与技术学会(The Association for Educational Communications and Technology，AECT)对教学技术给出这样的定义：Instructional technology is the theory and practice of design, development, utilization, management, and evaluation of processes and resources for learning. 国内译文一般表述为：教学技术(也译作教育技术)是为了促进学习，对学习过程与学习资源进行设计、开发、利用、管理和评价的理论与实践。

AECT 发布 94 定义的说明文件中指出“教学技术”(Instructional Technology)等同于“教育技术”(Educational Technology)，国际上将这两个术语作为同义词，国内在宏观层面常常使用教育技术的称呼，而在课堂教学和学生自主学习层面常常使用教学技术的称呼。由该定义可看出，教学技术是关于一个目的(促进学习)、两大研究对象(学习过程与学习资源)、五大领域(设计、开发、利用、管理和评价)的理论与实践(如图 1-1)。

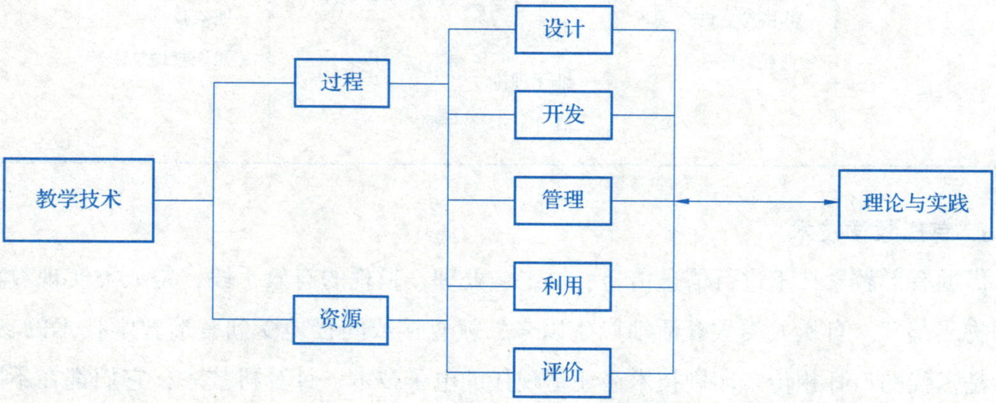

图 1-1　AECT94 定义的简化图

教学技术的研究对象是学习过程和学习资源。对于定义中的学习过程和学习资源，可以理解为：学习过程是指广义上的学习过程，是“学与教”的过程，既包括无教师参与的学习过程，也包括有教师参与的学习过程，后者就是我们通常所说的“教学过程”。学习资源是指在学习过程中可被学习者利用的一切要素，并非仅指用于教学过程的设备和材料。学习资源有人力资源和非人力资源，其中人力资源包括教师、同伴、小组、群体等；非人力资源包括各种教学设施、教学材料和教学媒体等。

自 AECT94 定义引入到我国以来，国内学术界绝大多数人持欢迎、肯定态度，不少人热情赞扬并大力宣传，使它成为国内普遍认同的教学技术定义。

2005 年，美国教育传播与技术学会对教学技术又给出了全新的定义，即 AECT05 定义：Educational technology is the study and ethical practice of facilitating learning and improving performance by creating, using, and managing appropriate technological processes and resources. 该定义可译为：教学技术是通过创造、使用和管理合适的技术性的过程与资源，以促进学习和提高绩效的研究与符合伦理道德的实践。为便于记忆与理解，人们将 AECT05 定义表述为与 AECT94 定义相对称的形式：教学技术是通过创造、使用和管理合适的技术性的过程与资源，以促进学习和提高绩效的研究与符合伦理道德的实践。

与 AECT94 定义比较，新定义有以下五个方面的变化：第一，目的由一个变为两个，即为了“促进学习和改善绩效”；第二，在两大研究对象前加了两个定语——“各种恰当的”和“技术的”；第三，五个领域改为三个，即“创造、利用和管理”；第四，理论改为“研究”；第五，实践前增加了一个定语“合乎伦理道德的”。

AECT05 定义中这五个方面的变化一开始国内学者很难接受，直到近年来随着研究、理解和认识的深入逐步接受并认可了。

第一，“改善绩效”是强调要重视在教育领域中技术应用的业绩与效果。

第二，在研究对象前增加第一个定语“技术的”，是要将所研究学习过程和学习资源界定在技术的过程与技术的资源领域，非技术的过程与资源不在教学技术的研究范围之列。增加定语“各种恰当的”，是指并非所有的“技术过程和技术资源”都是教学技术的研究对象，而要界定在“各种恰当的”范围之内。

第三，五个领域改为三个，去掉设计、开发、评价，增加创造，保留利用、管理。可以理解为把创造界定在设计、开发领域，并强调创新。去掉评价不是评价不重要，而是更加突出它的重要性，把评价看作贯穿于所有领域中。

第四，将理论改为研究是为了突出教学技术是一门新兴的、发展很快的学科领域，对相关理论的探索，对在新技术的选择、开发过程中强调要开展充分的研究，它还远未成为相对成熟的、较完善稳定的学科体系。

第五，在实践前增加“合乎伦理道德的”，是充分考虑到了技术是一把“双刃剑”，技术的应用提高了工作效率，但师生在教与学过程中不能受技术的束缚，不能沦为技术的“奴隶”。由此可见，AECT05 定义包括了十分丰富的内涵，概括了教学技术从理论到应用实践的各个方面。

综合国际上的研究成果和我国实际，我们把现代教学技术的定义表述为：现代教学技术是指运用现代教育教学理论和现代信息技术，通过对教与学的过程和资源进行设计、开发、利用、管理和评价，以实现教学最优化的理论与实践。

（二）教学技术的内涵

第一，教学技术的指导理论是先进的教育思想和学习理论。从教学理论的角度来看，主要包括布鲁纳的“发现教学法”、布卢姆的“掌握学习”、加涅的“针对学习条件的指导教学模式”、瓦根舍因的“范例教学”、巴班斯基的“最优化教学”等。从学习理论的角度看，主要包括以桑代克与斯金纳为代表的行为主义学习理论、以班杜拉为代表的社会学习理论及认知学习理论、建构主义学习理论、人本主义学习理论等。另外，三种传播理论(拉斯韦尔、施拉姆、贝罗)及应用于教育领域的“三论”更是支撑和构成教学技术理论的重要组成部分。

第二，在技术手段上，它采用现代信息技术，并充分发挥其优势。随着现代教育信息技术的发展，以多媒体计算机和网络为基础的现代教学媒体使新型教学模式的构建成为可能。

第三，教学技术的研究和作用对象是教与学的过程和教与学资源的优化。从这一点可以清晰地认识到教学技术的任务和特点。也就是说教学技术的着眼点首先是教与学的过程，然后是在此基础上的资源优化。可见，那种认为教学技术就是搞设备、就是搞技术的认知还处于我国教学技术发展的初期阶段，是极端狭隘和错误的，继续持有这种观点，就必将严重阻碍我国教学技术的发展并制约其应起的作用。

第四，在以上分析的基础上，可以确定教学技术的具体内容就是应用系统科学的方法对教与学过程和教与学资源进行设计、开发、应用、管理及评价。

可见，教学技术并非指单纯的物化技术，它更重要的是指设计与运用教学技术的现代教育思想观念和方法，探索如何为教学构建有效的教学信息资源环境或学习空间，探索能充分体现现代教育、教学思想，融现代教学技术于其中的教学方法、结构或模式，而这种探索就要对教学过程进行设计、开发、利用、管理和评价。因此可以说，教学技术是教育现代化的具体内容，也是促进教育现代化的重要手段和途径。所以，每一位教育工作者必须对教学技术的相关理论有比较明确的认识，只有这样，才能让教学技术更好地服务于知识经济时代的教育、教学及其变革。

二、教学技术的研究范畴

根据 AECT94 定义，教学技术的研究范畴包括学习过程与学习资源的设计、开发、利用、管理和评价五个方面。这五个方面既相互独立，又相互渗透，且每个方面都有具体的研究内容(如图 1-2)。

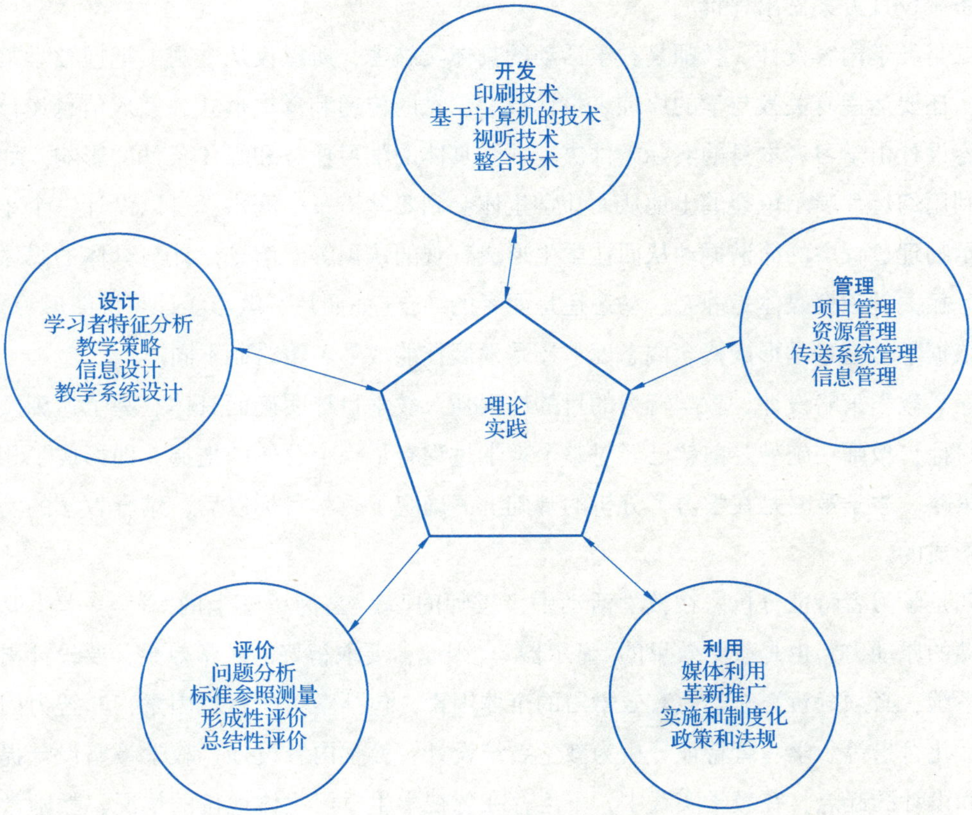

图 1–2 教学技术的研究内容

(一)设计

设计是在详细推敲学习条件的基础上提出学习方案的过程，是运用系统科学的方法和相关学与教的理论，分析教学问题，确定教学目标，建立解决教学问题的策略方案，并对方案进行试行、评价和修正的过程。这里特别强调在充分了解学习者特征的基础上进行的教学内容设计和教学策略设计，主要包括四个方面的理论和实践，即教学系统设计、教学内容设计、教学策略设计、学习者特征分析。

一是教学系统设计。教学系统设计是一个包括分析、设计、开发、实施和评价等步骤的系统过程，学习者分析是其起点，教学策略设计、信息设计是其重要的组成部分。教学设计方案就是在这一系列分析、设计的基础上形成的。该方案形成以后，要经过实践的检验。只有经过检验证明是有效的、能够促进学习效果的教学系统设计方案才有推广普及的价值。如针对某一教学单元，我们就要确定学生要掌握哪些知识和技能，他们如何学习会更有效，并给学生提供一些相关的教学材料(如文字材料、图片、视频等)，也可以让学生自己去收集和整理，还要考虑采用什么样的教学策略，通过在教学中实施，我们可以对该教学系统设计方案做出评价。

二是教学内容设计。教师是教学活动的具体实施者，所以仅从宏观上把握教学策略还不够，还要运用有关教与学的原理来设计教学信息的传递和反馈形式，完成信息设计。教学内容设计由学习者本身的实际条件决定，受具体的学习任务和媒体条件的影响。如我们可以利用幻灯片展示龟裂的土地从而让学生体会到要珍惜每一滴水；可以设计一个小动画来展示物理过程中的简谐振动从而让学生形成直观的认识等。信息设计与具体的媒体和学习任务相关，依据媒体是静态、动态还是两者的结合(如照片、电影、计算机图形等)而不同，依据学习任务是形成概念或态度，还是发展技能或学习策略而不同。

三是教学策略设计。教学行为的目的性很强，教学目标明确而具体。为了达到预期的教学目标，教师在施教之前就已经对整个教学过程有了一个总体的把握，即形成了相应的教学策略。教学策略是在学习者分析的基础上，确定了教学目标以后，结合教学的实际条件而形成的。

四是学习者特征分析。在教学活动中，教师的"教"是为了学生的"学"。学生既是教学活动的原动力，也是教学效果的"显示器"。因此，要取得好的教学效果，要设计出好的教学系统，必须分析影响学生有效学习的个体因素，包括学生的智力因素、非智力因素和社会文化背景等。学习者特征分析为教学系统设计、教学内容设计、教学策略设计提供了依据和设计的起点，在教学实践中，不乏存在忽视学生学习主体地位的情况，教师教学的出发点往往是如何教，而不是学生如何获得更好的发展，尤其是长远的发展。因此，教学设计要重视对学生特征的分析，充分考虑到学习者对基础知识的掌握情况、学习者的兴趣爱好、学习者的情商等学习者特征，更好地做到因材施教。

(二)开发

开发范畴的基础是媒体制作，它研究并运用系统开发等相关理论和技术，使学习过程和学习资源设计的结果"产品化"，并研究如何把新技术应用于教育教学过程的开发。开发涉及教学中广泛适用的各种技术，以及它们和理论之间存在着复杂的相互关系。在开发过程中，有三个基本问题：教学内容选择了什么信息、采用何种教学策略、以何种具体的技术方式来实现。

目前，开发范畴主要强调印刷技术、视听技术、基于计算机的技术与各种技术的综合应用。

一是印刷技术，指主要通过机械或照相印刷过程制作或发送教学材料的方法，如书、图形、照片等。

二是视听技术，指通过使用机械或电子设备来制作或发送教学材料，来呈现听觉和视觉信息的方法，如录像、幻灯、投影等。

三是基于计算机的技术，指利用基于计算机的资源来制作或发送教学材料的方法，通常包括硬件和软件两个部分。基于计算机的技术与其他技术的区别在于信息以数字化形式存储，而不是印刷或视觉的形式。如教师利用 Flash、Authorware 等教学软件开发教学资源来辅助教学，学生用 PowerPoint 制作演示文稿进行汇报等，都属于计算机辅助教学。

四是整合技术，指在计算机控制下的各种媒体形式的教学材料的制作和发送方法。如常见的多媒体控制系统，教师通过安装在计算机上的平台软件，直接控制教室里的其他设备，如 VCD/DVD 机、录像机、录音机、摄像机、视频展示仪、计算机等教学设备的音、视频信号的输入，并任意选择控制其中的一路视频信号输出到大屏幕电视或投影机上，同时将与视频信号同步的音频信号通过功放和音箱输出，并能控制音量的大小。

在实际的开发过程中，有时候利用一种技术就可以实现开发，如文字教材，把设计方案转化为“产品”，但是我们也会经常综合使用多种技术。我们确定了利用视频片段展示教学信息的信息设计方案，在开发中，就可以利用计算机把信息设计方案转化成设计脚本，然后根据脚本拍摄录像，再利用计算机控制系统把录像转化成更易发送的多媒体(如 MP4 格式)，然后传送出去。

(三)管理

管理的工作任务是对学习过程和学习资源进行计划、组织、协调、控制，为优化学习提供科学而可靠的保障。管理可分为项目管理、资源管理、信息管理和传送系统管理四个方面。

一是项目管理，计划、监督和控制教学设计和开发项目。

二是资源管理，计划、监督和控制资源支持系统和服务。

三是信息管理，包括计划、监督和控制信息的存储、转换或处理，目的是为教与学提供资源。

四是传送系统管理，包括计划、监督和控制教学材料分发的方法与向学习者呈现教学信息的媒体和使用的方法等。

(四)利用

利用是指将开发的成果应用于实践并推广使用，建立相应的法规和制度，使应用法规化、制度化，支持技术和过程的不断革新。

一是媒体利用：对学习资源的系统使用。媒体的利用不仅针对具体的某个教学媒体，如幻灯机、投影机、电视机、录像机、计算机等，而且还包括与这些媒体应用紧密相关的媒体资源。媒体利用需要根据教学设计方案进行决策，如在教学中引入一段视频录像来帮助学生理解内容。在选择媒体的时候，需要考虑学生的特点。如果我们要利用一张图片或者一段视频，那么就要考虑学生是否能够明白其中的意义、是否需要教师的帮助、是否需要提前培训计算机操作方面的技能等。

二是革新推广：为了使革新能被采纳而通过有计划的策略进行传播的过程。在教育中，一种新思想的应用、一种新技术的应用，都会对教育产生革新的影响，我们需要对这种革新的成果进行传播和推广。例如，现在很多学校或地区举行一些示范课、公开课、组织竞赛等，都是革新推广的方式，可以为教师提供一个观摩和交流的机会，引起教师的注意，并激发更多的教师在实践中尝试和完善这些革新的成果。

三是实施和制度化：实施是组织中的个人对有关材料和革新成果的合理使用；制度化指的是将组织中成员的革新成果整合到整个组织结构中。

四是政策和法规：影响与规范教学技术推广和使用的强制性规则及行为。国家为了推进教育信息化进程，先后出台了一些政策，包括《教育部关于在中小学实施“校校通”工程的通知》《教育部关于在中小学普及信息技术教育的通知》《国家中长期教育改革和发展规划纲要(2010—2020)》《教育信息化2.0行动计划》《中国教育现代化2035》等。各个省市和地区的教育部门根据当地的实际情况，也制定了一些区域性的政策和法规。

(五)评价

评价是指依据明确的目标，按照一定的标准，采用科学方法，测量对象的功能、品质和属性，并对评价对象做出价值判断的过程。学习过程与学习资源的评价包括诊断性评价、形成性评价和总结性评价。

在教学技术中更强调评价的参照对象，即以行为目标为基础，重视为学习者本人提供有关学习进步的情况，以便根据各方面分析的结果进行必要且及时的调整，保证学习者能最终取得学习上的持续进步，而不是以与其他学习者相比较为主要目的。

一是诊断性评价：也称教学性评价、准备性评价，一般是指在某项教学活动开始之前对学生的知识、技能及情感等状况进行的预测。通过这种预测可以了解学生的知识基础和准备状况，以判断他们是否具备实现当前教学目标所要求的条件，为实现因材施教提供依据。

二是问题分析：使用信息收集与决策策略来确定问题的本质和范围，是教学评价的前端步骤，阐明目标和约束条件。我们要评价教学设计方案或者教学产品时，必须了解该方案或产品要实现什么样的目标，并了解与该方案或产品相关的约束条件。如教学设计方案面向什么样的对象，具体实施的条件如何，教学产品的开发条件如何等。

三是标准参照测量：确定学习者对于预定内容的掌握程度。通常要确定一个分数线，达到或超过该分数的学习者就通过测验。如中学的会考、英语等级考试、计算机等级考试等，只要学生达到一定标准就可以通过，而不会看学生的具体排名如何，这些都属于标准参照测量。标准参照测量便于学生了解自己与标准之间的距离。

四是形成性评价：是指在教学过程中为了解学生的学习情况，及时发现教学中的问题而进行的评价。形成性评价常采用非正式考试或单元测验的形式来进行，测验的编制必须考虑单元教学中所有重要目标。通过形成性评价，教师可以随时了解学生在学习上的进展情况，获得教学过程中的连续反馈，为教师随时调整教学计划、改进教学方法提供参考。教师在制订教学设计方案或进行教学产品开发的过程中，利用形成性评价方式，可以获得频繁的反馈从而改进方案或产品，而不必要等到方案或产品完成以后。如单元小测验、家庭作业、课堂提问等，都可以检验学生学习的情况从而为教师调整教学提供依据。

5. 总结性评价：与形成性评价相对应，收集达标方面的信息，并使用这些信息来做出利用方面的决策。如期末考试、高考等，都属于总结性评价。教育软件投入市场后，用户对教育软件的评价就是总结性评价，这种评价会直接影响用户选择教育软件时的决策。

斯泰克曾说过，“当厨师品尝汤时，那是形成性评价；当客人品尝汤时，那就是总结性评价”。这句话能让我们较好地理解形成性评价和总结性评价的区别。形成性评价和总结性评价都要重视定量和定性测量之间的平衡问题。定量测量通常涉及数值，并力图使测量客观化，定性测量通常强调项目的主观方面和经验，并大多用语言描述作为报告结果的方式。

总之，教学技术的这五个研究领域之间不是一种线性的逻辑关系，它们之间既相互独立又相互渗透，协同作业。

三、教学技术的本质

根据顾明远先生主编的《教育大辞典》(1990)中的定义，教学技术其实就是人类在教学活动中所采用的一切技术手段和方法的总和，它分为有形技术(物化形态)和无形技术(智能形态)两大类。有形技术主要指教育活动所运用的物质工具(媒体)；无形技术既包括在解决教育问题过程中所运用的技巧、策略和方法，又包括其中所蕴含的教育思想、理论等。有形技术是教学技术的依托，无形技术是教学技术的灵魂。

(一)教学技术的目标是实现教学效果最优化

教学效果最优化，是用最少的人力、物力与财力来提高教师的教学效率和学生的学习效果，是绩效理想化。学生的学习效果体现为知识、情感、动作技能等方面发生的变化。评价教师教学效率的三个指标：一是使学生在知识、情感、动作技能等方面发生变化用了多少时间，学生在单位时间内发生积极变化越多越好及学生在发生相同积极变化所需的时间越少越好。二是有多少学生在知识、情感、动作技能等方面发生了积极变化，单位时间内使越多的学生产生积极变化则效率越高。三是能让学生产生多长时间的积极变化，能让学生产生积极变化的时效越长则效率越高。

(二)教学技术的理论基础

理论来源于实践，理论又反作用于实践，在实践中接受检验并获得发展。教学技术对教育教学问题的分析和解决，离不开教育学理论、心理学理论、教育传播理论、系统科学理论的指导。教学技术通过灵活变通、理论联系实际、创造性地应用这些理论，脚踏实地地解决教育教学过程中的问题，才能实现提升教育教学质量的目标。

(三)媒体是推动教学技术发展的前提

教学活动要借助于媒体，社会条件为教育活动提供的媒体不同，教育活动的形式和效果也就有所不同。在文字出现以前，人类通过言传身教完成知识经验的传承；文字出现以后，对年青一代的教育有了专门的场所(学校)和人员(教师)；印刷术的发明，扩大了教育的对象，推动了班级授课制的诞生；现代教学媒体的出现，促成了灵活多样的教学方式。

时代在发展，社会在进步，新的教育媒体不断涌现，但不能认为用新的教育媒体一定比用旧的教育媒体教学效果好。正所谓“骏马能历险，耕田不如牛；坚车能载重，渡河不如舟”，各种媒体都有自身的优势与不足，不能一概而论。此外，每个学习场所的物质条件各不相同，教学活动只能因地制宜，充分利用已有的条件。

四、教学技术的主要应用领域

教学技术的应用效果受多种因素的影响，这些因素包括学习者的特征、教学内容的差异、教学手段的性能、教学的组织形式和教学人员的专长等。一般来说，教学技术的应用，主要是在相关理论指导下，结合教育相关要素，以提高教育质量、教学效率，扩大教育规模和促进教育改革。

随着教学技术理论与实践的不断相互作用，教学技术的领域不断扩展。特别是随着多媒体计算机和网络技术的逐渐普及，教学技术实践的范围进一步扩大。目前来说，主要在以下三个领域发挥作用。

(一)学校教育

学校教育是教学技术应用的重要领域，如何在学校课程及教学中充分利用信息技术所提供的潜力，提高教学的效果和效率，促进学校教育的改革与创新，是教学技术实践者所关注的问题。信息技术用于学校教育绝不是简单地将信息技术作为一种工具或一门课程“添加”到传统教学方式之中，而是涉及一系列深层变化。所以，如何将信息技术整合到学科课程及教学之中，推动学校教育的全面深层变革，日益被人们所重视。

信息化教学是推动信息技术与学校课程教学整合的重要举措。信息化教学是指在教学中应用信息技术手段，使教学的所有环节数字化，从而提高教学质量和效率，以现代教学理念为指导，以信息技术为支持，应用现代教学方法的教学。在信息化教学中，要求观念、组织、内容、模式、技术、评价、环境等一系列因素信息化。

英国很早就在将信息技术整合于各科教学方面进行了探索性工作，对数学、语文、科学等学科在教学中所应使用的信息技术和应达到的效果提出了明确的指导意见，并开展了追踪研究。美国国际教学技术协会(ISTE)也提出了学科教育中应用信息技术的标准。

(二)远程教育

远程教育系统作为教学技术的重要组成部分，自 20 世纪 80 年代以来得到迅速的发展。世界上已经建立起多所实现远距离教学的大学，我国的广播电视大学也属于这一类，而且是世界上规模最大的。根据联合国教科文组织在 20 世纪 90 年代末的统计数字，约有 1000 万的学生在利用远程教学系统进行学习。

(三)企业培训

在发达国家，企业培训已经成为教学技术应用的一个重要领域，并且发展成为一场颇有影响的教学技术推广运动。

将企业培训、课堂教学和远程教学中教学技术的运用相比较，其思路和方法有很大差别。企业培训的对象是企业的职工，教学目的、内容和课堂教学及远程教学有很大的差异。企业培训要让受培训的员工立足本职岗位，以最经济、最有效的手段去掌握有用的、可用于完成实际任务的各种知识和技能。企业员工学习目标和所需技能的标准是由企业发展的需求决定的。在我国，如何促进教学技术尽快用于企业培训领域中，使其更好地为我国的经济建设服务是教学技术界正在认真思考的问题。

第二节 教学技术的产生与发展

一、国外教学技术的发展历程

教学技术起源于西方国家，它诞生至今已有近百年的历史。教学技术的产生与发展和媒体及媒体传播技术的发展是分不开的。在西方国家中，美国的教学技术产生最早，发展脉络清晰完整，在世界上影响也最大，很多国家都借鉴了美国教学技术发展的理论模式。作为典型代表，美国教学技术的发展历程大致可以划分为视觉教育、视听教育、视听传播和教学技术四个阶段。

(一)视觉教育

17—18 世纪，捷克教育家 J. A. 夸美纽斯和瑞士教育家裴斯泰洛齐等人受到英国哲学家培根唯物主义感觉论的影响，认为人总是通过观察事物本身，从事物的本源去获得知识的，因此提出直观性原则，倡导采用图片、实物、模型等直观教具来辅助教学。裴斯泰洛齐认为："在教学中语言、文字必须与实际经验相配合，学习应该由具体到抽象来进行。" 17 世纪 50 年代，夸美纽斯出版了《直观的图画世界》，用大量绘图来呈现书的内容，对 17 至 18 世纪的课程改革产生巨大的影响。

19 世纪后期，随着科学技术的发展，出现了许多机械的、电动的信息传播媒体，如照片、幻灯片和无声电影等，它们可以向学生提供生动的视觉形象，于是产生了经验视觉教育的概念。视觉教育与直观教育在理念上是完全相同的，其区别在于所涉及的媒体种类不同。

最早使用视觉教育术语的是美国宾夕法尼亚州的一家出版公司，1906 年，它出版了一本介绍如何拍摄照片、如何制作和利用幻灯片的书，书名就是《视觉教育》。1923 年，美国教育协会建立了视觉教育分会。

视觉教育倡导者强调的是利用视觉教材作为辅助，以使学习活动更为具体化，主张在学校课程中组合运用各种视觉教材，将抽象的概念作具体化的呈现。

1937 年，霍邦(C. F. Hoban)等人在《课程的视觉化》一书中提出了视觉教材的分类模式和选用原则(如图 1-3)，该书作者提出了一个对视觉化教材进行分类的模式。

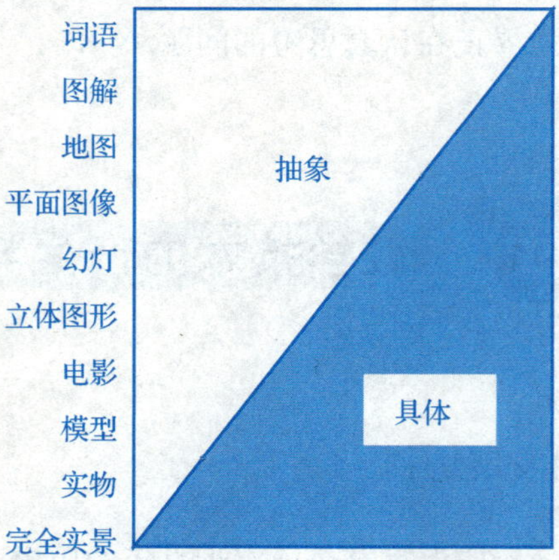

图 1-3　视觉教材分类模式

这个模式主要以教具为基准，按所提供教材的具体——抽象程度排列成示意图，从完全实景开始，它提供的教材最具体；越向上，具体性逐渐减少而抽象性逐渐增加，相对来说词语最抽象。

(二)视听教育

20世纪30年代后半叶，无线电广播、有声电影、录音机、电视等新的媒体在教学中广泛使用，使教学手段更加丰富，这个时期在视听教育的理论方面取得了巨大的成果。

实验心理学家赤瑞特拉做过两个实验，一个是关于人类获取信息来源的实验。实验结果表明：人类获取的信息中有83%来自视觉，11%来自听觉，3.5%来自嗅觉，1.5%来自触觉，1%来自味觉。另外一个实验是关于知识记忆持久性的实验。实验结果表明：人们一般能记住自己阅读内容的10%，自己听到内容的20%，自己看到内容的30%，在交流过程中自己所说内容的70%。

1946年美国教学技术专家戴尔(E. Dale)发表了以著名的“经验之塔”理论为核心的《教学中的视听方法》一书，戴尔认为经验有的是直接方式、有的是间接方式获得的。各种经验，大致可根据它的抽象程度，分为三大类(抽象、观察和做的经验)、十个层次(如图1-4所示)。

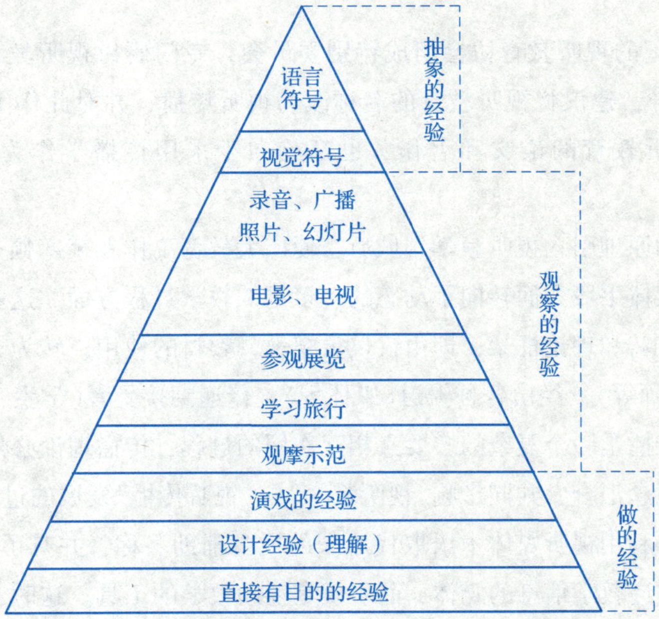

图1-4　戴尔的经验之塔

这个理论成为教学媒体应用于教学实践的主要依据和指导思想。“经验之塔”理论是教育技术学历史上最重要的理论之一，尽管它诞生已有大半个世纪，但对现在乃至今后的教育传播过程的研究仍然意义重大。

一是把学习经验分为具体和抽象，提出学习应从生动直观向抽象思维发展，符合人类的认识规律。在“经验之塔”的由具体逐渐向抽象过渡的图解中，视听教材处于较具体的一端，这构成了教学中应用视听教材的理论依据。

二是提出了视听教材分类的理论依据，即应以其所能提供的学习经验的具体或抽象的程度作为分类依据。强调根据教学媒体在教学过程中的作用来分类，而不应该仅以简单的列举方式分类。这一在目前看来已是很简单的基本分类思想为以后教学媒体分类学的研究及教学媒体的选择研究奠定了基础。

三是视听教材必须与课程相结合。之后形成的教学系统方法等可以说都是这一基本思想的发展与深化。

（三）视听传播

20 世纪 50 年代，西方学校中视听设备和资料普及，教育电视由实验阶段迈入实用阶段，程序教学和教学机器风靡一时，计算机辅助教育开始了实验研究。这些新媒体手段的开发和推广使用给视听教育注入了新的血液。同时，由 H. D. 拉斯韦尔等人在 20 世纪 40 年代创立的传播学开始向相关领域渗透，已有人将教学过程作为信息传播的过程加以研究。

1960 年，美国的视听教育协会组成特别委员会，专门研讨视听教育。1963 年 2 月，该委员会提出报告，建议将视听教育的名称改为视听传播，并对此作了详细的说明。另外，许多研究视听教育的论文和著作，也都趋向于采用传播学作为视听教育的理论基础。

传播的概念和原理引入视听教学领域后，使广大教育工作者茅塞顿开，他们把眼光从静态的、单维的媒体手段方面转向了动态的、多维的教学过程方面。这就从根本上改变了视听领域的实践范畴和理论框架，即由仅仅重视教具教材的使用，转为充分关注教学信息怎样从发送者（教师等），经由各种渠道（媒体等），传递到接受者（学生）的整个传播过程。由于教学信息的传播是一个复杂的多要素相互作用的过程，传播理论必然会与跟它差不多同时形成的系统观念汇合，共同影响“视听教育”向“视听传播”发展的过程。

至此，教育界利用视听媒体术语取代原来的视听辅助名称，并有了硬件和软件之分；视听教材被视为传递教学信息的媒体，而不仅是辅助教学的工具。这时，比视听媒体术语更具包容性的名词教学资源开始使用，学者将关注的焦点从原先的视听教具逐渐转向整体的教学传播过程及教学系统这一宏观层面。这种更新了的观念集中体现在伊利（D. P. Ely）1963 年提出的一个视听传播模式中（如图 1-5 所示）。

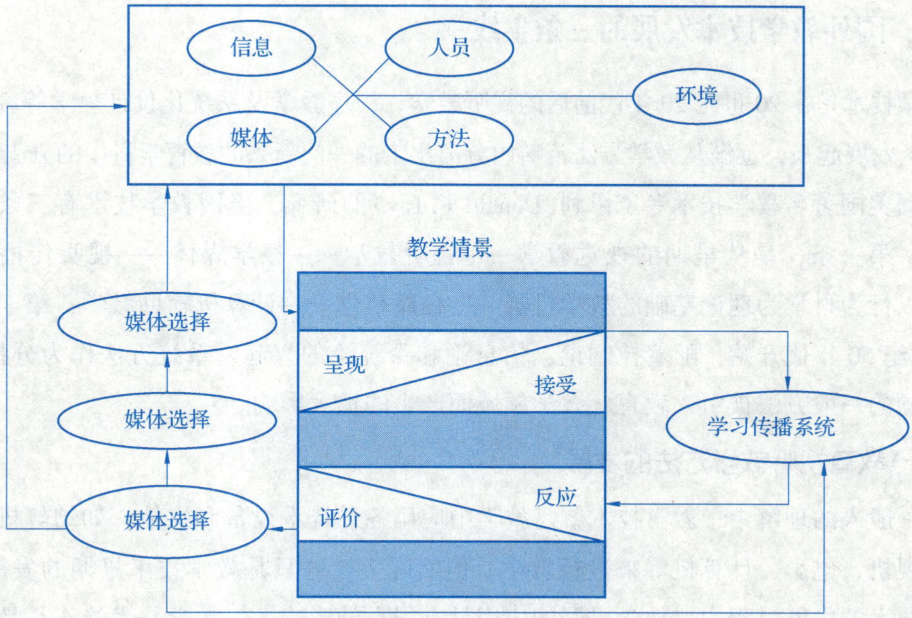

图 1–5 伊利(D. P. Ely)的视听传播模式

(四)教学技术

由于媒体技术的发展和理论观念的创新，国际教育界深感原有视听教育的名称不能代表该领域的实践和研究范畴，因此，在当时美国视听教育协会主席 J. D. 芬恩的建议下，由伊利领导成立了“定义和术语委员会”，致力于教学技术领域范畴、名称和定义的界定。该委员会在 1963 年发表的一份有关专题报告中称：“视听传播这一名称是为了方便起见而采用的，如果今后有比这更合适的名称的话，肯定会取而代之的。”果然不久，在该协会 1965 年出版的《视听教学》杂志上，出现了视听教育、教育传播、学习资源、教学媒介、视听传播、教育技术、教学技术等诸多名称同时并用的现象。1970 年 6 月 25 日，美国视听教育协会经过大会表决，根据多数代表意见，决定改名为教育传播和技术协会，简称 AECT。1972 年，该协会将其实践和研究的领域正式定名为教学技术。

教学技术的名称确定以后，学者们便开始探讨它的定义。1970 年，美国政府的一个专业咨询机构——教学技术委员会在一份报告中指出：“教学技术”可以按两种方式加以定义。在人们较为熟悉的教学技术意义上，它是指产生于传播革命的媒体，这些媒体可以与教师、课本和黑板一起来为教学服务。组成教学技术的部分包括电视、电影、投影器、计算机和其他硬件、软件项目。第二种不太为人们所熟悉的教学技术的定义，其超出了任何特定的媒体或设备。它是按照具体的目标，根据对人类学习和传播的研究，以及利用人力和非人力资源的结合，从而促使教学成为一种更有效、系统地设计、实施、评价学与教的整个过程的方法。

二、国外教学技术发展的三条主线

教学技术是在20世纪20年代前后的视听教学、程序教学及系统化设计教学等教学方法的基础上发展起来，逐渐从教学方法范畴内分离出来的一门新兴的教育学科中的分支学科。

依据美国著名教学技术专家伊利(Donald P. Ely)的研究，美国教学技术有三条历史发展线索：第一条，是从早期的视觉教学——视听教学——教学媒体——视听传播；第二条，是以行为科学为理论基础的教学机器——程序教学——计算机辅助教学；第三条，是从20世纪50年代开始，随着控制论、信息论和系统论的兴起，系统方法作为分析问题、解决问题的一般方法被引入教育、教学领域而产生的重大影响。

(一)教育视听教学方法的发展

在一般人的理解中，教学技术就是教学中应用各种技术设备和媒体，如幻灯机、投影仪、电视机、电影、计算机等来进行教学。但实际上，这只是教学技术早期的发展形态。在教学技术的发展过程中，教学机器的应用具有很大的影响，但教学技术绝不是教育的机械化、工具化，而是具备方法论思想一种理论与实践。

19世纪末20世纪初，工业革命推动了科学技术的迅猛发展，一些新的科技成果如照相技术、幻灯、无声电影等被引入了教育领域，向学生展现了生动的视觉形象，使教学获得了不同以往的巨大成果。研究视觉媒体教育应用的视觉教育运动兴起，使得越来越多的教育工作者参与到新媒体应用的研究中。

1913年，爱迪生说："不久将在学校中废弃书本……有可能利用电影来传授人类知识的每一个分支。在未来的十年里，我们的学校将会得到彻底的改造。"在爱迪生预言后的十年里，他预期的变化没有出现，然而，这十年间视觉教育活动则有了长足的发展。与此同时，英、美等国兴起了播音教育，研究听觉媒体教育应用的听觉教育运动兴起。无线电广播对教育的作用远远超出了学校的范围。

1924年，有声电影出现。随着无线电广播与有声电影在教育中的推广和应用，人们开始对具有视听双重特征的媒体进行研究，视听教育运动兴起。

随着视听教育的广泛开展，相关的视听教育理论也不断涌现，其中最具代表性的就是戴尔(Dale)的"经验之塔"理论。戴尔认为，人们学习知识，一是由自己直接经验获得，二是通过间接经验获得，二者不可偏废。

进入20世纪50年代以后，电视、语言实验室等更现代的视听媒体被用于教育、教学领域。随着各种各样更现代的视听媒体，如幻灯、投影、无线电广播、录音、电影和电视等在教育中的大量使用，人们开始重视对这些媒体使用效果的实验研究。这些研究通常是将借助媒介的学习和不借助媒介的常规学习加以比较。对媒体的研究发现，没有一种万能的绝对好的媒体，每种媒体都有其长处，也有其短处，选择媒体时应该取长避短，综合使用多种媒体进行教学。对媒体使用的考察和研究还发现，使用各种现代媒体并没有对教育产生太大的变革，并不能成为教科书的替代物。要想真正提高教育教学的效率，不应该只关心在教的过程中使用什么手段、设备，而应该关心整个教学过程的综合实施，关心学习者的学习过程，综合使用各种学习资源，以促进学习。大力发展有效学习媒体和信息资源，仍是教学技术领域中一个与众不同的特点。

(二)个别化教学方法的发展

从20世纪初到20年代，人们不断开发出新的个别化教学形式，也研制出教学机器。然而，由于受到当时条件的限制，这些个别化教学形式和教学机器在学校的教学中没有产生太大的影响。

到了20世纪50年代，美国著名心理学家斯金纳掀起了一场程序教学运动，从而使一度衰落了的个别化教学重新兴起。程序教学，就是让学生在事先编制好的、能有效控制学习过程的程序中进行学习，并且这些程序能够满足学生的一种或多种学习需求。

到了20世纪70年代，随着具有高性能的电子计算机技术迅速发展，人们对研究教学机器的兴趣完全转移到计算机辅助教学(CAI)的研究上去了。程序教学的方法广泛用于计算机辅助教学，计算机成了实现程序教学思想的最高级的程序教学机。大力发展计算机技术在教育中的应用，成为20世纪90年代以来教学技术重要的研究方向。

(三)教学系统设计方法的发展

大约在视听教学和个别化教学产生和发展的同时，教学的系统设计方法也逐渐形成。20世纪20年代，美国芝加哥大学的博比特和查特斯等人继续倡导运用实验方法来解决教育教学问题。1924年，博比特在《课程建设》一书中提出了系统设计课程的理论及具体步骤。1945年，查特斯在一篇论文中讨论了“教育工程”领域的方法问题，文章中写道：“首先，教育工程师接受一个要开发的计划、一个要解决的问题——他对问题做出逻辑的解释——问题明确以后，教育工程师分析问题，以揭示应考虑的因素——他着手用已确定的方式执行计划，来设计项目——教育工程方法的最后阶段是评价。”

第二次世界大战期间，美国出于战时需要，招募大批曾经受过实验研究方法训练、具有开展实验研究经验的心理学家和学校教育工作者参加军训工作，他们从关于学习过程、学习理论和人类行为理论方法的研究观察中总结出了一系列教学原则，并用于指导军训研究和教材的开发。其结果不仅提高了军训的效率和效果，也使教学设计的一些重要原理，如任务分析、行为目标、标准参照测试、形成性评价和总结性评价等得到了进一步完善和发展。

20世纪60年代末至70年代初，教学系统方法日益受到重视。人们在实践中建立了许多系统设计教学的理论模型，发表了大量关于教学系统方法的文章，使系统方法成了教学技术解决教育教学问题的根本方法和核心思想。

20 世纪 70 年代初，三条发展线索交叉融合后形成了一个理论研究和实践专业——教育技术学。

三、国内教学技术的发展历程

教学技术随着教育的产生而产生，随着教育和科学技术的发展而发展。由于媒体(物化)技术和智能(观念形态)技术的相互作用，产生了教学技术的不同发展阶段。我国的教学技术是从电化教育起步和发展的，它的发展历程从时间上可划分为以下四个阶段。

(一)初创阶段(20 世纪 20 年代到 40 年代末期)

在国外(主要是美国)视听教育的影响下，大约在 20 世纪 20 年代，幻灯、电影、无线电等教学媒体在我国教育领域中应用，我国从 20 年代开始在南京、上海、无锡、苏州等地开展了最初的电化教育实验，从而拉开了我国电化教育的序幕。

1919 年，开始有教师运用幻灯进行教学，这是我国电化教育起步的标志。

1920 年，上海商务印书馆创办了电影公司——国光影片公司。该公司拍摄了一些无声电影，其中的教育片有《盲童教育》《幼儿园》《养蚕》等，配合讲演、报告放映，受到学校师生的欢迎。

1923 年，中国教育家陶行知在长沙、烟台、嘉兴等地举办大规模的千字课教学实验，在嘉兴实验室使用了幻灯进行教学。

1932 年，在南京成立了“中国教育电影协会”，这是我国最早的群众性电化教育学术团体。协会的成立对电影教育的开展起了积极的推动作用。

1935 年，江苏镇江民众教育馆将该馆的大会堂改名为“电化教育讲映场”，这是我国最早使用“电化教育”这一名称。

1936 年，南京教育部成立了电影教育委员会和播音教育指导委员会。这是我国最早的政府电化教育机构。同年，无锡市江苏省立教育学院开办了电影广播专修科。上海教育界创办了我国最早的电化教育刊物——《电化教育》周刊。教育界人士讨论确定了“电化教育”名称，标志着我国教育技术的诞生。

1940 年，教育部将“电影教育委员会”和“播音教育委员会”合并成立了“电化教育委员会”。

1941 年，教育部在重庆北碚成立“中华教育电影制片厂”，自 1942 年到 1945 年间摄制了《采煤》《疟疾》《家庭副业》等 30 多部教育影片。

1945 年，苏州国立社会教育学院建立电化教育系，这是我国开办最早的电化教育专业。

1948 年 8 月，中华书局出版了《电化教育讲话》。

为了培养电化教育专业人才，江苏省立教育学院、金陵大学理学院先后开办了电影播音教育专修科，国立社会教育学院设立了电化教育专修科。国民政府教育部委托金陵大学理学院举办电化教育培训班，并选派留学生赴美学习有关课程、攻读学位。1947 年，北平师范学院（现北京师范大学）建立了直观教育馆，并开设了电化教育选修课，这是我国大学教育系开设电化教育选修课的开端。为了推动电化教育的开展，金陵大学理学院于 1941 年创办了《电影与播音》杂志，国立社会教育学院电化教育专修科于 1942 年出版了《电教通讯》，教育部社会教育司编印了《电化教育》资料，舒新城于 1948 年出版了专著《电化教育讲话》。

由于旧中国经济不发达，科学技术落后，政府对教育的重视和投入不足，电化教育只是在少数城市和地区有所开展，未能大规模推广。

（二）奠基阶段（20 世纪 40 年代初期至 70 年代中期）

电化教育随着教育事业受到重视而得到了发展。1949 年 11 月，文化部科学普及局成立了电化教育处，负责全国电化教育工作。从 1949 年开始，北京人民广播电台和上海人民广播电台开始举办俄语讲座、文化补习，建立广播学校。

1950 年，北京外国语学校利用灵格风唱片辅助教学。

1951 年，辅仁大学、西北大学开设电教课程。

1952 年，北京师范大学开始在物理系开设“电化教育技术”课程。

1953 年，西北师范学院、北京外国语学院建立电教室。

1958 年以后，更多的高校建立了电教机构，开展电化教育工作。地处边疆的内蒙古师范学院（现内蒙古师范大学）也于 1958 年建立了电影幻灯教学小组，有组织地开展电化教育工作。

1959 年，建成了我国第一座电教大楼。

在普教系统，电化教育也得到了迅速发展，1958 年，北京开始筹建电化教育馆。随后，上海、南京、沈阳、哈尔滨、齐齐哈尔相继成立电化教育馆，负责中小学电化教育。

到 1965 年，我国的电化教育工作已经具备了一定的基础，取得了很大的成绩。可惜由于历史的原因，从 20 世纪 60 年代中期至 70 年代中后期，电化教育发展处于停滞状态。

（三）发展阶段（20 世纪 70 年代末期至 90 年代初期）

党的十一届三中全会以后，电化教育也和其他事业一样，得到了迅速发展。主要表现在以下六个方面。

1. 电教机构的设立

从中央到省、市、县，普遍建立了电教馆（站）；全国 800 多所高等学校设立了不同级别的电教机构；部分中小学建立了电教组、电教室，配备了专职电教人员。到 20 世纪 90 年代初期，全国已形成了 10 多万人的电化教育专业人员队伍。

2. 电化教育深入开展

电化教育媒体从幻灯、投影、电影、广播、录音扩展到电视、录像、卫星广播电视及计算机；电教人员和教师自制电教教材，电化教育深入课堂教学。

3. 出版电化教育书刊

这一时期创办了《电化教育》(《中国电化教育》的前身)、《电化教育研究》《外语电化教学》等一批有影响的杂志，并出版了数十种电化教育(教育技术)著作和教材。

4. 培养电化教育专门人才

为了适应电化教育事业的发展，从开办短期培训班到建立电化教育专业，进行专门人才的培养。从 1983 年开始，华南师范大学、华东师范大学首先招收了教学技术四年制本科专业；1986 年，北京师范大学、河北大学、华南师范大学设立教学技术学硕士点；1993 年，北京师范大学设立教学技术学博士点。到 20 世纪 90 年代初期，全国已有 30 多所院校设置了电化教育专业，并建立了 1 个博士点和 10 余个硕士点。

5. 发展广播电视教育

为了适应改革开放对人才的需求，党中央和国务院决定建立面向全国的中央广播电视大学。1979 年 2 月 6 日，中央广播电视大学与全国 28 所省、自治区和直辖市广播电视大学同时开学。至 20 世纪 90 年代初，已发展成为由一所中央广播电视大学，43 所省、自治区、直辖市和计划单列市广播电视大学，575 所地(市)广播电视大学(分校)和 1500 多个县级广播电视大学工作站(分校)组成的广播电视高等教育系统。与此同时，广播电视中等专业教育、电视职业高中、电视师范教育和农业实用技术培训等都得到了迅速发展。

教育电视的兴起，促进了教育电视台(站)的建设。20 世纪 80 年代初，全国各地开始建设教育电视台(站)和电视收转站。1986 年，中国教育电视台成立，运用卫星进行教育电视广播。至 20 世纪 90 年代初期，全国各地有教育电视台(站)500 多座，教育电视单收站 3000 多个，放像点 30 000 多个，与中国教育电视台一起初步形成了卫星电视教育网络。

6. 电化教育研究得到深入开展

这一时期，学界对电化教育的定义、概念、本质等问题展开了热烈的讨论，并对媒体在教学中的作用开展了研究。

从 20 世纪 80 年代后期开始，在国外教学技术系统观的影响下，国内电教界转向了“系统方法”“教学设计”“多媒体组合教学”的研究，从“媒体观”转向了“系统观”。这一时期的主要特点是引进了以教学设计为代表的系统方法，开始有意识地注意行为主义和认知学习理论对教学的影响；媒体以音像技术为主，并开展了计算机辅助教学试验。

(四)深入发展阶段(20世纪90年代中期以后)

20世纪90年代中期以后，随着对国外教学技术研究的逐步深入，尤其是美国AECT94定义的引入，对我国教学技术的进一步发展起到了极大的促进作用。在此基础上，我国教学技术工作者对教学技术学科的定义、定位、学科体系进行了深入的讨论，取得了丰硕的成果。

1993年，原国家教委发布了“高师本科专业目录”，正式将“电化教育”专业改为“教育技术学”专业，随着教育技术学专业的发展，我国教学技术获得了充分发展和应用。

1995年，中国教育科研网开通，标志着中国网络教育应用的开端。

1998年，教育部部长陈至立指出“教学技术是教育改革的制高点和突破口”。

2000年，教育部制定了在中小学普及信息技术教育和实施“校校通”工程的战略目标。

2003年，开始实施农村中小学现代远程教育工程。

为了提高所有参与教育教学人员的教学技术能力和素养，2003年，中国教学技术协会公布了《中国教学技术标准》；2004年12月，教育部颁布了《中小学教师教育技术能力标准(试行)》，并于2005年启动了全国中小学教师教育技术能力建设项目。

在这个时期，媒体技术更多地涉及多媒体计算机和网络，以及仿真教学系统；智能技术中的教学设计理论与实践得到了深入研究和广泛应用，技术已开始得到教学技术工作者的重视；随着建构主义学习理论的发展，引起了对学习理论的深入探讨。

在这一时期内，教育技术学专业得到了迅速发展。至21世纪初，全国已有100多所院校开设了教学技术学本科、专科层次教育，建立了5个教学技术学专业博士点和30多个硕士点；除了全日制面授以外，还增加了高等教育自学考试、成人业余教育等形式，形成了多种层次、多种规格、多种形式的办学体系。同时，教育技术的理论研究和实践应用都得到了深入发展。

这一时期的特点是：以多媒体计算机和网络为主的媒体技术迅速发展，以教学设计和绩效技术为代表的智能技术受重视；教学技术研究成果丰富，教育技术学科初步得以确立，教育技术学专业的发展壮大也就推动了教学技术的发展和应用。

上述我国教学技术发展的四个阶段，如表1-2所示。

表1-2 我国教学技术的发展阶段

阶段名称	起止年代	采用的技术和方法		所依据的学习理论	阶段特点
		媒体技术	智能技术		
初创阶段	20世纪20年代初期至40年代末期	电影、广播、幻灯			在国外视听教育的影响下，我国少数城市和地区开展了电化教育试验

续表

阶段名称	起止年代	采用的技术和方法		所依据的学习理论	阶段特点
		媒体技术	智能技术		
奠基阶段	20世纪40年代末期至70年代中期	电影、幻灯、广播、录音		行为主义	奠定了我国电化教育的基础
发展阶段	20世纪70年代末期至90年代初期	电影、幻灯、投影、广播、录音、电视、录像、计算机	系统方法	行为主义、认知理论	以音像技术为主，电化教育得到迅速发展，引入国外教学技术的基本理论
深入发展阶段	20世纪90年代中期以后	幻灯、投影、广播、录音、电视、录像、多媒体计算机、网络、仿真教学系统	系统方法 整体技术	行为主义、认知理论、建构主义、人本主义	以计算机和网络为主，智能技术得到重视，教学技术学科体系初步确立

第三节 学习现代教学技术的意义

现代教学技术是以计算机为核心的信息技术在教育、教学领域的运用，这绝不能仅仅看作是一般的教育手段和教学方法的运用问题。信息技术的深入发展将导致整个经济基础和上层建筑的彻底变革。那么，信息技术在教育教学领域的全面应用，也必将导致教学内容、教学手段、教学方法和教学模式的深刻变革，并最终导致教育思想、教学观念、教与学的理论乃至整个教育体制的根本变革。从这个意义上讲，我们认为现代教学技术是整个教育改革的制高点或突破口，所以教师及作为未来教师的师范生学习和掌握现代教学技术知识就非常必要也非常重要。

一、教学技术是教学改革的制高点

教学技术应用系统方法来分析和解决人类学习问题，研究和实践教育中"如何做"的问题，针对以计算机为核心的信息技术在教育教学领域的运用，从设计、开发、利用、管理和评价等方面做理论和实践上的探索。

以计算机为核心的信息技术的教学应用已成为21世纪教育的主流，并伴随着世界各国教育信息化的进程，对教育教学产生了深刻的影响，教学正面临着教育思想、教育体制、教育内容及形式多方面的变化。

（一）教学技术与教师专业发展

众所周知，应用现代教学技术，促进各级各类教育的改革与发展（尤其是促进基础教育的改革与发展），已经成为当今世界各国教育改革的主要趋势和国际教育界的基本共识。国际教育界之所以会有这样的共识，是因为现代教学技术的本质是利用技术手段（特别是信息技术手段）优化教育教学过程，从而达到提高教育教学效果、效益与效率的目标。效果的体现是各学科教学质量的改进；效益的体现是用较少的资金投入获取更大的产出（即培养出更多的优秀人才）；效率的体现是用较少的时间来达到教学内容和课程标准的要求。

现代教学技术所追求的这三个方面的目标，是各级教育部门领导和学校领导时刻都在关注的目标。而确保这些目标的实现，正是现代教学技术的优势所在。但是技术是要靠人来掌握的，要让现代教学技术的上述优势得以发挥，需要靠教师去实施。这样，就对教师教育提出了更高的要求——在教师的专业技能中，提高应用现代教学技术的能力已变得越来越重要。如 2004 年 12 月教育部颁布的《中小学教师教育技术能力标准》，就是要从制度上保证广大教师具有合格的应用教学技术的专业技能。

（二）基础教育课程改革的迫切需求

基础教育新课程改革的核心是要培养学生的创新精神，让青少年生动、活泼、主动地发展，这就要求教师改变在课堂上的教学方式与行为模式，而应用教学技术正是改变教师的教学方式与行为模式的最重要手段。此外，信息技术与各学科教学的整合是新课改成功的必要条件，而有关信息技术与课程整合的理论、方法（即如何在各学科教学中进行有效的整合）则是现代教学技术研究的基本内容。所以，重视教师的教学技术能力发展，引导教师尽快提高应用教学技术的能力是基础教育课程改革的迫切需求。

（三）教学技术与学生创新能力的培养

在现代社会，信息急剧增长，形成所谓的“信息爆炸”，知识老化与更新换代的速度加快；信息传播手段迅速发展，进一步消除了信息在时间与空间上的传输障碍，使全世界变成了一个“地球村”；传统学科的框架被突破，人类的知识与经验体系出现了新的整合，信息成了人类社会发展最主要的资源。

信息社会给教育提供了新的媒体，包括虚拟现实、人工智能、多媒体、卫星电视、计算机网络等，同时也给教育提出了新的要求。早在 1996 年国际 21 世纪教育委员会向联合国教科文组织提交的报告《教育——财富蕴藏其中》中，就提出了“教育的四大支柱”新构想，认为要适应未来社会的发展，教育必须围绕四种基本学习能力重新设计、重新组织。这四种学习能力是：学会认知（learning to know），使学生学会如何学习，掌握认知的手段；学会做事（learning to do），使学生具有在一定的环境中工作的能力，这种能力包括对待困难、解决冲突、组织管理和承担风险等方面的综合能力；学会共同生活(learning to live together)，使学生学会协作，学会设身处地地理解他人，和周围人群友好地相处；学会生存(learning to be)，使学生学会掌握自己命运所需的基本能力，包括思考、判断、想象、表达、情绪控制和社会交往等方面的综合能力。

因此，信息社会的教育具有智能化、全民化、终身化、个性化、国际化的特点，信息社会的教育观念也发生了深刻的变化。

一是现代教育观，即终身学习的观念。学习再也不是阶段性的、一时的行为，而是贯穿于人一生的行为。因此，学校教育不仅要传授知识，还要培养学生的学习能力，使他们学会学习，为终身学习奠定基础。

二是现代教学观。在过去很长一段时间里受应试教育的影响，教师、学校评价一名学生好坏的标准是学生的考试分数——“成绩好就一好百好，成绩不好就一个不好全都不好”。现代教学观认为，教育应该使人的认知、情感和动作技能都有所发展。这有利于培养学生的健全人格，有利于学生的发展和社会的进步。

三是现代学生观。在过去的很长一段时间里，教学过程只注重知识的传授，教师把学生的头脑当作容器，采用灌输式教学方法展开教学活动。灌输式教学方法有利于知识的传授，但不利于知识的理解和接收，更不利于知识的灵活运用和学生个性的发展。现代学生观把学生的头脑当作等待点燃的火把，教师的任务就是把这个火把点燃，然后给它提供充足的氧气，甚至还有小风，让它自由自在地燃烧起来。

四是现代学校观。终身教育的普及可能实现全民教育，但不可能实现全民性的学校教育，因为社会上总要有人负责生产和提供服务，所以学生的概念扩大了，学校的界限变得模糊了。在现代社会，有墙的学校、无墙的学校都是正规的学校，全日制教育、非全日制教育都是正规的教育，面授的学生、非面授的学生都是正规的学生。

五是现代人才观。“高分低能”不是人才，“有才无德”也不是人才。现代社会衡量人才的标准是“全面+个性”。学校教育要培养出合格的人才，一方面，要保证学生的“营养均衡”，不能偏废任何学科；另一方面，要善于发现学生的优势潜能，因势利导，发展其专长。现代人才观体现于以下两点。

(1)人脑+电脑：人脑的潜力很大，但目前为止能够开发出来的只是很小一部分；电脑是人类创造出来的工具，是人脑的延伸，它有自身的局限性，但也有人脑不能比拟的优势。总之，人脑、电脑各有所长，现代人要扬长避短，既要善于用人脑，又要善于用电脑。学校教育要教会学生善用人脑和电脑。

(2)智商+情商：现代社会，人与人之间的智商差异在缩小，健康水平差异也在缩小，发展的空间越来越受情商的影响。所以，学校教育要智商、情商一起抓，不能偏废。

二、师生角色的转变

随着计算机多媒体和计算机网络技术在教育领域的广泛应用，人们开始探讨新时代下教师的角色问题，有的教育家认为，为了培养学生的独立思考、独立工作能力，强调学生的自主性、主体性，就要淡化教师的作用，甚至于在西方出现了“教师将被取代”的说法，许多描绘信息社会前景的文章，在谈到教育领域的变化时，不乏“学生可以没有教师，自由地与机器对话”之类的观点。那么，我们究竟应该如何看待新时期师生的角色？教师是否可以完全被技术取代？

（一）教师角色的转变

教学技术的发展并不能替代教师的作用。教师是教育方针的执行者，是教育过程的设计者，是学生心灵的塑造者。为了培养学生的独立思考和独立工作能力，教师固然不能越俎代庖，却需要加强引导和指导。

学生的主动性靠谁来激发？靠教师。

学生的活动靠谁来设计和组织？靠教师。

学生的才能靠谁来发现和扶植？靠教师。

学生遇到挫折靠谁来帮助？靠教师。

教师的品格风貌更是学生学习的榜样。

因此不论在什么时代，教师在培养人才中的作用都是不可磨灭的。因此，教师本身素质的高低就成为教育成败的关键。教学技术的发展对教师提出了不同于以往的要求。

1. 更新教育观念

首先，要具有新的人才观。21 世纪是高科技、高竞争的时代，对人才的要求显然与过去不同。21 世纪要求年青一代具有广阔的胸怀、丰富的知识、聪敏的智慧、开拓的精神、高尚的道德、完善的人格，这一切都不是在书本上可以学到的。传授知识是教育过程不可缺少的重要环节，它是人才成长的基础，任何时候都不能放松。但它只是一个基础，还须在这个基础上发展学生的能力，培养他们高尚的思想道德和符合时代精神的各种优秀品质。教师要认真研究新世纪人才的素质及对每个学生进行人才设计。其次，要认识教师角色的转变。教师的角色从单纯的讲授知识转变为教学的设计者、学生活动的导演者、学生获得知识的引导者。学生在一定的社会文化背景下，一定的情境里，在教师的指导下，利用必要的学习资源，通过意义建构的方式获得知识、学会学习，主动地探索知识。教师作为知识的传授者、教学过程的组织者和管理者，以及言传身教作为学生榜样的角色得到了更好的发挥。同时，教师作为学生学习的指导者，应加强对学生学习方法的指导，使学生由消极的知识接受者逐渐转变为积极的知识探索者和能力的进取者。教师应根据课程计划和学生的需求设计制作供学生学习用的教学软件(课件)。此外，教师必须研究在现代教学技术影响下学生学习的特点和规律，构建新型的教学模式。最后，教师要树立大教育观念。教师的眼光不应限于课堂，要放眼社会。在当今社会，学生接受信息的方式已不限于课堂，家庭、社会有许许多多信息源，他们在那里获得的信息必然会影响到课堂学习。如果教师的眼光只局限于课堂，就不能有的放矢，因材施教。

2. 提高教学能力

首先，教师掌握的知识应该既有一定的广度，又有一定深度。科学正在向既分化又综合的方向发展。科学的这种发展趋势需要教师掌握的知识既宽广又专深，但教师职前培训的时间是有限的，因此需要将入职前培训和入职后继续学习结合起来，不断更新自己的知识，提高业务水平和能力。作为教师，不论教什么专业，都需要提高人文科学的素养。因为人文科学能够帮助人们了解世界、了解自己、了解人对社会的责任心，从而提高自己的文化素养、思想情操和行为风貌。教师的这种素养会潜移默化地影响学生。其次，教师需要提高教育教学研究能力和合作能力。现代教学技术的发展带来了许多需要研究的新问题，特别是教学技术手段在使用过程中学生的学习心理问题，教师需要深入地研究和分析教学中的问题。而且，“教学过程一旦凭借技术而加以灵活组织，教师之间那种封闭的状态不复存在，一个教师教一门课的现象也将消失”。现代教学技术作为一种物的纽带，把教师群体的每个成员联结起来，教师只有互相理解，默契配合，才能更好地履行职责。

3. 掌握现代教学技术

教学技术在教学过程中的运用必然会改变教学过程的模式，会优化教学过程，较大地提高教学质量。但是它的前提条件是教师必须对教学技术有所认识，会操作和运用，并改变旧的教学方法。这种认识和操作运用不仅是简单的技巧，而且包括教师教学观念的变化。如果教师的教学观念不转变，即使有了出色的多媒体软件、素材，也只能把它当作一个简单的媒体，作为课堂教学的点缀。只有教师改变了教学观念，进而改变了教学方法，才能使教学技术发挥优化教学过程的作用。因此，现代教学技术的发展对教师角色的影响，并不是使教师失去“主导”的地位而使其角色退化，而是对教师的要求更高，给教师的职责更重。

(二)学生角色的转变

在传统教育中，学生的地位完全是被动的，教学内容、教学策略、教学方法、教学步骤等都由教师来安排，现代教学技术的发展则改变了学生对教师的这种依附状态。学生由于有现代教学技术手段的支持，获得了从多种渠道学习知识的机会、获得了学习的自由。他们不仅从教师那里获得知识，更能在课堂之外进行“补偿性、验证性、兴趣性、适应性的再学习”。这样，学生角色从被动学习者转变为积极的主动学习者，学生在学习过程中的主体地位得到了体现。但是，学生角色在现代教学技术发展下的这种转变，不是必然的，也就是说，并不是有了现代化的教学技术设备和手段学生就自然地表现出主动学习者的角色特征。学生借助于现代教学技术进行积极的自主学习和自我教育是有一定条件的，这就是学生必须要有独立自主学习的精神，要有善于获取知识的能力，要有良好的学习品质并能够掌握适合自己特点和学习要求的一系列方法。离开了这些条件，现代教学技术并不能发挥作用。正如著名教学技术学家霍克里奇所说，“不要期望把学生从学校拉到家庭、拉到机器旁边就可以解决一切，任何先进的、多功能的机器，在不会学习的人面前，充其量是一台玩具而已”。因此，我们在考虑现代教学技术发展对学生角色影响时，既要看到学生角色转变的外在可能性，又要认识到对学生角色转变的内在条件与能力的要求。

总之，现代教学技术环境下，教师与学生的含义及相互关系都发生了变化，对教师而言，这些变化不是教师地位的退化，而是教师职能的多元化体现，是对教师角色要求的提高；对学生而言，由于现代教学技术改变了传统的教学模式，把传授知识和发展智能与素质培养统一起来，充分体现了其主体地位，可以说现代教学技术对现代教育教学的影响是全面而深刻的。

三、教学技术对教学的影响

21 世纪教学技术将得到广泛的应用，技术手段运用到教学过程必将引起教学领域的革命性变革。历史上，班级授课制的产生改变了过去手工业式的个别教学形式，大大提高了教学的效率。但是，无论是个别教学还是集体教学，都没有摆脱“教师讲学生听”的局面。在这个过程中，学生的视、听觉器官没有被充分利用，学生潜在的能力也没能充分发挥，从而影响到学生对客观世界的认识。教学技术在教学过程中的应用将彻底改变以往的教学过程。

(一)改变学生认识事物的过程

传统的教学过程是由感知教材、理解教材、巩固知识和运用知识几个环节连续地组成的，教学技术则把感知、理解、巩固、运用融合为一体。教学技术有形有声，不仅有较强的直观性，而且能够引导学生直接揭开事物的本质和内在的联系。心理学告诉我们，教学过程中运用的感觉器官越多，它们的作用就发挥得越充分，对学习的知识就越容易理解和巩固。而且许多肉眼看不到的宏观世界和微观世界及一些事物的运动规律都可以通过运用教学技术看到，使学生容易理解和掌握事物的本质，有利于学生思维能力的培养和发展。

(二)改变某些教学原则

传统的教学过程强调教学要由近及远，由浅入深，由具体到抽象。教学技术改变了这个顺序，它可以把远方的东西放到学生眼前，把复杂的东西变得简单，把抽象的事物化为具体；它可以把时间和空间放大，又可以把时间和空间缩小，怎样有利于学生的认识就怎样运用。

(三)改变教学内容和教材形式

通过教学技术，可以把过去许多不容易理解的新科技内容，运用信息技术手段，将传统抽象的、难以理解的知识转换成图片、视频、动画等形象直观的多媒体课件，方便学生理解和应用。用教学技术编制的教材软件，可以把声音、图形、图像和文本结合起来，增加教材的艺术感染力。

(四)转变教学媒体的作用

教学媒体由供教师传播知识的工具成为学生认知的工具。在传统教学中，教学媒体是教师完成教学任务、传授知识的工具，现代教学技术进入课堂教学后，以计算机为核心的信息技术、通信技术、网络技术给课堂教学提供了新的手段，注入了新的活力，改变了传统的教学方法和教学模式。多媒体课件、电子作业系统、虚拟现实、电子出版物、超媒体技术、远距离教学、网上学校等现代教学媒体，能根据教学内容、教学目标和学生认知水平情况的需要，直接介入教学活动过程，以丰富多彩的表现手段，具体形象地再现各种事物、现象、情景、过程，不受时间、空间、运动状态的限制，帮助学生充分感知知识，理解知识。同时，学生可以利用现代教学技术的高度交互性进行自主学习，挑选名师和专家的指导。但必须指出，任何一种教学媒体都有其优势和局限性，在不同的场合下各有自己存在的价值，在教学中各种媒体应该是相辅相成、互为补充的。

(五)教学过程的基本要素

教师、学生、教学内容是教学过程的三个基本要素，它们互相影响、互相作用。历史上各种教育思想或教育流派都对三者的组合和各自的作用有过不同的主张。有一派主张在教学过程中应以教师为中心，另一派则认为应以学生为中心；一派主张应以系统的学科教学内容为中心，另一派则认为应以学生的经验为中心。教学技术在教学过程中的应用使教学过程的基本要素增加为四个。它改变了从前那种或教师或学生为中心，或教学媒体或经验为中心的论争，把教师和学生的主动性都调动起来，改变了课程教学的固有模式。教师的角色从单纯地讲授知识转变为设计教学媒体，学生从单纯地接受知识转变为自我学习、自我发现，它有利于因材施教，实现个别化教学。

由此可见，教学技术在教学过程中的出现，不能简单地看作是一种教育手段或方法的问题，它对教育过程的影响是很深刻的，必将引起教学过程的革命。对这一点，我们应该有足够的认识。

在信息化教学环境中要重视技术的作用，但也不能迷信技术的作用。教学是一种培养人的社会活动，是一项十分复杂的系统工程，时时刻刻都会受到社会条件的制约。教学领域出现的问题，也往往不是在教育系统内部就可以解决的。教学技术不是一把万能钥匙，它无法解开教学中的所有难题。

技术是一把双刃剑，技术是锦上添花还是雪上加霜取决于用的人和如何用，任何先进的技术都不可能自动地改善教学效果，教师的地位是任何技术都代替不了的，明确这点有助于教师正确看待自身的作用，在信息化教育环境中树立主人翁精神，积极主动地工作，努力探索符合现代教育精神的教育改革之路。

教育是人性化的工作，教育改革如果单从技术装备、技术培训等入手，就不可能有根本性突破。教学技术的应用必须以人为本，而不是以技术为本。教育信息化的“生命环境观”进一步认为，教学技术在教学中的应用，关键并不在于是否应用了多媒体、网络等技术，核心问题是看有没有尊重学生和教师作为生命个体的生命活动，提高他们生命存在的质量。

复习思考题

1. 如何理解教学技术中的有形技术和无形技术？

2. 了解教学技术的研究内容，结合教学实际，你认为教学技术的各个研究范畴中，哪些与实际教学联系最紧密？

3. 教学技术在基础教育领域、高等教育领域、职业教育领域及各类企业培训中都发挥了重要的作用。请举出一些教学技术应用的实例。

4. 教学技术的发展主要有哪几条主线，各有什么特点？我国的教学技术发展主要经历了哪些阶段，各有哪些主要特点？

5. 现代信息技术越来越深入影响到教育的各个领域，结合教学技术的发展过程，请思考教学技术对教育改革有什么影响？

6. 随着计算机多媒体和计算机网络技术在教育领域的广泛应用，教师的角色受到了挑战，你认为教师是否会被技术取代？

第二章

“筑牢基石，自信自强”
——教学技术理论基础

【学习目标】

1. 掌握教育技术学的信息论和传播学理论基础。
2. 熟悉学习理论，理解并运用建构主义学习理论。
3. 了解教学理论。
4. 理解系统科学理论。
5. 会应用多元智能理论指导教学。

【思政导读】

教育、科技、人才是全面建设社会主义现代化国家的基础性和战略性支撑。

第一节 学习理论

教育技术学专业的理论体系中，学习理论处于核心地位。教育技术学必须根据科学的学习理论进行学习过程与学习资源的设计、开发、利用、管理和评价，帮助学生进行有效的学习。学习理论是研究人类学习过程的心理机制的一门学问，旨在阐明学习是怎样产生的，它经历怎样的过程，它有哪些规律，如何才能进行有效的学习等问题。目前，具有一定影响力的学习理论有行为主义学习理论、认知主义学习理论、建构主义学习理论、信息加工理论及人本学习理论等。

一、行为主义学习理论

(一)桑代克的联结主义学习理论

爱德华·桑代克(Edward. Thorndike，1874—1949)，美国心理学家，是心理学史上第一位用动物实验来研究学习的人。在桑代克之前，许多学者认为，人类是通过经验而获得知识的，学习是由观念联想构成的。观念联想与习惯是当时对自由意志和理性提出的两个挑战，它们是独立于人们心理能力之外的、个人几乎无法驾驭的力量。在这种理论背景之下，桑代克通过实验的方法，把联想和习惯融进自己的理论体系，把联想主义改变成联结主义，这就是最早的“刺激——反应”学习理论。其理论来源于迷箱实验。

1. 桑代克的实验

桑代克把一只饥饿的猫放进一个迷箱里，迷箱外面放有食物，箱内有一个开关，猫只要碰到开关，迷箱的门就会打开，猫就会得到食物。猫第一次被放入迷箱时，在箱内乱跑乱跳，想逃出迷箱。偶尔有一次，它碰到了踏板，结果迷箱的门开了，它逃出箱外，取得了食物。然后桑代克又把猫放进迷箱，继续重复这个实验。猫经过乱跑乱跳，又得到了食物。经过连续多次尝试，猫逃出迷箱所需的时间越来越少，最后，猫一进入迷箱，就去按开关，然后跑出迷箱，拿到食物。由这个实验，桑代克得出了一个非常重要的结论：猫的学习是由刺激情景与正确反应之间形成的联结构成的。在桑代克看来，猫的行为是理智的。作为一种经验的结果，猫在不断地修正自己的行为，这种行为改进是通过一种机械过程自动地完成的，是在没有思维和意识参与的情况下发生的。这样，反应最终形成了一种没有意识参与的习惯。

桑代克认为，人类是从动物进化而来的，人类的心理与动物相比，也只是复杂性程度不同而已。为此，桑代克还以人为被试者，进行了一系列的实验，结果表明，人类学习也是一种在几乎没有意识参与的情况下自动地形成“刺激——反应”联结的过程。

2. 效果率

桑代克根据实验研究的结果认为，所有的学习都不是突然发生的，而是通过一系列细小的步骤按顺序逐渐达到的。“学习即形成联结；教学则是安排各种情景，以便导致理想的联结并感到满意……”（Thorndike，1913）一个受过教育的成年人可以拥有数百万个“刺激——反应”的联结。教育的目的便在于形成、保持、消除、改变或引导各种联结。桑代克认为，动物的基本学习方式是“试误”；人类的学习方式虽然比较复杂，但也可以用“试误”来解释。他根据实验结果提出了许多学习率，其中主要有准备率、效果率和练习率。

（1）准备率：准备率是指对学习的解释必须包括某种动机原则，也就是说，学习者是否会对某种刺激做出反应，同他是否已作好准备有关。

（2）效果率：只有当反应对环境产生某种效果时，学习才会发生。如果反应的结果是令人满意的，那么学习就会发生；如果反应的结果是令人烦恼的，那么这种行为反应就会削弱。满意或不舒适的程度越高，“刺激——反应”联结就越加强或越削弱（Thorndike，1911）。

（3）练习率：一个已经形成的可变联结，如果不断地加以应用，这种联结就会增强；如果不加以使用，这种联结就会削弱。后来他又修正了练习率，因为有许多实验表明，练习并不会无条件地增强“刺激——反应”联结的力量。一般说来，只有当学习者发现重复练习能获得满意的效果时，练习才会有助于学习，没有强化的练习是没有意义的。

（二）华生行为主义学习理论

约翰·华生（John. Watson，1878—1959），美国心理学家。他于 1913 年正式创立了行为主义心理学。

1. 基本观点

华生认为，“心理学是自然科学的一个纯客观的实验分支，其理论目标在于预见和控制行为”。心理学家主要应该关注行为，而不是心和意识。他认为人与动物之间并无分界线，所以从研究方法上来讲，“应当把人与动物放在同样的实验条件下，而且越接近越好。”在华生看来，“知道了反应就可以推测刺激，知道了刺激就可以预测反应”。所以，他主张把行为作为心理学家研究的客观对象，用“刺激——反应”来分析所有的行为，包括情绪反应。

2. 学习率

华生的学习理论，在一定程度上是建立在抨击桑代克效果率的基础上的。在他看来，桑代克的效果率只是陈旧的享乐主义的翻版，他通过实验证明桑代克的效果率不正确，并提出用频因律和近因率取而代之。

(1)频因律。华生认为，在其他条件相等的情况下，某种行为练习得越多，习惯形成就越迅速，因此练习的次数在习惯形成中起重要作用。在形成习惯的过程中，有效动作之所以保持下来，无效动作之所以消失，是由于有效动作比任何一种无效动作出现的次数都多，这是因为每一次练习总是以有效动作的发生而告终的。

(2)近因率。华生认为，当反应频繁发生时，最新近的反应比较早的反应更容易得到加强。因为在每一次练习中，有效的反应总是最后一个反应，所以这种反应在下一次练习中更容易出现。由此，他把反应离成功的远近，作为解释一些反应被保留、另一些反应被淘汰的原则。在他看来，习惯反应必然是离成功时机最近出现的反应。

(三)斯金纳操作学习理论

斯金纳(Skinner，1904—1990)，美国心理学家。他是行为主义学派中最有影响的心理学家之一，其学习理论对教育实践起了巨大的作用。斯金纳把行为作为基本的研究对象，研究行为并不是因为它有助于解决心理学的问题，而是由于行为本身就是人类生活的一个基本方面，行为是由于其本身的原因而值得研究。

斯金纳从专业生涯的开始，就用自己设计的程序来研究行为，用自己设计的仪器来观察行为，用自己的方法来分析行为，并用自己的观点来解释行为。

1. 斯金纳的实验分析

斯金纳认为，“学习”即反应概率的变化；“理论”是对所观察到的事实的解释；“学习理论”所要做的，是指出引起反应概率变化的条件。所以，研究行为的目的，是要形成一种分析各种环境刺激功能的方法，以决定和预测有机体的行为。为此，斯金纳设计了一种特殊的仪器，我们称为斯金纳箱。这是一个阴暗的隔音箱，箱子里有一个开关(如果被试是白鼠，开关就是一根小杠杆或一块木板；如果被试是鸽子，开关就是一个键盘)。开关连接着箱子外面的一个记录系统，用线条方式准确地记录动物打开开关的次数与时间。箱子外面有一个食物释放系统，动物一旦打开了开关，就有一粒食物落进箱子里，当然也可以不释放食物，这可以由实验者决定。斯金纳早期都用白鼠做试验，后来大多以鸽子为被试对象。另外，实验者还可以控制灯光、声音、电击、温度与湿度等。

斯金纳箱的一个特点是，动物可以反复做出斯金纳称为“自由操作的反应”。所谓“自由”，即动物的行为不像在迷津里那样受到限制；所谓“操作”，是因为动物的反应是主动作用于(或操作)环境。

在斯金纳看来，行为的实验分析关注的是环境事件(刺激)与有机体行动(反应)之间的关系，即要考察实验操作是如何引起行为变化的。斯金纳认为，可以用三种基本的实验操作来控制环境：呈现刺激、安排结果、信号刺激。

斯金纳的实验为分析学习过程提供了有效的基础，同时，也使他得出了与经典行为主义不同的观点。

2. 强化理论

斯金纳认为，巴甫洛夫的经典条件反射学说只是解释了人类与动物的数量很少的行为。具体来说，只能解释这样一种习得行为：用某种刺激可引发某种反应，这种“刺激——反应”的联结是该刺激与另一种刺激多次配对的结果。但是，人类与动物的大多数行为并不是由明显的刺激引起的，所以刺激并不是在任何情况下都是对学习做出精确解释的核心。

斯金纳把由刺激引发的反应称为“应答性反应”；把有机体发出的反应称为“操作性反应”。前者往往是一种不随意的被动行为；后者大多数是随意的或有目的的主动行为。经典条件作用只能用来解释基于应答性行为的学习，斯金纳把这类学习称为“S(刺激)类条件作用”。操作性或工具性条件作用的模式，则可用来解释基于操作性行为的学习，他称为“R(强化)类条件作用”。

斯金纳认为，人类从事的绝大多数有意义的行为都是操作性的。例如，步行上学、读书写字、回答问题等，都是操作性行为的例子。也许有人会说，事实上存在着许多引发这些反应的刺激。对此，斯金纳并不否认，他认为，即便存在引出这些反应的刺激，它们在学习中也并不占主要地位。

操作条件作用的模式认为，如果一种反应(不管有没有引起这种反应的刺激)之后伴随一种强化物，那么，在类似环境里发生这种反应的概率就增加。而且，强化物与实施强化的环境一起，都是一种刺激，我们可以以此来控制反应。这样，任何作为强化的结果而习得的行为，都可以被看作是操作条件作用的例子。人们由此把斯金纳的理论称为强化理论。在斯金纳看来，重要的刺激是跟随反应之后的刺激(强化物)，而不是反应之前的刺激。若用公式来表示，那就是：S–R–S。

与这两类行为相对应，斯金纳把条件反射也分为两类：一是应答性条件反射，与巴甫洛夫的经典性条件反射相对应，强调刺激对引起的期望的反应的重要性；二是反应性条件反射，即操作性条件反射，强调反应。

斯金纳认为，操作学习与反射学习是不同的，反射学习是 S–R 联结的过程，而操作学习则是(S)–R–S 的过程，重要的是跟随反应之后的刺激。人类的学习可以看作是操作，要改变行为，只需对你所期待的行为出现时给予奖励，即立即强化，再出现，就再强化，这样你所希望的这种行为再发生的概率就上升了，这就是行为学习的原则。显然这与巴甫洛夫的理论不同。经典性条件反射中，行为的后果对行为的学习不起作用，因为刺激带来了所希望的反应，刺激本身是强化。

操作性条件反射尽管与桑代克的理论很接近，但他们对学习的解释是不同的。桑代克认为奖励能加强存在于刺激和反应之间的联系，而斯金纳则认为，反应加强的不是 S-R 联结，而是相同行为再发生的频率。

强化理论是斯金纳学习理论的核心和基础，他对强化问题作了全面的研究。他区分了两种类型的强化：正强化和负强化。当在环境中增加某种刺激，有机体反应概率增加，这种刺激就是正强化物；当某种刺激在有机体环境中消失时，反应概率增加，这种刺激便是负强化物。负强化物即厌恶刺激，是有机体力图避开的那种刺激。

斯金纳还区分了强化的两个来源：一级强化物和二级强化物。一级强化物包括所有在没有任何学习发生的情况下也起强化作用的刺激，如食物和水等满足生理基本需要的东西。二级强化物包括那些在开始时不起强化作用，但后来作为与一级强化物或其他强化物配对的结果而起强化作用的刺激，如斯金纳箱里的灯光。斯金纳认为，对人类来说，二级强化物包括对大量行为起强化作用的许多刺激，诸如特权、社会地位、权利、财富、名声等，这些大多是由社会文化所决定的，它们构成了决定人类行为的极有力的二级强化物。

(四)程序教学理论

斯金纳 1954 年发表的《学习的科学和教学的艺术》一文，推动了当代程序教学运动的发展。他首次使学术界对程序教学内在的教育作用引起高度重视，并第一次演示了根据操作性条件反射理论设计的简单而实用的学习装置。斯金纳被誉为当代程序教学运动之父。

斯金纳程序教学的基本方法是：向学习者呈示一个小单元的信息(称为框面)作为刺激，然后学习者通过填空或回答的方式做出反应。反馈系统对反应做出评价，如反应错误，告诉学习者错误的原因；如果学习者回答正确，则反应得到强化，进入第二个框面的学习。如此，刺激-反应-强化的过程不断重复，直至学习者完成一个程序的学习。

一个好的成功的教学程序应包含以下要素：

①小步子的逻辑序列；

②积极的反应；

③信息的及时反馈；

④自定步调；

⑤减少错误率。

斯金纳的学习理论推动了程序教学运动的发展并使其达到高潮，使行为科学和教学技术的结合进入一个更为密切的阶段。在程序教学运动中出现的一些观点，如重视教学机器的作用，重视学习理论的基础与指导作用等，对教育技术的理论发展产生了重要影响。程序教学的思想也在个别化教学、计算机辅助教学(CAI)等教学形式中发挥了重要作用。

在 20 世纪的前半个世纪，行为主义的学习理论是占主导地位的，学习被看作是明显的行为改变的结果，是能够由选择性强化形成的。因此，在行为主义者看来，环境和条件，如刺激和影响行为的强化，是学习的两个重要的因素，学习等同于行为的结果。行为主义的代表人物是美国的斯金纳，在他看来，行为是人类生活的一个基本方面。因而他一直以行为作为自己的研究对象。他认为，通过对行为的研究，可以获得对各种环境刺激的功能进行分析的方法，从而可以影响和预测有机体(包括人和动物)的行为。斯金纳创立了操作性条件作用学说加强化理论，并把它们应用于人类学习的研究，提出了程序教学的概念，总结了一系列的教学原则，如小步调教学原则、强化学习原则、及时反馈原则等，形成了程序教学理论。行为主义学习理论在研究中不考虑人们的意识问题，只是强调行为。把人的所有思维都看作是由“刺激——反应”间的联结形成的。

二、认知主义学习理论

认知心理学家探讨学习的角度与行为主义者相反。他们认为，是个体作用于环境，而不是环境引起人的行为。环境只是提供潜在的刺激，至于这些刺激是否受到注意或被加工，这取决于学习者内部的心理结构。潜在的环境刺激在任何时候都是无法计数的，为什么有的起作用，有的被忽视？原因在于个体是根据自己内部结构对其加以选择的，目的是赋予经验以意义。个体在以这种方式与环境相互作用的过程中，也不断地修正自己内部的心理结构，从而影响未来与环境的相互作用。可见，认知学习理论要研究的是个体处理其环境刺激时的内部过程，而不是外显的刺激与反应。下面将介绍几种主要的认知主义学习理论。

1957 年，乔姆斯基(Chomsky)对斯金纳的《言语学习》(*Verbal Learning*)提出了尖锐的批评，学习理论经历了一场科学的变革，从运用行为主义原则转移到运用认知科学的学习理论和模型。认知理论不仅认识到了大脑的作用，而且研究了大脑的功能及其活动过程。在认知主义学习理论学派看来，学习个体本身作用于环境，人的大脑的活动过程可以转化为具体的信息加工过程。生活在世界上的人既然要生存，必然要与所处的环境进行信息变换；人作为认知主体，相互之间也会不断交换信息。人总是以信息的寻求者、传递者，甚至信息的形成者的身份出现，人们的认知过程实际上就是一个信息加工过程。人们在对信息进行处理时，也像通信中的编码与解码一样，必须根据自身的需要进行转换和加工。认知主义学习理论促进了 CAI 向智能教学系统的转化。

(一)格式塔学习理论

格式塔学派是德国的一个心理学派，韦特海墨(Max Wertheimer，1880—1943)首先在 1912 年创立，是最早的认知心理理论。韦特海墨和他的两个学生兼助手、同事苛勒(Wolfgang Kohler，1887—1967)、考夫卡(Kurt Koffka，1886—1941)是这个学派的三个主要代表人物。所谓格式塔，是一个德语词，意为完形。该学派认为，我们的思维是一种整体性的、有意义的知觉，而不是各种映像的组合。

格式塔学习理论的基本观点有以下四个方面。

1. 学习是知觉重组或认知重组

格式塔心理学家认为，通过学习，会在头脑中留下记忆痕迹，这些痕迹不是孤立的要素，而是一个有组织的整体，即完形。因此，学习主要不是加进新痕迹或减去旧痕迹的问题，而是要使一个完形改变成另一个完形。这种完形的改变，可以因新的经验而发生，也可以通过思维而产生。格式塔学习理论所关注的，正是发生这种知觉重组的方式。

因此，在格式塔心理学家看来，一个人学到些什么，直接取决于他是如何知觉问题情境的。如果一个人看不出呈现在他面前的问题，看不出各种事物之间的联系，那么他对事物的知觉就还处在无组织的、未分化的状态，因而也就无所谓学习了。一个人在学习过程中，通常是从一种混沌的模糊状态，转变成一种有意义的、有结构的状态，这就是知觉重组的过程。这个过程称为顿悟。

2. 顿悟学习可以避免多余的试误

格式塔心理学家认为，通过对问题情境的内在性质有所顿悟的方式来解决问题，就可以避免与这一问题情境不相干的大量随机的、盲目的行动，而且有利于把学习所得迁移到新的问题情境中去。

3. 真正的学习是不会遗忘的

格式塔心理学家认为，通过顿悟获得的理解，不仅有助于迁移，而且不易遗忘。顿悟将成为我们知识技能中永久的部分。用现代认知信息加工心理学的术语来说，顿悟的内容进入长时记忆，将永远保留在学习者的头脑中。

4. 顿悟学习本身就具有奖励的性质

格式塔心理学家认为，真正的学习常常会伴随着一种兴奋感。当学习者了解到有意义的关系、理解了一个完形的内在结构、弄清了事物的真相，会伴有一种令人愉快的体验。他们认为，这是人类所能具有的最积极的体验之一。基于这个原因，格式塔心理学家经常抨击滥用各种外部奖励，诸如使用糖果、高分数、五角星或金钱等来驱动学习。

(二)奥苏贝尔认知同化学习理论

奥苏贝尔(D. P. Ausubel)，美国著名学者，在理论医学、临床医学、精神病理学和心理学等领域都有研究，他最关注的是学校学习理论的研究。

1. 意义学习

奥苏贝尔教育心理学中最重要的观念之一，是他对意义学习(meaningful learning)的描述。在他看来，学生的学习，如果要有价值的话，应该尽可能地有意义。为此，他仔细区分了接受学习与发现学习、机械学习与意义学习之间的关系。

(1)接受学习与发现学习。在接受学习中，学习的主要内容基本上是以定论的形式传授给学生的。对学生来讲，学习不包括任何发现，只要求他们把教学内容加以内化(即把它结合进自己的认知结构之内)，以便将来能够再现或派作它用。发现学习的基本特征是，学习的主要内容不是现成地给予学生的，而是在学生内化之前，必须由他们自己去发现这些内容。所以，发现学习只是比接受学习多了前面一个阶段——发现，其他没有什么不同。

(2)有意义学习与机械学习。通常人们认为，接受学习必然是机械的，发现学习必然是有意义的，但奥苏贝尔不这样认为，在他看来，无论是接受学习还是发现学习，都有可能是机械的，也都有可能是有意义的。

奥苏贝尔认为，意义学习有两个先决条件：其一，学生表现出一种意义学习的倾向，即表现出一种在新学的内容与自己已有的知识之间建立联系的倾向；其二，学习内容对学生具有潜在意义，即能够与学生已有的知识结构联系起来。任何学习，只要符合上述两个条件，都是意义学习。奥苏贝尔认为，在学校课堂教学中，主要应采用意义接受学习，尤其是言语意义接受学习。

2. 认知结构在意义学习和讲授教学中的作用

奥苏贝尔认为，当学生把教学内容与自己的认知结构联系起来时，意义学习便发生了。所以，影响课堂教学中意义接受学习的最重要的因素是学生的认知结构。所谓认知结构，就是指学生现有知识的数量、清晰度和组织方式，它是由学生眼下能回想出的事实、概念、命题、理论等构成的。因此，要促进新知识的学习，首先要增强学生认知结构中与新知识有关的观念。从安排学习内容这个角度来讲，要注意两个方面：第一，要尽可能先传授学科中具有最大包容性、概括性和最有说服力的概念和原理，以便学生能对学习内容加以组织和综合。第二，要注意渐进性，也就是说，要使用安排学习内容顺序最有效的方法；构成学习内容的内在逻辑；组织和安排练习活动。

3. 学习原则

奥苏贝尔根据他的同化理论提出了以下三个重要的学习原则。

(1)逐渐分化原则。即学生首先应该学习最一般的、包容性最广的观念，然后根据具体细节对他们逐渐加以分化。

(2)整合协调的原则。是指如何对学生认知结构中现有要素重新加以组合。

(3)先行组织者策略。先行组织者是指先于学习任务本身呈现的一种引导性材料，它要比学习任务本身有更高的抽象、概括和综合水平，并且能清晰地与认知结构中原有的观念和新的学习任务关联。也就是说，通过呈现“组织者”，给学习者已知的东西与需要知道的东西之间架设一道知识之桥，使其能更有效地学习新材料。

三、人本主义学习理论

在20世纪60年代，出现了一种新的心理学流派，即人本主义心理学。人本主义心理学家认为，心理学应该探讨的是完整的人，而不是把人的各个从属方面(如行为表现、认知过程、情绪障碍等)割裂开来加以研究。他们试图从行为者，而不是从观察者的角度来解释和理解行为。他们所关注的是个人的感情、知觉、信念和意图——这些是使一个人不同于另一个人的内部行为。在他们看来，如果学习内容对学生没有什么个人意义的话，学习就不大可能发生。因此，他们感兴趣的是自我概念的发展、人际关系的训练，以及其他情感方面的内容。

由于大多数人本主义心理学家并不是以研究学习为己任，因而并没有提出一种系统的学习理论。相比之下，罗杰斯(Carl. Rogers)对学习的论述较多，所以，我们主要介绍罗杰斯的学习理论。

(一)罗杰斯的学习理论

罗杰斯把学习分为两类，它们分别处于意义连续体的两端。

一类学习类似于心理学上的无意义的学习，它们不容易学习，而且容易被遗忘。在罗杰斯看来，学生在课堂里学习的内容，有许多对学生来说也具有这种无意义的性质。这类学习只涉及心智(mind)，是一种“在颈部以上”发生的学习。它不涉及感情或个人意义，与完整的人无关。

另一类是意义学习。所谓意义学习，不是指那种仅仅涉及事实累积的学习，而是指一种使个体的行为、态度、个性及在未来选择行动方针时发生重大变化的学习。这不仅是一种增长知识的学习，而且是一种与每个人各部分经验都融合在一起的学习。

罗杰斯的意义学习，与奥苏贝尔的意义学习的内涵是不同的，前者关注学习内容与个人之间的关系，而后者是强调新旧知识之间的联系。按照罗杰斯的观点，奥苏贝尔的意义学习只是一种在“颈部以上发生的学习”。罗杰斯认为，意义学习可以使学生的左右脑共同发挥功能，使学生成为完整的人。因为“意义学习把逻辑与知觉、理智与情感、概念与经验、观念与意义等结合在一起”，使学生能够充分利用自己的左右脑来学习。罗杰斯认为，意义学习主要包括四个要素：第一，学习具有个人参与的性质，即整个人(包括情感和认知两方面)都投入学习活动；第二，学习是自我发起的，即便在推动力或刺激来自外界时，但要求发现、获得、掌握和领会的感觉是来自内部的；第三，学习是渗透性的，也就是说，它会使学生的行为、态度，乃至个性都发生变化；第四，学习是由学生自我评价的，因为学生最清楚这种学习是否满足自己的需要、是否有助于获取想要知道的知识、是否明了自己原来不清楚的某些疑问。

(二)罗杰斯的学习原则

罗杰斯从实际经验出发，总结出以下十条学习原则。

①人类生来就具有学习的潜能。

②当学生觉察到学习内容与自己的目的有关时，有意义的学习便发生了。

③涉及改变自我组织(即改变对自己的看法)的学习是有威胁性的，并往往受到抵制。

④当外部威胁降到最低限度时，就比较容易觉察和同化那些威胁到自我的学习内容。

⑤当对自我的威胁很小时，学生就会用一种辨别的方式来知觉经验，学习就会取得进展。

⑥大多数意义学习是从做中学的。

⑦当学生负责任地参与学习过程时，就会促进学习。

⑧涉及学习者整个人(包括情感与理智)的自我发起的学习，是最持久、最深刻的。

⑨当学生以自我批判和自我评价为主要依据、把他人评价放在次要位置时，独立性、创造性和自主性就会得到促进。

⑩在现代社会中最有用的学习是了解学习过程、对经验始终持开放态度，并把它们结合进自己的变化过程中去。

根据上述学习原则，罗杰斯对教师的角色进行了重新定位。他提出要废除传统意义上的教师的角色，以“促进者”取而代之。促进者的任务是：提供各种学习资源；提供一种促进学习的气氛；使学生知道如何学习。即废除教师中心，提倡学生中心，学生中心的关键在于使学习具有个人意义。

四、建构主义学习理论

建构主义学习理论是行为主义发展到认知主义以后的进一步发展，该理论发展了早期认知学习论中已有的关于“建构”的思想，强调学生在学习过程中主动建构知识的意义，并力图在更接近、更符合实际情况的情境性学习活动中，以个人原有的经验、心理结构和信念为基础来建构和理解新知识。

建构主义(Constructivism)又译为结构主义，是认知心理学的进一步发展。建构主义在教育技术领域成为一种理论倾向虽然是最近几年的事，但它的哲学根源可追溯到古代的苏格拉底、柏拉图和康德，近代的建构主义代表人物则有杜威、皮亚杰、维果斯基等。建构主义也称为结构主义，它是由瑞士学者让·皮亚杰(J. Piaget)最早提出来的。其后许多心理学家又对它作了进一步的研究和完善。由于多媒体计算机和基于因特网的网络通信技术所具有的多种特性特别适合于建立建构主义学习环境，所以建构主义学习理论受到了人们较多的重视，其影响越来越大。

(一)皮亚杰关于建构主义的基本观点

皮亚杰理论体系中的一个核心概念是图式。图式是指个体对世界的知觉、理解和思考的方式。图式的形成和变化是认知发展的实质。

建构主义认为，学习者个人的世界都是由他自己的思维构造的，不存在谁比谁的世界更真实的问题。人们的思维是工具性的，其基本作用是解释事物和事件，这些解释构成了各人各异的知识库。在作这些解释的时候，思维对来自外界的输入做过滤。

德国的一则关于鱼和青蛙的童话可以帮助我们更好地理解这个问题。故事说的是在一个小池塘里住着鱼和青蛙，它们俩是好朋友。它们听说外面的世界好精彩，都想出去看看。鱼不能离开池塘，只好让青蛙独自出去。这天，青蛙回来了，鱼迫不及待地向它询问外面的情况。青蛙告诉鱼，外面有很多新奇有趣的东西。“比如说奶牛吧！”青蛙说，“这真是一种奇怪的动物，它的身体很大，头上长着两个弯弯的犄角，吃青草为生，身上有着黑白相间的斑块，长着四只粗壮的腿，还有一个红色的大乳房。”鱼惊叫道：“哇，好怪哟！”同时脑海里即刻勾画出它心目中的“牛的形象”一个大大的鱼身子，头上长着两个犄角，嘴里衔着青草(如图 2-1)。

图 2-1 “鱼牛”的童话

鱼脑中的牛形象(我们姑且称之为“鱼牛”)在客观上当然是错误的，但对于鱼来说却是合理的，因为它根据从青蛙那里得到的关于牛的部分信息，从本体出发，将新信息与自己头脑中已有的知识相结合，建构出“鱼牛”形象。这体现了建构主义的一个重要理念：理解依赖于个人经验，即由于人们对于世界的经验各不相同，他们对于世界的看法也必然会各不相同。知识是个体与外部环境交互作用的结果，人们对事物的理解与个体的先前经验有关，因而对知识正误的判断只能是相对的；知识不是通过教师传授得到，而是学习者在与情景的交互作用过程中自行建构的，教师是学习的引导和帮助者，学生应该处于中心地位，因而建构主义的学习理论强调“意义建构”。

皮亚杰认为，认知发展是受三个基本过程(同化、顺应和平衡)影响的。

第一，同化(Assimilation)是指个体对刺激输入的过滤或改变的过程。也就是说，个体在感受到刺激时，把它们纳入大脑原有的经验之中，使其成为自身的一部分，就像消化系统将食物中的营养物吸收一样。

第二，顺应(Accommodation)是指有机体调节自己内部结构以适应特定刺激情境的过程。顺化是与同化相伴而行的。当个体遇到不能用原有经验来同化新的刺激时，便要对原有图式加以修改或重建，以适应环境，这就是顺应的过程。可见，同化主要是指个体对环境的作用，顺化主要是指环境对个体的作用。

第三，平衡(Equilibration)是指个体通过自我调节机制，使认知发展从一个平衡状态向另一种较高平衡状态过渡的过程。

皮亚杰认为个体的认知图式，是通过同化和顺化而不断发展，以适应新的环境的。一般来说，每当个体遇到新的刺激，总是试图用原有经验去同化，如获得成功，便得到暂时的平衡。如果用原有经验无法同化新的刺激，个体便会做出顺化，即调节原有经验或重建新图式，直至达到认识上的新的平衡。同化与顺化之间的平衡过程，是认识上的适应，也就是人类智慧的实质所在。需要说明的是，平衡状态不是绝对静止的，原有的平衡状态，通过个体与环境相互作用，就会过渡到一种新的平衡状态。平衡的这种连续不断的发展，就是整个认知发展的过程。

(二)建构主义学习理论

建构主义源自关于儿童认知发展的理论，由于个体的认知发展与学习过程密切相关，因此利用建构主义可以比较好地说明人类学习过程的认知规律，即能较好地说明学习如何发生、意义如何建构、概念如何形成，以及理想的学习环境应包含哪些主要因素等。总之，在建构主义思想指导下可以形成一套新的比较有效的认知学习理论，并在此基础上实现较理想的建构主义学习环境。

建构主义学习理论的基本内容可从“学习的含义”(即关于“什么是学习”)与“学习的方法”(即关于“如何进行学习”)这两个方面进行说明。

1. 建构主义学习理论对学习含义的解释

建构主义学习理论认为知识不是通过教师传授得到的，而是学习者在一定的情境即社会文化背景下，借助学习过程中其他人(包括教师和学习伙伴)的帮助，利用必要的学习资料，通过意义建构的方式而获得。由于学习是在一定的情境即社会文化背景下，借助其他人的帮助，即通过人际的协助而实现的意义建构过程，因此建构主义学习理论认为“情境”“协作”“会话”和“意义建构”是学习环境中的四大要素或四大属性。

一是“情境”：学习环境中的情境必须有利于学生对所学内容的意义建构。这就对教学设计提出了新的要求，也就是说，在建构主义学习环境下，教学设计不仅要考虑教学目标分析，还要考虑有利于学生建构意义的情境的创设问题，并把情境创设看作是教学设计的最重要内容之一。

二是“协作”：协作发生在学习过程的始终。协作对学习资料的收集与分析、假设的提出与验证、学习成果的评价直至意义的最终建构均有重要作用。

三是“会话”：会话是协作过程中不可缺少的环节。学习小组成员之间必须通过会话商讨如何完成规定的学习任务的计划；此外，协作学习过程也是会话过程，在此过程中，每个学习者的思维成果(智慧)为整个学习群体所共享，因此会话是达到意义建构的重要手段之一。

四是“意义建构”：这是整个学习过程的最终目标。所要建构的意义包括事物的性质、规律及事物之间的内在联系。在学习过程中帮助学生建构意义就是要帮助学生对当前学习内容所反映的事物的性质、规律及该事物与其他事物之间的内在联系达到较深刻的理解。这种理解在大脑中的长期存储形式就是前面提到的“图式”，也就是关于当前所学内容的认知结构。

由以上所述的“学习”的含义可知，学习的质量是学习者建构意义能力的函数，而不是学习者重现教师思维过程能力的函数。换句话说，获得知识的多少取决于学习者根据自身经验去建构有关知识的意义的能力，而不取决于学习者记忆和背诵教师讲授内容的能力。

2. 关于学习的方法

建构主义学习理论提倡在教师指导下的、以学习者为中心的学习，也就是说，既强调学习者的认知主体作用，又不忽视教师的指导作用，教师是意义建构的帮助者、促进者，而不是知识的传授者与灌输者。学生是信息加工的主体、是意义的主动建构者，而不是外部刺激的被动接受者和被灌输的对象。学生要成为意义的主动建构者，就需要在学习过程中从以下三个方面发挥主体作用。

①要用探索法、发现法去建构知识的意义；

②在建构意义过程中要求学生主动去收集并分析有关的信息和资料，对所学习的问题要提出各种假设并努力加以验证；

③要把当前学习内容所反映的事物尽量和自己已经知道的事物相联系，并对这种联系加以认真思考。“联系”与“思考”是意义构建的关键。如果能把联系与思考的过程与协作学习中的协商过程(即交流、讨论的过程)结合起来，则学生建构意义的效率会更高、质量会更好。

教师要成为学生建构意义的帮助者，就需要在教学过程中从以下三个方面发挥指导作用：

①激发学生的学习兴趣，帮助学生形成学习动机；

②通过创设符合教学内容要求的情境和揭示新旧知识之间联系的线索，帮助学生建构当前所学知识的意义；

③为了使意义建构更有效，教师应在可能的条件下组织协作学习(开展讨论与交流)，并对协作学习过程进行引导使之朝有利于意义建构的方向发展。引导的方法包括提出适当的问题以引起学生的思考和讨论；在讨论中设法把问题一步一步引向深入，以加深学生对所学内容的理解；要启发诱导学生自己去发现规律、自己去纠正和补充错误的或片面的认识。

(三)建构主义学习理论的教学思想

建构主义学习理论所蕴含的教学思想主要反映在知识观、学习观、学生观、师生角色的定位及其作用、学习环境和教学原则等六个方面。

1. 知识观

第一，知识不是对现实的纯粹客观的反映，任何一种传载知识的符号系统也不是绝对真实的表征。它只不过是人们对客观世界的一种解释、假设或假说，它不是问题的最终答案，它必将随着人们认识程度的深入而不断地变革、升华和改写，出现新的解释和假设。

第二，知识并不能绝对准确无误地概括世界的法则，提供对任何活动或问题解决都实用的方法。在具体的问题解决中，知识是不可能一用就准、一用就灵的，而是需要针对具体问题的情景对原有知识进行再加工和再创造。

第三，知识不可能以实体的形式存在于个体之外，尽管通过语言赋予了知识一定的外在形式，并且获得了较为普遍的认同，但这并不意味着学习者对这种知识有同样的理解。真正的理解只能是由学习者基于自己的经验背景而建构起来的，取决于特定情况下的学习活动过程；否则，就不叫理解，而是叫死记硬背，是被动的复制式的学习。

2. 学习观

第一，学习不是由教师把知识简单地传递给学生，而是由学生自己建构知识的过程。学生不是简单被动地接收信息，而是主动地建构知识的意义，这种建构是无法由他人来代替的。

第二，学习不是被动接收信息刺激，而是主动地建构意义，是根据自己的经验背景，对外部信息主动地选择、加工和处理，从而获得自己的意义。外部信息本身没有什么意义，意义是学习者通过新旧知识经验间的反复的、双向的相互作用过程而建构成的。因此，高级学习不是像行为主义所描述的“刺激——反应”那样简单。

第三，学习意义的获得，是每个学习者以自己原有的知识经验为基础，对新信息的重新认识和编码，从而建构自己的理解。在这一过程中，学习者原有的知识经验因为新知识经验的进入而发生调整和改变。

第四，同化和顺应，是学习者认知结构发生变化的两种途径或方式。同化是认知结构的量变，而顺应则是认知结构的质变。同化-顺应-同化-顺应……循环往复，平衡-不平衡-平衡-不平衡，相互交替，人的认知水平的发展，就是这样的一个过程。学习不是简单的信息积累，更重要的是包含新旧知识经验的冲突，以及由此而引发的认知结构的重组。学习过程不是简单的信息输入、存储和提取，而是新旧知识经验之间的双向的相互作用过程，也就是学习者与学习环境之间互动的过程。

3. 学生观

第一，建构主义强调，学习者并不是空着头脑进入学习情境中的。在日常生活和以往各种形式的学习中，他们已经形成了有关的知识经验，他们对任何事情都有自己的看法。即使是有些问题他们从来没有接触过，没有现成的经验可以借鉴，但是当问题呈现在面前时，他们还是会基于以往的经验，依靠他们的认知能力，形成对问题的解释，提出他们的假设。

第二，教学不能无视学习者已有的知识经验，简单强硬地从外部对学习者实施知识的“填灌”，而是应当把学习者原有的知识经验作为新知识的生长点，引导学习者从原有的知识经验中，产生新的知识经验。教学不是知识的传递，而是知识的处理和转换。教师不单是知识的呈现者，也不是知识权威的象征，而应该重视学生自己对各种现象的理解，倾听他们时下的看法，思考他们这些想法的由来，并以此为据，引导学生丰富或调整自己的解释。

第三，教师与学生、学生与学生之间需要共同针对某些问题进行探索，并在探索的过程中相互交流和质疑，了解彼此的想法。由于经验背景不可避免的差异性，学习者对问题的看法和理解经常是千差万别的。其实，在学生的共同体中，这些差异本身就是一种宝贵的现象资源。建构主义虽然非常重视个体的自我发展，但是它也不否认外部引导，亦即教师的影响作用。

4. 师生角色的定位及其作用

第一，教师的角色是学生建构知识的忠实支持者。教师的作用从传统的传递知识的权威转变为学生学习的辅导者，成为学生学习的高级伙伴或合作者。教师应该给学生提供复杂的真实问题。他们不仅必须开发或发现这些问题，而且必须认识到复杂问题有多种答案，激励学生提出对问题解决的多重观点，这显然是与创造性的教学活动宗旨紧密吻合的。教师必须创设一种良好的学习环境，学生在这种环境中可以通过实验、独立探究、合作学习等方式展开学习。教师必须提供学生元认知工具和心理测量工具，培养学生评判性的认知加工策略，以及学生建构知识和理解意义的心理模式。教师应认识教学目标包括认知目标和情感目标。教学是逐步减少外部控制、增加学生自我控制学习的过程。

第二，教师要成为学生建构知识的积极帮助者和引导者，应当激发学生的学习兴趣，引发和保持学生的学习动力，通过创设符合教学内容要求的情景和提示新旧知识之间联系的线索，帮助学生建构当前所学知识的意义。为使学生的意义建构更为有效，教师应尽可能地组织协作学习，展开讨论和交流，并对协作学习过程进行引导，使之朝有利于意义建构的方向发展。

第三，学生的角色是教学活动的积极参与者和知识建构的主体。建构主义要求学生面对认知复杂的真实世界的情境，并在复杂的真实情境中完成任务，因而，学生需要采取一种新的学习风格、新的认识加工策略，形成自己是知识与理解的建构者的心理模式。建构主义教学比传统教学要求学生承担更多的管理自己学习的责任；教师应当注意使机会永远处于维果茨基提出的“学生最近发展区”，并为学生提供一定的辅导。

学生要用探索法和发现法去建构知识的意义。在建构意义的过程中要求学生主动去收集和分析有关的信息资料，对所学的问题提出各种假设并努力加以验证。要善于把当前学习内容尽量与自己已有的知识经验联系起来，并对这种联系加以认真思考。联系和思考是意义建构的关键。

5. 学习环境

建构主义认为，学习者的知识是在一定情境下，借助于他人的帮助，如人与人之间的协作、会话、利用必要的信息等，通过意义的建构而获得的。理想的学习环境应当包括情境、协作、会话和意义建构四个部分。

一是情境。学习环境中的情境必须有利于学习者对所学内容的意义建构。在教学设计中，创设有利于学习者建构意义的情境是最重要的环节或方面。

二是协作。应该贯穿于整个学习活动过程中。教师与学生之间、学生与学生之间的协作，对学习资料的收集与分析、假设的提出与验证、学习进程的自我反馈和学习结果的评价及意义的最终建构都有十分重要的作用。协作在一定的意义上是协商的意思。协商主要有自我协商和相互协商。自我协商是指自己和自己反复商量什么是比较合理的；相互协商是指学习小组内部之间的商榷、讨论和辩论。

三是会话。是协作过程中最基本的方式或环节，比如学习小组成员之间必须通过交流来商讨如何完成规定的学习任务达到意义建构的目标，怎样更多地获得教师或他人的指导和帮助等。其实，协作学习的过程就是交流的过程，在这个过程中，每个学习者的想法都为整个学习群体所共享。交流对于推进每个学习者的学习进程，都是至关重要的。

四是意义建构。是教学过程的最终目标。其建构的意义是指事物的性质、规律及事物之间的内在联系。在学习过程中帮助学生建构意义就是要帮助学生对当前学习的内容所反映事物的性质、规律及该事物与其他事物之间的内在联系达到较深刻的理解。

6. 教学原则

①把所有的学习任务都置于为了能够更有效地适应世界的学习中；

②教学目标应该与学生在学习环境中的目标相符合，教师确定的问题应该使学生感到就是他们本人的问题；

③设计真实的任务。真实的活动是学习环境的重要的特征，应该在课堂教学中使用真实的任务和日常的活动或实践整合多重的内容或技能；

④设计能够反映学生在学习结束后就从事有效行动的复杂环境；

⑤给予学生解决问题的自主权。教师应该刺激学生的思维，激发他们自己解决问题的动力；

⑥设计支持和激发学生思维的学习环境；

⑦鼓励学生在社会背景中检验自己的观点；

⑧支持学生对所学内容与学习过程的反思，发展学生的自我控制的技能，使其成为独立的学习者。

(四)建构主义的教学模式和教学方法

与建构主义学习理论及建构主义学习环境相适应的教学模式为：“以学生为中心，在整个教学过程中由教师起组织者、指导者、帮助者和促进者的作用，利用情境、协作、会话等学习环境要素充分发挥学生的主动性、积极性和首创精神，最终达到使学生有效地实现对当前所学知识的意义建构的目的。”在这种模式中，学生是知识意义的主动建构者；教师是教学过程的组织者、指导者、意义建构的帮助者、促进者；教材所提供的知识不再是教师传授的内容，而是学生主动建构意义的对象——被消化吸收的食物；媒体也不再是帮助教师传授知识的手段、方法，而是用来创设情境、进行协作学习和会话交流，即作为学生主动学习、协作式探索的认知工具。显然，在这种场合，教师、学生、教材和媒体等四要素与传统教学相比，各自有完全不同的作用，彼此之间有完全不同的关系。但是这些作用与关系也是非常清楚、非常明确的，因而成为教学活动进程的另外一种稳定结构形式，即建构主义学习环境下的教学模式。

在建构主义的教学模式下，目前已开发出的、比较成熟的教学方法主要有以下三种。

1. 支架式教学(Scaffolding Instruction)

支架式教学被定义为：“应当为学习者建构对知识的理解提供一种概念框架(conceptual framework)。这种框架中的概念是为发展学习者对问题的进一步理解所需要的，为此，事先要把复杂的学习任务加以分解，以便于把学习者的理解逐步引向深入。”

支架原本指建筑行业中使用的脚手架，在这里用来形象地描述一种教学方式：儿童被看作是一座建筑，儿童的“学”是在不断地、积极地建构自身的过程；而教师的“教”则是一个必要的脚手架，支持儿童不断地建构自己，不断建造新的能力。支架式教学是以苏联著名心理学家维果茨基的“最近发展区”理论为依据的。维果茨基认为，在测定儿童智力发展时，应至少确定儿童的两种发展水平：一是儿童现有的发展水平，一种是潜在的发展水平，这两种水平之间的区域称为“最近发展区”。教学应从儿童潜在的发展水平开始，不断创造新的“最近发展区”。支架教学中的“支架”应根据学生的“最近发展区”来建立，通过支架作用不停地将学生的智力从一个水平引导到另一个更高的水平。

支架式教学由以下五个环节组成。

一是搭脚手架。围绕当前学习主题，按“最邻近发展区”的要求建立概念框架。

二是进入情境。将学生引入一定的问题情境。

三是独立探索。让学生独立探索。探索内容包括：确定与给定概念有关的各种属性，并将各种属性按其重要性大小顺序排列。探索开始时要先由教师启发引导，然后让学生自己去分析；探索过程中教师要适时提示，帮助学生沿概念框架逐步攀升。

四是协作学习。进行小组协商、讨论。讨论的结果有可能使原来确定的、与当前所学概念有关的属性增加或减少，各种属性的排列次序也可能有所调整，并使原来多种意见相互矛盾且态度纷呈的复杂局面逐渐变得明朗、一致起来。在共享集体思维成果的基础上达到对当前所学概念比较全面、正确的理解，即最终完成对所学知识的意义建构。

五是效果评价。对学习效果的评价包括学生个人的自我评价和学习小组对个人的学习评价，评价内容包括：

①自主学习能力；

②对小组协作学习所作出的贡献；

③是否完成对所学知识的意义建构。

2. 抛锚式教学(Anchored Instruction)

这种教学要求建立在有感染力的真实事件或真实问题的基础上。确定这类真实事件或问题被形象地比喻为“抛锚”，因为一旦这类事件或问题被确定了，整个教学内容和教学进程也就被确定了(就像轮船被锚固定一样)。建构主义认为，学习者要想完成对所学知识的意义建构，即达到对该知识所反映事物的性质、规律，以及该事物与其他事物之间联系的深刻理解，最好的办法是让学习者到现实世界的真实环境中去感受、去体验(即通过获取直接经验来学习)，而不是仅仅聆听别人(例如教师)关于这种经验的介绍和讲解。由于抛锚式教学要以真实事例或问题为基础(作为“锚”)，所以有时也被称为“实例式教学”或“基于问题的教学”或“情境性教学”。

抛锚式教学由以下五个环节组成。

一是创设情境。使学习能在和现实情况基本一致或相类似的情境中发生。

二是确定问题。在上述情境下，选择出与当前学习主题密切相关的真实性事件或问题作为学习的中心内容。选出的事件或问题就是“锚”，这一环节的作用就是“抛锚”。

三是自主学习。不是由教师直接告诉学生应当如何去解决面临的问题，而是由教师向学生提供解决该问题的有关线索，并特别注意发展学生的“自主学习”能力。

四是协作学习。讨论、交流，通过不同观点的交锋，补充、修正、加深每个学生对当前问题的理解。

五是效果评价。由于抛锚式教学的学习过程就是解决问题的过程，由该过程可以直接反映出学生的学习效果。因此对这种教学效果的评价不需要进行独立于教学过程的专门测验，只需在学习过程中随时观察并记录学生的表现即可。

3. 随机进入教学(Random Access Instruction)

由于事物的复杂性和问题的多面性，要做到对事物内在性质与事物之间相互联系的全面了解和掌握，即真正达到对所学知识的全面而深刻的意义建构是很困难的。往往从不同的角度考虑可以得出不同的理解。为克服这方面的弊病，在教学中就要注意对同一教学内容，要在不同的时间、不同的情境下，为不同的教学目的、用不同的方式加以呈现。换句话说，学习者可以随意通过不同途径、不同方式进入同样教学内容的学习，从而获得对同一事物或同一问题的多方面的认识与理解，这就是所谓“随机进入教学”。显然，学习者通过多次“进入”同一教学内容将能达到对该知识比较全面而深入的理解。这种多次进入，绝不是像传统教学中那样，只是为巩固一般的知识、技能而实施的简单重复。这里的每次进入都有不同的学习目的，都有不同的问题侧重点。因此，多次进入的结果，绝不仅仅是对同一知识内容的简单重复和巩固，而是使学习者获得对事物全貌的理解与认识上的飞跃。

随机进入教学主要包括以下五个环节。

一是呈现基本情境。向学生呈现与当前学习主题的基本内容相关的多种情境。

二是随机进入学习。取决于学生“随机进入”学习所选择的内容，而呈现与当前学习主题的不同侧面特性相关联的情境。在此过程中教师应注意发展学生的自主学习能力，使学生逐步学会自己学习。

三是思维发展训练。由于随机进入学习的内容通常比较复杂，所研究的问题往往涉及许多方面，因此在这类学习中，教师还应特别注意发展学生的思维能力。

四是小组协作学习。围绕呈现不同侧面的情境所获得的认识展开小组讨论。在讨论中，每个学生的观点在和其他学生及教师一起建立的社会协商环境中受到考察、评论，同时每个学生也对别人的观点、看法进行思考并做出反应。

五是学习效果评价。包括自我评价与小组评价，评价内容包括：

①自主学习能力；

②对小组协作学习所作出的贡献；

③是否完成对所学知识的意义建构。

(五)建构主义的教学设计

1. 建构主义学习环境下的教学设计原则

建构主义学习理论强调以学生为中心，认为学生是认知的主体，是知识意义的主动建构者；教师只对学生的意义建构起帮助和促进作用，并不要求教师直接向学生传授和灌输知识。在建构主义学习环境下，教师和学生的地位、作用和传统教学相比已发生很大的变化。近年来，教育技术领域的专家们进行了大量的研究与探索，力图建立一套能与建构主义学习理论及建构主义学习环境相适应的全新的教学设计理论与方法体系。尽管这种理论体系的建立是一项艰巨的任务，并非短期内能够完成。但是其基本思想及主要原则已日渐明朗，并已开始实际应用于指导基于多媒体和 Internet 的建构主义学习环境的教学设计。建构主义使用的教学设计原则如下。

(1)强调以学生为中心。明确“以学生为中心”，这一点对于教学设计有至关重要的指导意义，因为无论是从“以学生为中心”出发还是从“以教师为中心”出发将得出两种全然不同的设计思路。至于如何体现以学生为中心，建构主义认为可以从三个方面努力：要在学习过程中充分发挥学生的主动性，要能体现出学生的首创精神；要让学生有多种机会在不同的情境下去应用他们所学的知识(将知识“外化”)；要让学生能根据自身行动的反馈信息来形成对客观事物的认识和解决实际问题的方案(实现自我反馈)。这三点，即发挥首创精神、将知识外化和实现自我反馈，可以说是体现以学生为中心的三个要素。

(2)强调“情境”对意义建构的重要作用。建构主义认为，学习总是与一定的社会文化背景即“情境”相联系的，在实际情境下进行学习，可以使学习者能利用自己原有认知结构中的有关经验去同化和索引当前学习到的新知识，从而赋予新知识以某种意义；如果原有经验不能同化新知识，则要引起“顺应”过程，即对原有认知结构进行改造与重组。总之，通过“同化”与“顺应”才能达到对新知识意义的建构。在传统的课堂讲授中，由于不能提供实际情境所具有的生动性、丰富性，因而将使学习者对知识的意义建构产生困难。

(3)强调“协作学习”对意义建构的关键作用。建构主义认为，学习者与周围环境的交互作用，对于学习内容的理解(即对知识意义的建构)起着关键性的作用，这是建构主义的核心概念之一。学生在教师的组织和引导下，一起讨论和交流，共同建立起学习群体并成为其中的一员。在这样的群体中，共同批判地考察各种理论、观点、信仰和假说，进行协商和辩论，先内部协商(即和自身争辩到底哪一种观点正确)，然后再相互协商(即对当前问题摆出各自的看法、论据及有关材料并对别人的观点做出分析和评论)。通过这样的协作学习环境，学习者群体(包括教师和每位学生)的思维与智慧就可以被整个群体所共享，即整个学习群体共同完成对所学知识的意义建构，而不是其中的某一位或某几位学生完成意义建构。

(4)强调对学习环境(而非教学环境)的设计。建构主义认为，学习环境是学习者可以在其中进行自由探索和自主学习的场所。在此环境中学生可以利用各种工具和信息资源(如文字材料、书籍、音像资料、CAI与多媒体课件等)来达到自己的学习目标。在这一过程中学生不仅能得到教师的帮助与支持，而且学生之间也可以相互协作和支持。学习应当被促进和支持而不应受到严格的控制与支配；学习环境则是一个支持和促进学习的场所。在建构主义学习理论指导下的教学设计应是针对学习环境的设计而非教学环境的设计。因为，教学意味着更多的控制与支配，而学习则意味着更多的自由与主动。

(5)强调利用各种信息资源来支持“学”(而非支持“教”)。为了支持学习者的主动探索和完成意义建构，在学习过程中要为学习者提供各种信息资源(包括各种类型的教学媒体和教学资料)。利用这些媒体和资料并非用于辅助教师的讲解和演示，而是用于支持学生的自主学习和协作式探索。对于信息资源应如何获取、从哪里获取，以及如何有效地加以利用等问题，是主动探索过程中迫切需要教师提供帮助的内容。

(6)强调学习过程的最终目的是完成意义建构(而非完成教学目标)。在建构主义学习环境中，强调学生是认知主体、是意义的主动建构者，所以是把学生对知识的意义建构作为整个学习过程的最终目的。教学设计通常不是从分析教学目标开始，而是从如何创设有利于学生意义建构的情境开始，整个教学设计过程紧紧围绕“意义建构”这个中心而展开，不论是学生的独立探索、协作学习还是教师辅导都是这样。

总之，学习过程中的一切活动都要从属于这一中心，都要有利于完成和深化对所学知识的意义建构。

第二节 教学理论

如果说学习理论回答了“学习是什么(what)”的问题，那么教学理论就是确保理想学习的产生，为之提供实现目标的方法(how)。教学理论是指为求合理地设计教学情境，以期达到学校教育目的所建立的一套具有处方功能的系统理论。它是既具有实用性又具有概括性的处方理论，其实用性表现在它能提供教师在教学时如何安排教学情况以达到学校教育的目的；概括性是指它不仅限于探讨某一学科教育方法的理论，而是原则上适合所有学科的理论。因此，学习教学理论，掌握教学规律，有效运用教育技术对改善教学效果有一定的现实意义。本节主要介绍布鲁纳的认知结构-发现教学法、布鲁姆的掌握学习、范例教学。

一、布鲁纳的“认知结构-发现”教学法

认知结构主义教育思想是20世纪五六十年代形成的一种西方教育思潮，它是以瑞士心理学家皮亚杰的认知心理学为基础的，其主要代表人物是美国的心理学家、教育家布鲁纳。

（一）理论观点

认知结构-发现教学法的基本观点包括：

①学习一门学科最重要的是掌握它的基本结构；

②任何学科都能够用在智力上是正确的方式，有效地教给任何发展阶段的任何儿童；

③要学得好，必须采取发现法。布鲁纳强调对儿童认知结构的研究及认知能力的发展，注重对知识结构的理解，提倡发现学习和早期教育。发现学习是指让学生通过自己经历知识发现的过程来获取知识、发展探究能力的学习方式和教学模式，它所强调的是学生的探究过程，而不是现成的知识。教师的主要任务不是向学生传授现成的知识，而是为学生的发现活动创造条件、提供支持。同时，强调学生发现能力的培养和对学科知识结构的掌握。

由理论观点可见，发现教学中的学生可以自己发现、组织知识，有助于学后长期记忆；主动思维活动，有助于智力发展与提升；在主动发现过程中获得成就感的满足，无须依靠用赏罚去维持其动机与兴趣；帮助养成主动自发的习惯，有助于以后的独立求知与研究。当然，发现教学并非就十全十美，它也具有一定的局限性。

①发现学习法的使用，必须具备一个先决条件，那就是学生必须具有相应的知识与技能准备，否则无法从事发现学习。因而对缺乏知识经验的中低年级的学生来说，很难使用这种方式教学。

②在发现学习中学习的学生，自行探索问题答案时，往往会因遭遇疑难求助教师却又不得要领而感到气馁，以至于降低了求知的渴望。

③因团体中各个儿童智力与经验不同，率先发现原则的智力优先者的表现，往往对思想较为缓慢者造成极大的精神压力，因而对后者将来的学习造成不利的影响。

④采用发现教学时，一般用团体讨论方式，但团体讨论时间常被能言善辩的少数人占据，其他学生或因无机会或因无能力发言，均无法获得学习效益。若教师建议采用轮流发言方式，又难免对不善言辞的学生构成精神压力。

⑤发现教学往往需要给学生预留大量的发现时间，教学效率较低。

（二）教学应用

为了能够较好地使用发现教学，教师在教学设计时应注意如下四点原则：一是要想让

学生在学习情境中，由主动发现原则而获得知识，教师必须先将学习情境及教学材料性质解说得非常清楚；二是教师从事知识教学时，必须配合学生的经验，将所授材料做适当的组织，以使每个学生学到知识；三是教材的难度与逻辑上的先后顺序，必须针对学生的心智发展水平及认知表征方式做适当的安排，以便使学生的知识经验前后衔接，从而产生正向学习迁移；四是在教材的难度安排上，必须考虑学生学习动机的维持，教材太容易学会，学生缺少成就感，太难以学会，又会产生失败感，因而适度地调整教材的难度才能维持学生内在的动机。总之，在开展发现学习时，教师应该作为学习者发现知识的帮助者，为他们搭建发现知识的脚手架。

在信息技术的支持下，发现教学已经发展了一些新的学习形式：专题探究学习、网络探究学习、基于问题的学习、基于项目的学习等。

二、布鲁姆的掌握学习

掌握学习(Mastery Learning)是美国心理学家、教育学家布鲁姆提出的，掌握学习教学模式的提出与布鲁姆的“教育目标分类学”联系在一起，布鲁姆把教育目标分为认知、情感和动作技能三大领域，掌握学习教学模式在认知、情感和动作技能等领域中都具有一定的适用性，但其实际应用主要是在认知和动作技能方面。

(一)理论观点

所谓“掌握学习”，就是在“所有学生都能学好”的思想指导下，以集体教学(班级授课制)为基础，辅之以经常、及时的反馈，为学生提供所需的个别化帮助，给予他们所需要的学习时间，让他们都达到课程的目标要求。

布鲁姆认为，学生学习能力的差异不能决定他能否学习要学的内容和学习的好坏，而只能决定他将要花多少时间才能达到该内容的掌握程度。也就是说，学习能力强的学生可以在较短的时间内达到对该内容的掌握水平，而学习能力差的学生则要花较长的时间才能达到同样的掌握程度。

(二)教学环节

“掌握学习”教学模式的程序大致由五个环节组成(如图2-2)。

1. 单元教学目标的设计

布鲁姆认为，教学质量首先表现为对教学任务目标的表述是否清晰，每一个学生是否都清楚自己将要学什么。布鲁姆通过对教学目标分类的研究，对教学目标的表述各有其“行为界定”。他认为表述得当的目标，可以表现为一种清楚的行为，通过对该行为是否具备的测定，可以了解其达标的程度。

在“掌握学习”模式中，教育目标分类依据布鲁姆的教育目标分类学分作认知、技能和情

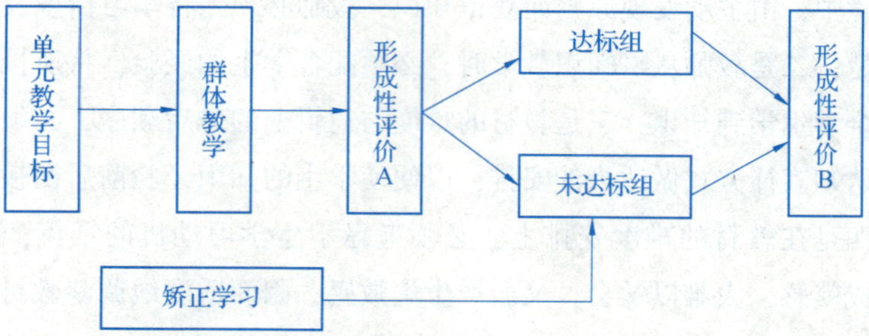

图 2–2 掌握学习模式程序图

感三大类。其中在认知领域又分作知识、理解、应用、分析、综合、评价六个学习类型。

2. 依据教学单元的群体教学

“掌握学习”模式是试图达到群体教学个别化的教学模式，其设想是在不影响传统班级集体授课的前提下，使绝大多数学生达到优良成绩。所以其课堂教学仍然采用通常的集体授课形式。但在授课前，给予学习新知识必需的准备知识以充分的重视。在群体教学中，教师仍然可以根据教学内容、要求、学生与教师的特点，选择适宜的教学方法，仍然是“教学有法而无定法”。

3. 形成性评价(A)

在实施单元集体授课后，就要进行形成性测验。形成性测验的题目与教学目标相匹配，其目的是对学生的学业情况进行诊断。这种诊断不仅要反映学生对教学内容掌握的广度，也要反映出其对教学内容掌握的深度。

4. 矫正学习

形成性评价之后，将学生分成达标组和未达标组两类。对未达标组应该进行必要的、补偿性的矫正学习。矫正学习是为了给予那些在群体学习中学习速度慢的学生以额外的学习时间。矫正学习不是简单地重复新课教学的内容，可以采取多种方法。矫正学习成功的关键是要有很强的针对性。

5. 形成性评价(B)

形成性评价是最终去检验达标的情况，其测验题与形成性评价(A)相比指向更加明确。对于在形成性测验中大多通过的测验题可以不再出现。通常对两种情况进行检查：一种是学生易犯的错误，另一种是与下一单元关联性特别强的准备知识。

(三)“掌握学习”模式的策略

在布鲁姆看来，只要恰当注意教学的主要变量，就有可能使绝大多数学生(90%以上)都达到掌握水平(得 5 分)。掌握学习就是要探讨达到这一目的的途径，制定相应的策略。

1. 成绩的正态分布与偏态分布

布鲁姆认为，教育是一种有目的、有意图的活动，如果我们的教学是富有成效的，学生成绩分布应该是与正态分布完全不同的。

2. 掌握学习的变量

布鲁姆的掌握学习教学原理是建立在卡洛尔关于“学校学习模式”的基础上的，他认为，学习的程度是学生实际用于某一学习任务上的时间量与掌握该学习任务所需的时间量的函数。实际用于学习的时间量是由以下三个变量组成的。

一是机会，即允许学习的时间。它是指教师对学生完成一定的学习任务所明确规定的时限。布鲁姆和卡洛尔都认为，学生要达到掌握的水平，关键在于时间量的安排要符合学生的实际状况。学习速度的快慢是由能力倾向决定的；但如果学生把所需要的时间都用于学习，而且有足够的时间去学习，绝大多数学生都能达到掌握水平。布鲁姆认为，教师的任务，一方面是要找到改变某些学生所需要的学习时间的方法，另一方面是要找到为每个学生提供所需要的时间的途径。当然，学生掌握某门学科所需的时间，是受其他变量影响的。

二是耐心，即学生愿意从事学习的时间。如果学生需要花一定的时间才能掌握某门学科，但他花在积极学习上的时间少于需要的时间，就不可能达到掌握的水平，所以布鲁姆等人试图把学生花在学习上的时间与学生积极从事学习的时间区别开来。

布鲁姆认为，学生的耐心是同学生的态度和兴趣联系在一起的。重要的是通过提高教学质量来减少学生掌握某一学习任务所需要的耐心，而不是通过各种手段使学生增强学习的耐心。教学的艺术在于使学生用适当的时间就能掌握足够的学习内容。

三是能力倾向，即在理想条件下掌握该任务所需要的时间（这是因教学质量和学生理解教学的能力而变化的）。

需要的时间量也是由三个变量组成的。

一是教学质量。教学质量主要是根据每个学生的学习效果来评价的，而不是根据某些学生的学习效果来评价的。因此，不能仅凭培养了一两个尖子学生或出了几个后进学生就对教学质量的好坏做出判断。

二是学生理解教学的能力。布鲁姆和卡洛尔对理解教学的能力所下的定义是：学生理解学习任务的性质和他在学习该任务时所要遵循的程序的能力。

三是能力倾向，即学生在适应教学质量、理解教学之后，学习所需的时间。

布鲁姆承认学生的能力倾向确实存在着差异，而且这种差异与学习的结果（尤其是学习的速度）有关。能力倾向是学生掌握学习任务所需要的时间量，因此只要有足够的时间，所有学生都能掌握学习任务。这就是说，能力倾向只是学习速度的预示，而不是学生可能达到的学习水平的预示。掌握学习策略的一个基本问题，就在于寻找各种途径，设法减少学习较慢的学生所需要的时间量。

3. 掌握学习的策略

共有三个步骤：一是阐明学习所必需的先决条件；二是研制实施的程序；三是评价这种策略对教师与学生所产生的结果。

(1)先决条件

为了形成学生掌握学习的环境，教师必须在学生达到掌握学习的水平时能够加以识别，必须能够界说掌握意味着什么，必须能够收集必要的证据以确定学生是否已达到掌握学习的要求。对教学目标和教学内容的详细说明，是让教师和学生双方都知道预期目标的一个先决条件。把这些详细说明转化为评价的程序，有助于进一步弄清学生在完成这门课时应该达到什么标准。布鲁姆认为，把重点放在竞争上，可能会摧毁许多学习和发展，因此，应该撇开学生之间的竞争来制定掌握的标准，然后通过努力使尽可能多的学生达到这些标准。

由此，布鲁姆提倡制定绝对标准(根据学生实际水平和常模来评定学生)，而不是根据相对标准(根据学生在班上的相对水平)来评定学生的等级。

(2)实施程序

掌握学习的一个核心问题，是要为教师和学生提供详细的反馈，使教与学过程中出现差错后马上便把它们揭示出来，并提供他们所需要的具体的补充材料以矫正差错，因此，反馈通常采用诊断式的形成性测验的方式。

布鲁姆认为，只要教师对学生应该做些什么提供具体的建议(根据形成性测验的结果)，学生一般都会试图去克服这些问题。

(3)掌握学习的结果

布鲁姆是从掌握学习的认知结果和情感结果这两个方面进行分析的。布鲁姆认为，只要采取掌握学习的策略，绝大多数人都能得满分。当学生掌握一门学科，并得到了客观的和主观的证据时，他们对自己和对外部世界的看法会产生深刻的变化。

布鲁姆在编制教育目标分类学时，基本上是站在行为主义的立场。然而，布鲁姆对目标分类和评价的看法，对我们是有启示的。我们在制定教育目标时就应该考虑评价的手段，否则教育目标就会落空。此外，在评价方面，布鲁姆注重对学生学习过程的诊断，以便提供具体的处方。评价的目的不是要对学生进行分等或给个成绩，而是要了解学生是否已掌握所学内容，帮助学生解决疑难问题。该学习理论的独到之处是对学生认知、情感准备状态、教学质量这三个变量的分析。

三、克拉夫基的范例教学

“范例教学”是由德国著名的教育家克拉夫基为代表所提出的。是指通过典型的事例和教材中关键性的问题的讲授、探索，来带动学生理解普遍性的过程和问题。

传统的教学让学生掌握一大堆所谓具有系统性的知识，结果导致学生脑子里充满了一大堆杂乱的知识而无一种能够统领全局的概括性观念和方法论观念。要克服传统教学的弊端，就要重视、重构教学内容，选择学科知识中最典型的案例，形成认识的“稠密区”或“岛屿”，在这个稠密区里，各种知识汇集、交融，学生通过对这个稠密区的探究、思考，形成两种整体的认识结构。

(一)范例教学的三种属性

一是基本性：指教给学生的内容应当是一门学科的基本要求，如基本概念、基本知识、基本原理、基本规律等。

二是基础性：案例的选择应当切合学生的生活经验，适应学生的知识水平和智力的发展水平，同时又要通过教学，促进学生智力的发展。

三是示范性：指所选择的例子必须能够反映某一阶段教学的全部材料，使学生能够“窥一斑而见全豹”范例教学的程序。

(二)范例教学的四个阶段

第一阶段：教师以具体直观的方法阐明一个范例，使学生首先对“个”的本质特征有一个基本的认识。

第二阶段：根据范例“个”所获得的知识，推论特点，分析掌握整个“类”的特征，使对“个”的认识上升为对“类”的认识。

第三阶段：根据对“个”所获得的认识，进一步过渡到对“类”的认识，从而达到对更本质的关系——规律的认识。

第四阶段：以此为经验，认识更为抽象或总结性的规律。

(三)范例教学在我国教学领域中的应用

范例教学理论及范例教学方法源自德国，于20世纪80年代开始在我国传播，其中华师大的李其龙教授首先在《外国教育资料》杂志上(1987年，1988年)介绍了克拉夫基在华师大的关于“范例教学”系列演讲内容，并在其后编译出版了系统介绍范例教学理论的专著《德国教学论流派》。多年来，许多教育工作者将范例教学法与小学、中学的学科教学结合起来，进行了广泛的教学实践和深入的理论探讨，并产生了很多成功的案例。如今范例教学法的研究热潮似乎已经过去，然而有不少学者仍在探索和创新，把范例教学法的研究领域扩展到高校甚至是社会教育中去，取得了不少新成果。

进入信息时代的今天，在一些教学领域中，特别是高校和成人教育的一些学科，面临着巨量的知识点和有限的教学时间之间的矛盾。教师不可能手把手地教会学生所有细枝末节的知识点。同样，学生在课堂上填鸭式地接受教学，课后死记硬背，这样造成教得多学得少、教学效果不理想的问题。而范例教学法的诞生，正是为了适应知识大爆炸的产物。

运用范例教学法，教师在课堂上教授最基本、最基础的知识，教会学生学习的方法和方向，然后再进行帮助和辅导；而学生在课堂上只需要学习最简单、最经典的东西，掌握学习方法，在课后的时间里自主学习，自我探索，由此及彼，由表及里，获得尽可能多的知识。我们有理由相信，继基础教育之后，范例教学法一定会在更广泛的教育领域中大放光彩。

四、维果斯基的“最近发展区”理论

维果斯基是苏联儿童心理学与教育心理学的开创者，他非常关注儿童智力的发展与培养问题，提出了许多极富见解的理论。在教学与发展的关系上，维果斯基提出了三个重要问题。

(一)“最近发展区”思想

维果斯基认为，至少要确定学生的两种发展水平，第一种水平是学生的现有发展水平，第二种是在有指导的情况下借助他人的帮助所能达到的解决问题较高的水平，这两种水平的差异就是“最近发展区”。教学创造着最近发展区，儿童第一种发展水平与第二种发展水平之间的动力状态是由教学决定的。

(二)根据上述思想，维果斯基提出“教学应当走在发展的前面”

这是他对教学与发展问题的最主要结论。也就是说，教学“可以定义为人为的发展”，教学决定着学生智力的发展。

(三)怎样发挥教学的最大作用，他强调了“学习的最佳期限”

如果脱离了学习某一技能的最佳年龄，从发展的观点看来都是不利的，他会造成儿童智力发展的障碍。因此，开始某一种教学，必须以学生的成熟与发育为前提，但更重要的是，教学必须首先建立在正在开始且尚未形成的心理机能的基础上，走在心理机能形成的前面。

以素质教育为背景的教学改革则倡导面向全体学生，是使学生全面发展的现代发展式教学观。维果斯基的最近发展区理论认为，教学的本质是激发学生主动学习的积极性，帮助学生全面发展，学习与发展是一种社会和合作活动，是学生在他们自己的头脑中构筑自己的理解。而学习这一活动过程中，学生是行为主体，主动积极地学习才会有效；教师扮演着促进和帮助的辅助角色，引导、激励、促进学生全面发展。

维果斯基的最近发展区理论所倡导的教学观恰好与我国素质教育的改革暗合，因而被大量应用。

五、赞科夫的“发展性”教学

列·符·赞科夫(1901—1977)博士是当代著名的教育学家、心理学家、缺陷儿童学家和教学论专家。他研究的主要课题，同时也是他对普通教育理论的主要贡献，体现在两个方面：一个是探讨教学中语言和直观手段的相互关系，出版了《教师语言与直观教学手段的结合》《直观性与学生在教学中的积极化问题》等著作；更为重要、更具特色的另一个方面是研究教学与学生发展之间的相互关系。

关于“教学与发展的关系”这一课题，赞科夫从1957年至1977年进行了大规模和长时间的研究，在长期的实验研究过程中，逐步形成了指导各科教学工作的五条“教学原则”。

(一)以高难度进行教学的原则

赞科夫指出，现代儿童在入学之前，就在家里、幼儿园里、街道上，从电影、电视、广播里，从大人的谈话和跟小朋友的交往中，储备了相当丰富的知识，也积累了许多问题。可是传统教学的教学内容非常贫乏、陈旧，无法满足儿童的需求。所以，他认为教学内容必须增加知识的容量和难度，为儿童的精神成长提供足够的“食粮”，不要使它“营养不良”。赞科夫认为，教学内容充实了，教学方法必须随之革新。新的方法不再是对儿童进行单调乏味的“操练”，而是要掌握难度的分寸，适当设置学习障碍，让学生经过自己的思考、推理，独立地探求问题的答案，充分理解学习内容。

(二)以高速度进行教学的原则

赞科夫指出，在传统教学中，往往对教学内容进行单调的重复，用几节课讲一节课就能够完成内容的做法比比皆是，这不仅浪费了大量的教学时间，更为严重的是阻碍了学生的发展。他认为，在学习过程中，不要强求学生通过连续重复一下子记住许多知识和技能，因为事实上有许多东西是通过“无意的识记”和以后的经常重现而学到并巩固下来的。因此，教师讲的东西，学生懂了就可以往下讲，不要原地跑步，要让学生总觉得在学习新东西，从而保持较高的学习兴趣。赞科夫进一步解释说，“高速度”不是“开快车”“赶进度”，而是“不断地前进，不断地以多方面的内容丰富学生的智慧，能为学生更深刻地理解所获得的知识创造有利的积极作用，使知识纳入一个广泛展开的体系”。也就是要从加快速度中求知识的广度，从知识的广度来求得知识的深度。这就必须用不同的方式进行教学，让学生多读点课外书，多参加点科技活动，多搞一些参观旅行，多交谈，多争论，使他们的知识不仅巩固，而且能灵活使用。

(三)理论知识起指导作用的原则

赞科夫指出，传统教学片面理解“由简单到复杂”“由具体到抽象”的教学原则，事事直观，因而削弱了理论知识在小学教学中的作用。他认为，教学中学生的感性认识和理性认识是有机地交织在一起的，经验和理论处在不断地相互作用之中，不能只强调一面，应该让那些系统的理论知识在小学教学内容中占主导地位。他的实验也证明了一年级学生就能够掌握许多抽象概念，理解事物之间的某些内在联系。

赞科夫进一步解释说，这条原则绝不是贬低儿童直接观察与形成技能和技巧的重大意义，而是为了克服旧教学体系的片面性和原始性，“把教学的认识方面提到首要地位”，让学生在尽可能深刻地理解有关概念、关系和依存性的基础上进行学习，“这不仅是促进学生发展的强大手段，也是切实掌握技能和技巧的可靠基础”。

(四)使学生理解学习过程的原则

传统教学论着眼于学习活动的“外部”因素，即把应当掌握的知识、技能和技巧作为理解的对象，而赞科夫的实验教学论要求学生理解的对象是学习过程，着眼于学习活动的“内在”机制，让学生留心应当怎样进行学习。例如，在解题之前，要预先计划解题的步骤，对自己解题的方法要能论证，要能随时检查自己，及早地发现错误并加以改正，等等。这样做能使学生注意探索适合于自身特点的学习方法，有利于培养学生的自学能力，并提高他们学习的主动性与创造性。

(五)使全体学生都得到发展的原则

赞科夫根据他的实验提出，“只有在发展上取得成绩的基础上，才能真正地掌握知识和技巧”，并在新的情况下运用所学到的知识；只有那些具有相应的智力、意志和感情品质的人才能比较容易地适应新情况，顺利地掌握他们所不了解的新知识和新技术。因此，教学应当“使每一个学生(包括优等生、中等生以及差生)都能在发展上尽他自己的最大的可能性取得最大的成果”。

要使全体学生都得到发展，必须解决好“差生”的问题。经过长期研究，赞科夫认为“差生”有以下几个比较普遍的特点：一是自尊心强，但学习成绩差，多数人在情感、意志、情绪方面有一种“自我中心主义”，与集体合不来，思想负担重；二是求知欲低，没有学习的愿望，有的还对学习、学校、教师有反感；三是观察力、语言表达能力、抽象思维能力都比较差。因此，不应该像传统教学那样对“差生”滥加压力，把补课和布置大量练习当作克服“差生”落后状况的主要手段，而应该首先设法增强他们的学习信心，利用一切机会引导他们观察事物，培养他们的求知欲，发展他们所缺乏的心理品质。同时，“对于教学大纲中的同一些问题，不同的学生可按不同的深度来学习。这样一来，全班学生，包括最差的学生在内，就都能快速地前进了”。

赞科夫指出，以上原则作用各异，同时又相互联系，形成一个整体。它们的特点是强调培养学生学习的内部诱因，并在保证共同的思想方向性的前提下，给予个性以发挥作用的余地。

六、巴班斯基的“最优化”教学

巴班斯基博士是当代一位颇负盛名的教育学家。多年来，他致力于教学教育过程最优化理论的研究，由此形成的教育思想具有丰富的内容和积极的现实意义，在苏联国内外引起了强烈的反响。

(一)教育过程最优化程序

从“培养全面发展的人”这一教育目标出发，巴班斯基在运用辩证系统方法对教育教学过程进行系统分析的基础上，提出了“教育教学过程最优化”的概念。所谓“最优化”，就是要求教师在全面考虑教学规律，教学原则，现代教育教学的形式和方法、已有条件及具体班级和学生特点的基础上，来选择和实施一整套教学教育方法，以最小的代价取得最大的成果。

为了实现教育过程最优化，应该运用教育过程最优化程序。最优化程序遵循“任务——内容——形式——方法”的顺序来进行。

一是任务：教师在确定任务时，必须遵循个性全面和谐发展的根本原则，综合地规划学生的教养、教育和发展任务，保证教学的教养、教育和发展职能的统一。教养任务包括传授基本概念、规律、理论和科学事实，培养各科的专业技能和一般的学习技能技巧；教育任务包括世界观培养、思想政治教育和道德教育、美育、体育、劳动教育和职业指导等；发展任务包括发展智力、培养意志、激发认识兴趣及影响学生的情感等。巴班斯基要求，在以综合性观点解决每一阶段的教学和教育任务时，必须注意区分出对当前所教的课题具有特别迫切意义的主要任务的范围，并在研究学生学习潜力的基础上，提出具体的教学任务，依靠学生的积极性，把学生在教养、教育和发展方面的水平提到一个新的高度。

二是内容：任务具体化之后，教师就必须以严谨的科学态度挑选最优的教学内容。教学内容问题，主要是教学大纲和教科书的问题。巴班斯基提出，教学大纲和教科书必须完整地反映社会对人的全面和谐发展的需要和现代科学、生产、社会生活、文化的各个基本方面；必须具有科学价值和实践价值；必须符合各年级学生的实际可能性；必须符合规定的课时；必须考虑国际水平；必须符合教师的可能性。依据这样的大纲和教材，教师就可以将其中基本的和主要的成分划分出来并使教学内容具体化，把学生的注意力集中在主要内容上，克服教学中的分散性。

三是形式：教师同时应该采取合理的教学形式，实行区别教学。巴班斯基指出，这是因为人们在素质、记忆类型、感知世界的方式、思维的主要特征等方面各不相同；在生活经验、外部条件、教学条件及前段学习成绩的影响下，学生的知识水平和学习能力也有差别。所以，教师必须把全班的、小组的和个别的教学形式结合起来，分别对差生和优生进行帮助，使全体禀赋健全的儿童都能根据统一的大纲接受中等教育，今后还能根据自己的意愿继续学习。但是，区别教学必须避免形成学生的依赖心理，导致他们学习毅力的降低。

四是方法：更为重要的步骤是教师应当根据具体学习情境的需要，选择最合理的教学方法。巴班斯基将多种多样的教学方法分为三大类：一是关于教学认识活动的组织和进行的方法（口述法、直观法、实践法或归纳法、演绎法或探索法、复现法等）；二是关于激发学习兴趣和学习义务感、引起学习动机的方法（认识性游戏、讨论、有趣的习题、创造情绪情境；提出要求、鼓励责备、说服、创造意志紧张情境等）；三是关于检查和自我检查的方法（口述、直观、实践检查法）。巴班斯基认为，对待教学方法要坚持辩证的系统观点，不仅要对它们加以概括、进行统一的分类，还要深入细致地分析各种方法内在的辩证矛盾性，找出一定条件下最优的教学方法来，并注意多种方法的合理结合。因为在教学中师生从各个方面相互作用，所以各种方法应当是相互联系、相互渗透的。

实现教学过程最优化还要采取专门措施，保证在尽可能少的时间内达到教学的最大可能效果。至于教师在选择最优方案时花费了一定的时间和精力，巴班斯基认为那是值得的，因为今后有效的工作将给予补偿。

最后，教师必须分析教学效果，查明教学效果同学生的实际可能性和师生的时间消费标准是否相适应，努力提高最优化水平。

上述最优化的一般程序并不是一种凝固的、僵化的模式，也不是向教师提供了一种万能的“特效处方”。巴班斯基认为，它只是为教师选择最优的教学方案、有效组织教学过程指示了应予以遵循的科学程序。

（二）巴班斯基的十个教学原则

在实现教学和学习最优化的全过程中，贯穿着巴班斯基所提出的十个教学原则：

①教学旨在综合解决教学、社会教育和发展任务的方向性原则；

②教学的科学性，教学与生活、社会建设实践联系的原则；

③教学的系统性和连贯性原则；

④可接受性原则；

⑤激发学生积极的学习态度，形成他们的认识兴趣和渴求知识的原则；

⑥在教师领导作用下，学生在教学中的自觉性、积极性和独立性原则；

⑦口述法、直观法和实践法、复现法和探究法，以及其他教学方式最优结合的原则；

⑧课堂教学和课外活动，全班教学、小组教学和个别教学等各种教学形式最优结合的原则；

⑨为教学创造最优条件的原则；

⑩教学成果、教育成果及其他教学成果的巩固性和效用性原则。

第三节 方法理论

“看”和“听”是我们获取信息的主要途径。第一次世界大战以后，随着新技术的兴起，越来越多的媒体应用到教育中来。有声电影和录音的出现最终在美国教育界促成了“视听教学运动”。戴尔的以“经验之塔”为核心的《教学中的视听方法》则是视听教学理论的代表作。

一、初期的视觉教学论

1928 年，韦伯在《图像在教育中的价值》一文中阐述了视觉教学的重要性：“视觉感官在教育过程中起重要作用，教育中仅仅使用语言会使学生的兴趣减弱；易导致言语主义；照相技术的改进使学生的教材形式得以扩充；实验教育已证明视觉教具使得课程形象化，从而在学习过程中产生了显著的价值。”初期的视觉教学理论主要包括以下三个方面的内容。

①视觉媒体能提供更具体、有效的学习经验。应用视觉教具，使学习从生动、直观向抽象思维方向发展符合人类认识发展过程的规律。

②视觉教具的分类应以其所能提供的学习经验的具体程度为依据。韦伯按照“具体→抽象”连续统一体的思想对典型视觉教具的分类是：现实世界→模拟的现实→图画的现实→图解的符号→词语符号。

③视觉教材的使用要与课程有机结合。

早期视觉教学论的基本内容在今天看来仍然是正确的。视听教学领域的“代言人”戴尔正是在这些基本概念的基础上发展出了以“经验之塔”为核心的视听教学理论体系的。

美国教育家爱德加·戴尔(Edger. Dale)在其 1946 年出版的《视听教学方法》(*Audio Visual Methods in Teaching*)一书中提出了著名的“经验之塔”理论。

(一)“经验之塔”结构

“经验之塔”是一种关于学习经验分类的理论模型，把学习经验分成了做的经验、观察的经验和抽象的经验三类(如图 1-4)。

1. 做的经验

一是直接有目的的经验：在实践活动中，学生用感官(即视、听、触、嗅、味)接触事物，接受事物的刺激，由此形成的感觉印象，以生动具体的形象直接反映外部世界。

二是设计的经验：是一种经过编辑的现实。为了克服直接经验的局限，学生需要通过人为设计的各类模型和模拟器学习来获得经验，它有助于学生区别对象的本质和非本质的东西，从而更好地形成概念。

三是演戏的经验：学生通过设计的实验学习，可以弥补因空间限制而无法体验、感知客观事物的某些直接经验，但学生在时间、思想、文化等方面也同样受到限制，参加演戏可以弥补这一缺憾。戴尔认为，学生通过参加演戏，可以接近某些实际情境，可以在按原样复制的情境中获得体验。

2. 观察的经验

一是观摩示范：演示是对重要的事实、观念、过程的一种形象化的解释，积极参与可以使学生更加仔细地观察演示。

二是学习旅行：是一种突出了教学性质的旅行，它作为一种学习途径，主要目的是使学生观察在课堂上看不到的事物，包括访问、考察等活动。

三是参观展览：参观展览也是一种学习途径。举办展览，一般只包括模型、照片、图表以及一些实物等，因此，参观展览的学习经验比校外考察旅行更为抽象。

四是电视和电影：戴尔认为，电视和电影提供的仅是一种视听经验，学生在观看事物的发展时并无直接接触、品尝等体验，他们只是观察，只能以一种想象的方式参与其中，不如实地参观时身临其境，感受深刻。

五是录音、广播、照片、幻灯：它们提供的内容更加抽象了。照片和图解缺乏电影电视画面的动感；广播和录音则缺少视觉形象。但它们给学生提供的是视听刺激，故仍属一种“观察”的学习经验。

3. 抽象的经验

一是视觉符号：包括地图、图表、示意图等提供的学习经验。在视觉符号里，人们看不到事物的真实形态，只看到一种抽象的代表符号。

二是语言符号：词语符号可以是一个词、一个概念或一条原理等。它们与其所代表的事物或观念不存在任何视觉上的提示，因此，词语符号的学习是最抽象的学习经验。

（二）“经验之塔”的理论要点

戴尔认为，人类学习知识，一是由直接经验获得，二是通过间接经验获得。三类十个层次的经验是按照由具体到抽象，从塔基向塔尖分布的。

1. “塔”基的学习经验最具体，越向上，越抽象

它根据不同教材和方法所提供的学习经验的具体程度将它们分类，是教师根据学生需求和能力，根据教学任务性质选择合适媒体的理论指南。

2. “塔”的分类基础的具体或抽象程度与学习的难易无关

各类学习经验是相互联系，相互渗透的，教学中应充分利用各种学习途径，使学生的直接经验与间接经验产生有机联系。

3. 教学应从具体经验入手，逐步抽象，防止“言语主义”——从概念到概念的做法

学习间接经验应尽可能以直接经验作为充实的基础。同时，也要适时引导学生向抽象思维发展。

4. 运用教学媒体提供替代经验的学习

位于“塔”中层的视听教学媒体能为学生提供一种所谓的“替代经验”，视听媒体的学习经验比语言和视觉符号具体、形象，与所代表的事物有相似之处，便于学生感知学习对象；但又比直接学习经验抽象、概括，使得具体的事物与抽象的概念产生联系，起到了中介作用，因而有助于突破时空限制，解决教学中具体经验和抽象经验的矛盾，弥补各种直接经验的不足。替代学习经验的思想是教学媒体应用于教学过程的主要理论依据。

系统科学是系统论、信息论和控制论的统称，又称为“三论”。系统科学几乎同时产生于20世纪40年代，20世纪80年代至21世纪初又产生了耗散结构论(非平衡的开放系统，通过与外界不断交流物质与能量，可能变为稳定有序的状态)、协同论(研究不同领域中多元素间合作效应的理论，使不同的系统从无序走向有序，从不稳定走向稳定都具有目的性的特征)、混沌理论[突变论：用数学的理论方法研究多种形态结构非连续性突变的现象，以耗散结构理论和协同理论为桥梁与系统论联系起来，并推动其发展(超循环理论)——蝴蝶效应。]和博弈论。它们既是现代自然科学、社会科学、思维科学发展综合的结果，又是现代科学研究共同的一般方法论。它们各自有自己的理论体系，但又相互渗透、相互联系，形成一整套理论，普遍地应用于社会科学、自然科学的多个领域和多个学科。系统科学理论为教育技术提供了指导思想和科学方法，成为教育技术重要的理论基础。

二、基本理论体系

(一)系统论

1963年，美籍奥地利生物学家贝塔朗菲(Ludwig. Von. Bertalanffy)发表了系统论的代表作《一般系统理论——基础、发展与应用》(*General System Theory*)，成为当代系统论的代表人物。他在20世纪30年代就主张建立一门科学，专门研究不能被归结于系统各部分性质的规律性，即协调与组织的规律性，也就是系统的规律性。它不仅适用于生物机体或某几种具体的物质系统，还应当适用一般的系统。这门科学被称为“一般系统论”或“普通系统论”。一般系统论的概念，是他在1937年第一次在芝加哥大学的一次哲学讨论会上提出来的。其后在20世纪40年代，他又发表了一系列著作、演讲，标志着现代系统论作为一门独立科学而出现。并且，正如贝塔朗菲本人所强调的那样，系统论是与信息论、控制论同时出现的，是沿着同样的思想路线进行的。教育技术是一个运用系统方法分析教育问题，开发和使用各类学习资源的领域，其目的是优化教与学的过程。

系统是由两个以上相互作用的要素结合而成，具有特定功能的有机整体。这些组成部分通常称之为子系统。系统论就是研究系统的模式、原则和规律，并对其功能进行数学描述的科学。

系统的构成至少有三个条件：

①构成系统的元素至少有两个，也可能很多。往往把主要元素称为要素；

②系统不是孤立元素的复合或叠加，而是各元素之间相互作用，即彼此具有联系并构成一定的关系，它们形成的整体决定着系统的结构和特征；

③系统处在一定的环境之中，又作用于一定的环境。它从环境中获得一定的输入，而又给环境一定的输出。系统是一定环境中的系统，没有环境也就没有系统本身。

系统论认为，世界上一切事物、现象和过程几乎都是有机整体，而且又都自成系统、互为系统；每个系统都是在与环境发生物质、能量、信息的交换中变化发展，是动态稳定的、开放的；系统内部都可以含有子系统，系统内部及系统之间保持一种有序状态。系统论和系统分析方法具有整体性、全面性、结构层次性、相关性、动态平衡性、综合与分析的统一性等特点，是解决政治、经济、教育、科学等问题的方法论基础。

（二）信息论

信息论的创始人是美国的数学家香农(Claude. Shannon)。1948 年，他发表了一篇论文《通信的数学原理》，奠定了现代信息论的基础。

信息论的产生不是偶然的。人类应用信息有着悠久的历史。信息论的直接起因是第二次世界大战期间和战后通信技术的需要。雷达的发明和真空电子管的广泛应用，推动了信息传输、变换技术的迅速发展，促成了信息论的诞生。不仅香农，同时还有其他学者，对信息理论进行了大量的研究工作。如美国的维纳(N. Wiener)，就对信息论有着独特的贡献，并独立地提出了信息量公式。

早期信息论基本上局限于通信技术领域，我们称为狭义信息论，即香农信息论。包括所有与信息有关领域的信息论为广义信息论。

信息普遍存在于自然、社会和人类思维之中。所谓信息，是人们适应外部世界，并且使这种适应为外部世界所感知的过程中，同外部世界进行交换内容的名称。信息是事物存在的方式或运动状态。信息论是关于各种系统中信息的传递、变换、贮存和使用的规律的科学。信息论认为，系统正是通过获取、传递、加工与处理信息而实现其有目的的运动的。

信息论引入教育技术领域主要是其基本观点与方法，它启发我们以信息方法来分析教育教学系统。

(三)控制论

控制论的某些思想也可以追溯到近代乃至古代，但它产生的直接原因是 20 世纪 20 年代以来科学技术革命的推动。控制论的创始人是维纳(N. Wiener)。在二战期间，维纳参加了火炮自动控制的研制工作，在研究中，他发现了重要的反馈概念。于是，维纳与另外两人一起，在 1943 年发表了《行为、目的和目的论》，这是控制论萌芽的重要标志。其后，1946 年，电子计算机的诞生和运行，是控制论思想的一次实践。此外，维纳亲自参加涉及反馈神经的实验、其他人运用控制论思想设计制造的以耳代目的盲人阅读装置，也大大推动了控制论的成立。1948 年，维纳在法国出版了《控制论》一书，宣告这门学科正式诞生。

控制论是关于控制系统的一般规律和控制过程的科学，也是自动控制、电子技术、通信、生物学、统计力学等多种学科和技术相互渗透的一门综合性科学。控制论的研究对象是控制系统，这类系统的特点是，要根据周围环境的某些变化来决定和调整自己的运动，而系统与环境之间及系统内部的通信信息的传递是实现系统目的的基础。控制论不仅从事物质的方面，而且着重从量的方面去发现各种控制系统的共同规律，并把反馈方法作为提高系统的稳定性、达到优化控制的有效方法。

控制论观点对于我们实现教学过程的最优化，构建优化的教育教学系统，有重要的理论价值。

(四)系统论、信息论及控制论三者之间的关系

系统论、信息论与控制论这三论的诞生时间几乎是相同的，而且许多基本概念、基本思想、基本方法都类似。这在控制论中表现得更为明显。控制论的创始者维纳在创立这门学科的过程中，同时对一般系统论和信息论都提出了独立的见解，成为这三门学科的奠基人。因为他们在研究一个通信和控制系统时，离不开系统、信息、控制等基本概念。贝塔朗菲、香农、维纳等人，在当时的历史条件下，各自从不同的角度提出了解决问题的方法、原则，实际上都是应用系统的观点从不同的侧面研究了同一个问题。

必须指出，“三论”并不属于同一层次。就其历史渊源研究的领域来说，系统论更为广泛，抽象程度更高，更接近于哲学。控制论和信息论则属于技术基础科学。但“三论”归根到底是一论——系统论，所以国外学术界一般称系统论为现代科学方法论的新流派，把它列入科学哲学之中。

三、系统科学的基本原理

系统科学理论可以归结为六个基本原理，即整体原理、有序原理、反馈原理、有机相关性原理、目的性原理和动态性原理。以下重点阐述整体原理、有序原理和反馈原理。

（一）整体原理

任何系统都是由若干相互联系、相互作用的要素(部分)构成的整体。但在功能上，整体功能并不等于部分功能的总和。整体功能与部分功能的关系有三种情况：“小于”“等于”和“大于”。前两种情况在非优系统中或机械组成范围内是存在的，但不会在优化系统中出现。

一般来说，事物功能可以分为三个层次：基本层次，首先是事物的“元功能”，即事物中各孤立部分元素的功能；其次是各部分相加的功能，称为“加功能”；最后就是由事物的各部分按一定有序组合形成的结构所产生的功能，可以称为“构功能”。构功能只存在于整体状态中，不存在于整体内的要素之中。构功能以元功能为基础，但又不等于元功能的总和。当要素或元素的结合是有序的、有目的的，从而形成优化系统时，系统就获得了一种“系统效应”和系统功能的“附加量”，于是，在宏观上就呈现出整体功能优于部分之和的现象。这种大于元功能加和的系统构功能就是一种新的系统质。

整体原理要求我们注意以下四个方面。

第一，整体性是系统的本质特征，是系统理论的核心。任何系统都是由要素构成的，系统中各要素是相互关联的，它们之间受一定规律的制约，要素之间的联系形成系统的结构，不同的结构，具有不同的功能。无论研究一个要素、子系统，还是认识它们之间的联系和作用，都要从系统整体出发，以整体为准绳，以整体为归宿。

第二，系统都是由要素构成的，但不能孤立地考察一个要素，应把要素置于系统之中去考察。系统也不是孤立的，它与环境紧密相关，应把系统置于环境中去考察。要把对象作为一个由诸多要素或子系统构成的系统来考察，把握其整体构成和整体运动规律。

第三，任何系统虽是由若干部分(要素)所构成，但在功能上，各部分功能的总和不等于整体的功能；任何系统的整体功能应大于各部分功能的总和。应该把对象放到它所属的系统之中去考察，系统的整体性质与规律只存在于组成它的诸要素的相互联系和相互作用之中。

第四，要看到系统中各要素间的联系不是线性的因果链，而是互为因果的网络，整体联系存在于非线性作用之中。

（二）有序原理

系统要发展，要从无序到有序，第一个必要条件是系统必须是开放的系统；另一个必要条件是系统必须有涨落的作用即远离平衡态。系统是由要素构成的，要素的排列方式不同、运动秩序不同，会形成不同的系统。化学中的同素异形体，如金刚石和石墨，就是一个明显的例子。再如，自由电子的无规则运动没有任何现实意义，有规则的定向运动则会形成电流。

无序不成其为系统，系统的有序是系统的本质属性之一。所谓“序”，是指一个系统保持自己整体特性与功能的内部结构方式和运动秩序。“序”体现了整体与部分的对立统一。有序是指一个系统的性质、结构、功能，由简单向复杂、由低级向高级的发展，它不是简单地反映时间的先后、位置排列的先后，而是系统组织程度的提高。“序”包含三个方面的内容：一是动态有序、过程有序，优化系统的发展一般是从较低的有序状态走向较高的有序状态，系统的有序联系是在发展中构建和完善的；但有序又不是永恒不变的，有序与无序是对立统一、相互转化的。二是纵向有序，从垂直方向看，大系统-系统-子系统-要素……等级分明、井然有序，稳定的层次联系构成了系统的纵向有序。三是横向有序，从水平方向看，各系统之间、系统与环境之间、各要素之间，也构成了有序联系。这三个方面的有序构成了系统的有序。

(三)反馈原理

反馈是很普遍的一种现象。有关反馈的思想和实践可以追溯到久远的年代。古希腊的造船术，古代中国的“铜壶滴漏”、指南车、自鸣钟和怀表，以及19世纪蒸汽机上的离心调速器，现代轮船上的操舵机等，都是反馈装置。在生物界，动物的血压、体温、血糖含量的自我调节，高级神经活动的条件反射，冬天来临时动物冬眠、大雁南飞等，都是反馈现象。反馈现象可以说是与生物在地球上的诞生共始终的，但把它概括为一个科学概念、作为一种科学原理加以应用，却是从20世纪中叶开始的。

从系统科学的观点来看，反馈(Feedback)就是信息的反向输送，即将信息输入控制系统以后，系统会有信息输出，输出结果反送回输入，对系统的再次输出产生影响，起到调节控制的作用。任何系统只有通过反馈，才能维持稳定状态。没有反馈，就没有各种自动调节和自动控制系统，也就没有动植物的生长发育和各种动物的有目的的活动，更不会有人的理性思维活动。没有反馈，也不可能实现人类对自然、社会和思维的控制。反馈体现了系统能动、积极的本性。

一个控制系统既要有控制部分的控制信息输入到受控部分，更要有受控部分的反馈信息回送到控制部分，才能形成一个闭合回路。没有反馈信息的非闭合回路，不可能实现控制。

反馈分为两种，如果反馈信息能够加强控制信息的作用，则这种反馈为正反馈；反之，如果反馈信息的作用与控制信息的作用相反，则为负反馈。负反馈能维持系统的稳态，是可控过程。

四、教育技术系统方法

(一)系统方法的概念

系统方法是教育技术学研究的核心方法，是教育技术理论体系中的一个不可分割的部分。美国教育传播与技术协会(AECT)在1977年度教育传播与技术学术会议上提交的学科分析报告中认为：新的观念——系统方法在教育的技术学层次中的应用，给具体的研究和解决教育、教学的问题带来了新的思路。这就是对于复杂的教育、教学问题的解决，人们可以通过像工程中使用的系统方法一样，广泛采用定义系统与子系统的方法来定义问题和解决问题的空间。如此对待问题，那么一个极为复杂的问题就完全可以分解成几个或多个相关的、能找到令人满意答案的局部问题。

所谓系统方法，就是按照事物本身的系统性把研究对象放在系统的形式中加以考察的一种方法。即从系统的观点出发，始终侧重从系统与要素之间、系统与外部环境之间、要素与要素之间的相互联系、相互作用、相互制约的关系中综合地、精确地考察对象，以达到最佳地处理问题的一种方法。它的显著特点是整体性、综合性、最佳化。

(二)应用系统方法的步骤

教育技术学中使用系统方法，共包括五个基本步骤，加上“修订”环节而构成六个部分(如图2-3)。

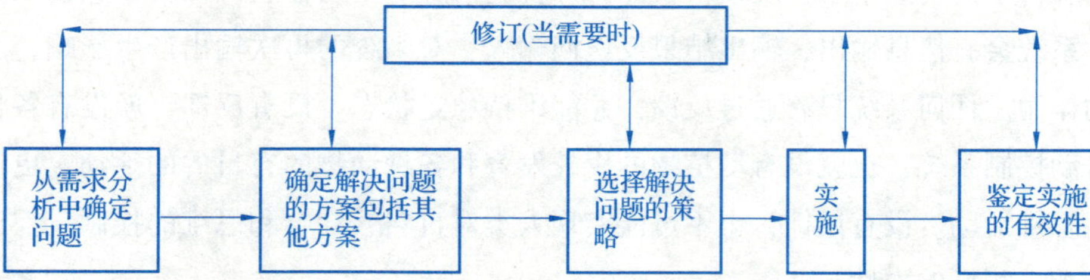

图2-3　用系统方法解决问题的过程

对每一步的说明如下。

第一步，从需求分析中确定问题。需求分析通常都是对现状和希望的结果之间的差异分析。这种需求分析应提供两个方面的情况：一是对于教育、教学活动内部状况的描述，二是对教育、教学系统与其外部矛盾的对立的描述。应用系统方法都是从需求分析评定开始的。评定分析需求是一个极为重要的过程，在没有根据需求确定问题以前，任何方法都是无目标的，即便是有效的，充其量也仅仅是一种偶然的巧合。所以一般应用系统方法的第一步通常称为根据需求评定分析鉴定存在问题的过程。

第二步，确定解决问题的方案和可替换的解决方案。根据需求分析的结果，确定了需要解决的问题，同时也提出了需要达到的目标。这一步要提出解决问题的方案，而且一般是多种方案。

第三步，从多种可能的解决方案中选择解决问题的策略。这一步骤在系统方法中是关于“怎样去做”的一个步骤。在这一步骤里，要选择完成目标的工具和方法。通常选择方法和工具的标准是“费用——效果”的比值，即期望以最小的代价来取得最大的效益。

第四步，实施问题求解的策略。在这个步骤中，对产生出的计划和选择的解决问题的方法与策略要具体地加以实施。上面系统分析中提到的方法和手段将被采纳、应用或者修正。为了确保解决问题计划的顺利进行，必须构造一个管理的子系统。这个子系统可以管理各种复杂的事务和处理各种在研究计划执行中产生的信息。

第五步，确定实施的效率。在实施过程中，收集的信息包括两部分，一部分是过程信息，另一部分是系统的产出信息。把这些信息同在需求分析评定和在系统分析中所得到的各种详尽的需求信息相比较，现实系统同所要求的理想化系统之间的差异性便一目了然。这就为下一步考虑修正提供了诊断性的信息。

第六步，如果有必要，对系统加以修正。根据实施所得出的具体的执行信息，所构造问题的解决系统的执行情况便可以很快地反映到研究者那里。如果有必要的话，许多步骤可以加以修订，构造的解决体系可能需要再设计。这种系统方法的自我修正的特征，保障了问题的有效性。

(三)系统方法的教育应用

我们可以根据系统科学的基本方法，归纳出其基本原理：反馈原理、有序原理和整体原理。所谓反馈原理，是指任何系统只有通过反馈信息才能实现控制；所谓有序原理，是指任何系统只有开放，与外界有信息交换才能有序；所谓整体原理，是指任何系统都有结构，系统的整体功能不仅是各组成部分的功能之和，而且应再加上各部分因相互作用而形成结构所产生的新增功能。系统科学的基本原理是一个相互联系、相互作用的完整体系，可以应用到任何一种系统研究中，对指导教育技术学的研究也具有重要意义，其应用主要在以下几个方面。

1. 教学设计领域

从20世纪60年代中期开始，教育技术领域着重关注系统方法分析、解决教育问题，并提出教育系统方法的概念。系统方法同时适用于教育的宏观探讨和微观探讨，宏观探讨是从整体协调的观点出发，探讨教育与经济、政治、文化结构等的基本关系，据此确定教育发展的动向，改善教育组织体制；微观探讨则偏重在具体教育情境中课程的设置、教学过程和师生关系的分析，着眼于如何使教学活动更为有效、如何引发学生学习动机和改变学习行为、如何评价教学成果等。

(1)考夫曼的系统方法教育模式

考夫曼(Kaufman R.A.)在1972年出版的《教育系统计划》(*Educational System Planning*)中，把系统方法定义为解决问题的逻辑过程，逻辑过程的组成是：确认需要解决的问题；确定解决问题的必备条件；从备选方案中选择解决问题的途径(策略)并组成解决问题的方法和手段；进行实施，评价效果；对系统的整体或部分做必要的调整或修改。

按照该模式，教育系统方法可以分成确定问题和解决问题两个阶段。确定问题，要逐步进行有关的分析，包括使命分析、职能分析、任务分析、方法和手段的分析(如图2-4所示)。

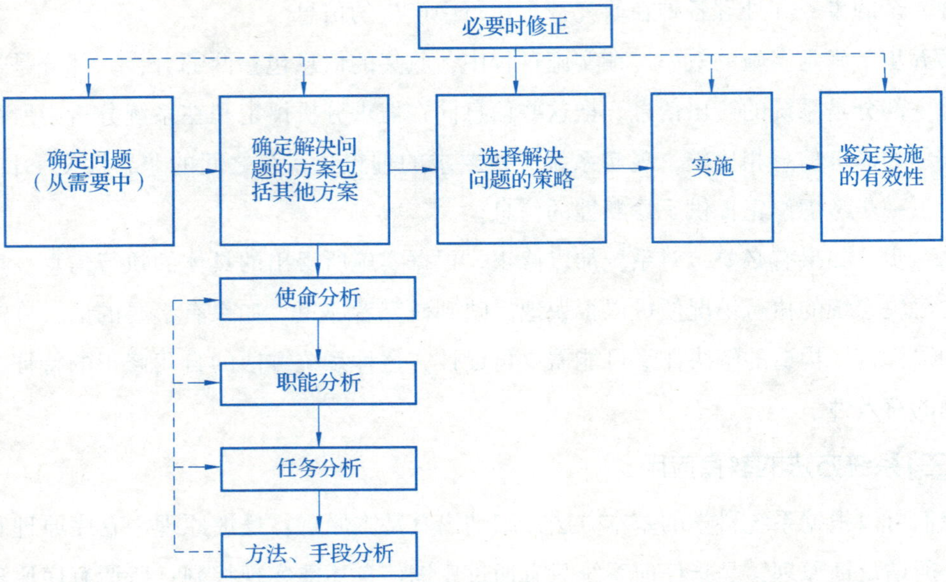

图2-4　考夫曼的系统分析模式

使命分析的关键是决定目标是什么，使用什么标准知道自己已经达到目标，所制订的计划在从现状走向达标的过程中起了什么作用。职能分析的作用是先把整个使命分成若干主要的职责，然后对每个职责加以分析，以便决定完成每个职责应当做些什么，需要哪些必要条件，每个主要职责还可以细分。任务分析只需把与每一个细小职责有关的那些活动的数量单位填写在表格上。方法、手段分析的目的是把可供选择的每一种策略和工具及其优缺点列成表格，这一工作既可在完成了对使命、职能和任务的分析之后进行，也可与上述几项分析同时进行。

(2)伊利的系统方法教学模式

曾经担任美国教育传播和技术协会主席的伊利(Donld. P. Ely)认为，系统方法本身应该包括五个基本过程：分析确定问题、确认目标；选择和设计解决问题的方案；发展解决问题的方案；尝试、评价和修订解决问题的方案；实施与控制具体的解决问题的过程(如

图 2-5）。

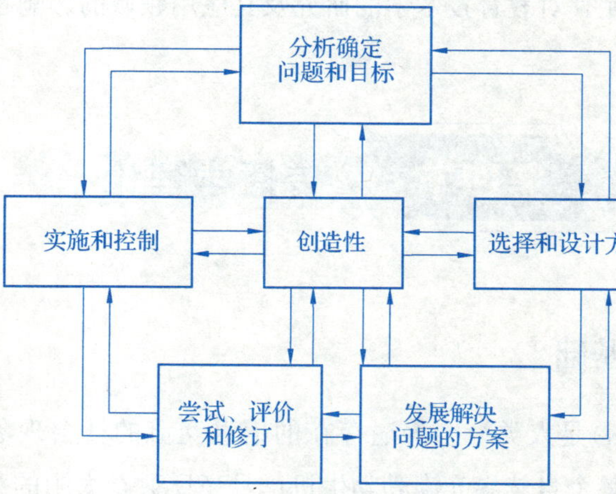

图 2-5 伊利的系统方法流程图

整个过程的各个步骤之间的关系是非线性的，注意过程与过程、步骤与步骤之间的相互作用，以及在运用当中的创造性与启发性是这一系列过程的指导思想和重要特征。

2. 绩效技术

伴随着教学设计的日趋成熟，系统论在教学中的应用从学校教学走向企业培训，当前教学设计人员的工作范围逐步从学校教学向社会教育、企业培训等领域过渡，为员工的绩效改进提供了一种有效的手段——绩效技术。所谓绩效技术，就是运用分析、设计、开发、实施与评价的系统方法来提高个人和组织机构的工作业绩的研究领域。其目的是综合运用多种方法提高成绩，设计思想与方法是系统科学理论和方法（如图 2-6）。

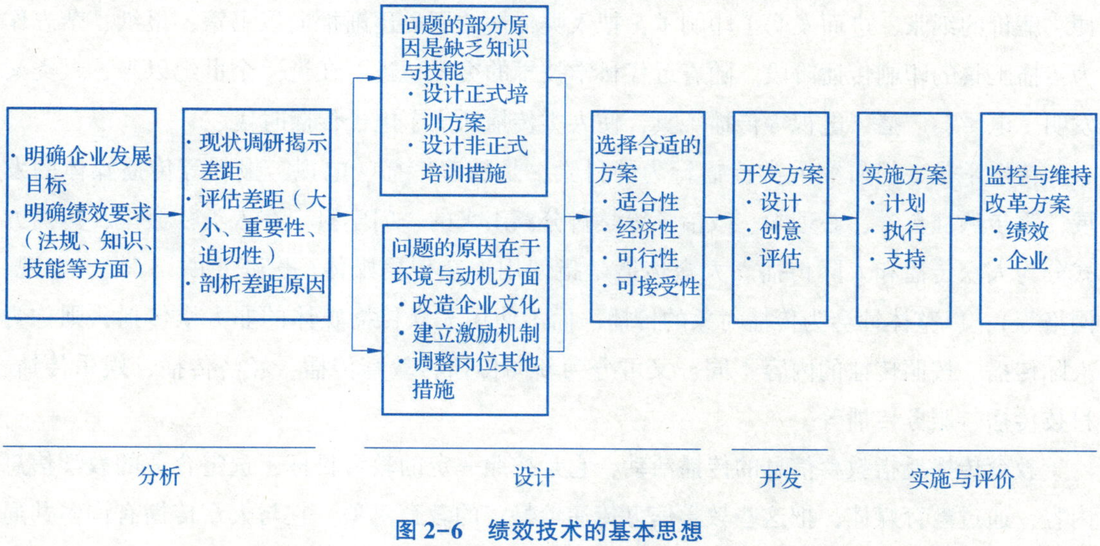

图 2-6 绩效技术的基本思想

综上所述，我们可以清晰地看到，系统科学的理论和方法对教学、科研、生产领域产生着极为重要的意义，尤其对教育技术学的研究及其应用领域的影响越来越大。

第四节 传播学理论

一、传播学理论基础

传播(Communication)是人类社会普遍存在的信息交流的社会现象。在太空，太阳不停地散发着光和热，使整个自然界充满勃勃生机；月亮反射着太阳的光芒，让人类拥有奇幻多彩的夜空。在植物界，向日葵总是朝向太阳，是因为它接受了阳光的照射；雄雌异株的植物要结出累累果实，离不开蜂媒蝶使的传花授粉。在动物界，传播现象更是举不胜举。总之，从无机界到有机界、从植物到动物，总是通过这样或那样的"传播"才相互发生联系，大自然才成为林林总总、色彩斑斓、奥秘无穷而又充满活力的有机整体。

大约400万年前，当类人猿进化为直立行走、手足分工、能够思维的原始人而成为万物之灵的时候，人类传播就从自然传播现象和动物传播行为中分离出来，成为人类生存的一种基本方式。人类在发展进化的历史过程中，不但凭着自身器官——眼、耳、鼻、舌、身所组成的感官系统来感知外部环境，进行相互的了解、沟通，而且逐渐创造出了文字这样一种抽象的语言符号来记录口头语言，交流思想感情，使人类的传播能力跃入一个崭新的历史阶段，开始了人类有文献记录的历史时代。再经过几千年的跋涉，人类发明了方便、廉价的纸张，进而发明了印刷术，把人类传播的历史逐渐推向以书籍、报纸、杂志作为传播工具的印刷传播阶段。随着近代科学技术的突飞猛进，在近一个世纪以来，人类又发明了电影、广播、电视等传播工具，使人类传播跃入了电子传播时代。

传播学是一门研究人类传播行为的科学，是随着广播、电视、报刊等传播媒体的发展，逐步从社会学、心理学、政治学等学科分离出来的一门学科。在人类社会中，传播方式分为大众传播和人际传播。大众传播是指使用大众传播媒体(报刊、书、广播、电视、网络等)，以整体社会为传播对象的传播；而不使用大众传播媒体的非大众传播，则称为人际传播。按照传播的内容不同，又可分为新闻传播、教育传播、经济传播、娱乐传播、科技传播、服务传播等。

教育传播泛指教育信息的传播活动，它是按照一定的教育目标，选定合适的教学信息内容，通过教育媒体，把这些教学信息传递给特定的教育对象。它与大众传播有许多共通之处，两者关系密切，因此可以把大众传播理论的研究成果应用于现代教育技术实践中，以提高教育质量和效率。传播理论是现代教育技术的理论基础之一。

传播过程是一种信息传送和交换的复杂过程，为了方便研究，人们往往首先将这个过程简化为若干个组成要素，然后分析这些要素在传播过程中的地位和作用，以及这些要素之间的相互联系和作用。这就构成了多种多样的传播模式。所谓模式，就是提供我们思考过程或结构的有用方法。

二、传播系统要素与目标

(一)传播系统要素

系统论认为，系统必须由两个或两个以上要素构成，要素必须是系统的必要部分，不是可有可无的。前已论及信息传播过程是由七个因素构成的传播回路，如果对这七个因素进行进一步分析，我们可以发现无论什么类型的信息传播系统都涉及四个最基本的要素：传播者、信息、途径、受传者。

一是传播者(Communicator)：是指传播信息的个体或群体，可以是人类社会中任何一位成员(个人或组织)，像记者、新闻出版机构、图书情报工作人员等。因此信息的传播具有普遍性和多样性的特征。

二是信息(Information)：是指所要传播的内容。

三是途径(Channel)：也可称为通道，是信息传播系统的保证因素。自然界中各种物体的信息传播往往是某些媒介物质，而社会领域中的传播途径是由人力和传播设施构成的。如出版发行部门、邮电通信部门及一切可以传播信息的载体和运输工具。信息传播的途径具有多向性和交叉性，这与传播者的多样性有关，因此传播的途径不可能是单一的，信息传播系统也就变得愈来愈复杂化。

四是受传者(Communicate)：又称“受众”“传播对象”等，是信息的接受者。同信息的传播者一样，它也具有普遍性，可以是个人，也可以是社会组织、团体。受传者在信息的接受上有较强的针对性和选择性。对受传者的研究，可以评价信息传播的效果。

(二)传播系统的目标

系统的存在都具有明确的目的性，在系统中无论有多少要素相互作用，都要服从一个总目标。信息传播系统中的各要素之间的联系是有机的，任何一个独立的要素都不可能体现系统的整体功能，不可能达到整体目标的实现。作为信息传播系统的整体功能(即目标)，应该是加快信息传播速度，提高信息传播质量。这一目标，可以通过以下三个方面的措施来实现：

①建立具有一定容量、畅通无阻的信息传播途径；

②根据受传者的要求建立合理的信息传播布局，规定合理的信息传播流程；

③精减信息传播的中间环节，使信息能从传播者直接传递给受传者。

三、教育传播

教育传播是教育信息的传播活动，它是人类传播的一种特殊表现形式。教育传播指按照专门的教学计划、教学目标和教学内容，选定合适的媒体作为信息载体，通过一定的传输通道，进行学习信息及与学习信息有关的传播活动，这种传播活动包括单向传播和双向传播两种情况。它与大众传播有很多的共性，把大众传播理论运用于教育过程中，它的要素就由特定的人和物代替(见表 2-1)。

表 2-1　大众传播与教育传播的关系

大众传播	教育传播
传者	教育者，即教师和教育媒体编导人员
受者	受教育者，即学生和一切学生
信息	教育信息，即传授的教学内容
媒体	教育媒体，包括传统的教育媒体和现代的电子媒体
效果	教育效果，即绩效，受教育者是否达到教育目标，媒体是否得到充分利用
反馈	反馈，受教育者接受教育信息后，知识结构和行为是否发生变化

(一)教育传播过程

教育传播过程是一个连续动态的过程，为了研究方便起见，南国农、李运林将它分解为六个阶段(如图 2-7)。

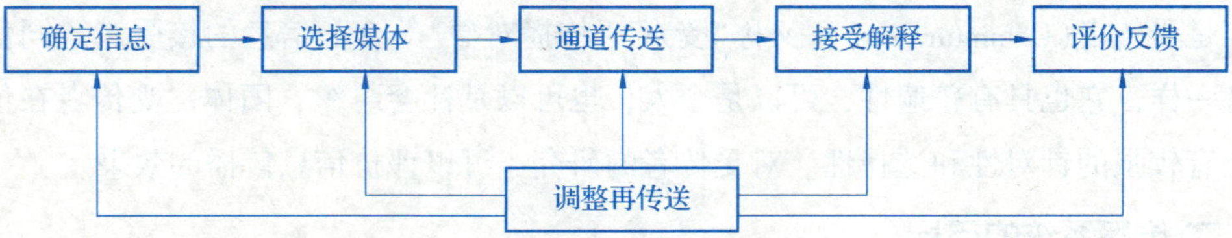

图 2-7　教育传播过程

1. 确定信息

教学传播过程的第一步是确定所要传递的教学信息。传递什么信息，要依据教学目的和课程的培养目标来确定。一般说来，课程的文字教材是按照教学大纲由专家精心编写的，通常都体现了要传递的教学信息。因此，在这一传播阶段，教师要认真钻研文字教材，对每单元的教学内容做仔细分析，将内容分解成若干个知识点，并确定每个知识点要求达到的学习水平。

2. 选择媒体

选择传递信息的媒体，实际上就是信息编码的活动。某种信息该用何类符号与信号的媒体去呈现和传递，需要考虑这些问题：媒体本身的特性能否准确地呈现信息内容；是否符合学生的经验、知识水平及兴趣爱好等；媒体的性价比是否满足最优化原则等。

3. 通道传送

通道传送需要考虑两个问题：一是信号要传至多远，多大范围。要根据信号的传递要求，应用好媒体，保证信号的传递质量。二是信息内容的先后传递顺序问题。在应用媒体之前，必须做好信息传递的结构设计，在媒体运作时，有步骤地按照设计方案传递信息。媒体传递信号时应尽量减少各种干扰，确保传递质量。

4. 接收和解释信息

学生通过各种感官接收经由各种媒体传来的信号，然后依据自身的经验和知识，将符号解释为信息意义，并随之储存在大脑中，实际上就是信息译码的活动。

5. 评价和反馈

学生接收信号解释信息之后，将信息转化成知识内化到自己原有的知识结构中去，并表现出一系列的情感态度、行为技能等。可以通过观察学生的行为变化，也可通过课堂提问、课后书面作业或是阶段性的反馈信息来评价传播效果。

6. 调整再传送

通过将获得的反馈信息与预定的教学目的做比较，进而分析发现教学传播过程中某一环节的不足，以便调整教学信息、教学媒体和教学顺序，进行再次传递。如在课堂教学中发现问题，教师可及时对教学内容、顺序、进度等进行调整；在课后作业中发现问题，可以为学生提供学习资源，安排自学改正或是进行集体补习、个别辅导等。

（二）教学传播规律

教育传播的各要素是互相联系、互相交叉的，不能将它们截然分开。教育技术人员在运用媒体和课程设计时，应该注意到各个要素的地位作用，更应该注意它们之间的联系和相互作用，综合运用传播学与教育学的理论和方法来研究及揭示教育信息传播活动的过程与规律，实现教学效果的最优化。教育传播的主要规律有如下几点。

1. 共识律

共识，即前文所述的共同经验。一方面指最大限度地挖掘和尊重学生已有的知识、技能的水平和特点，另一方面指教师根据教学目标、内容特点，通过各种方法和媒体来为学生创设相关的知识技能，传授知识，以便使学生已经具有的知识技能与即将学习的材料产生有意义的联结，从而达到有效传播的要求。在教学传播活动中，共同的知识技能基础是教师与学生之间得以交流和沟通的前提。教学信息的选择、组合和传递必须首先顾及学生已有的知识、技能的水平和特点并考虑到学生的发展潜能。

2. 谐振律

谐振是指教师传递信息的“信息频率”同学生接受信息的“固有频率”相互接近，两者在信息交流和传输方面产生共鸣，这是教学传播活动得以维持和发展，获得较优传播效果的必备条件。一方面，教师的传递速率和容量，必须符合学生的认知速率和可接受水平；另一方面，教师还需要创设一种民主宽松、情感交融的氛围，并时时注意收集和处理来自学生方面的反馈信息，以及时调控教学活动的进程。

3. 选择律

选择是指任何教学传播活动都需要对教学内容、方法和媒体等进行选择，这种选择是适应学生心理特点、较好地达到教学目标的前提并旨在以最佳的“代价与效果比”成果来实现目标，即最小代价原则。教育技术领域最为关注的是教学媒体的选择，选择媒体时要考虑尽可能降低成本，提高功效。

4. 匹配律

匹配是指在一定的教学传播活动环境中，通过剖析学生、内容、目标、方法、媒体、环境等因素，使各种因素按照各自的特性，有机和谐地对应起来，使教学传播系统处于良好的循环运转状态之中。在教学传播活动中，必然使用到多种传播媒体，而各种媒体又有着各自不同的多重功能特性，只有对它们了解熟悉、扬长避短、合理组合、科学使用，才能发挥合力。

复习思考题

1. 简述建构主义学习理论的基本观点，并用它分析日常的学习行为。

2. 根据戴尔的“经验之塔”理论，回忆你在学习过程中用得最多的是哪种经验？举例说明你如何使用学习媒体获得间接经验，效果如何？

3. 将课堂作为一个系统，试分析此系统的要素及其相互关系。

第三章

“独立思索，守正创新”——教学设计

【学习目标】

1. 了解教学设计基本过程的基本要素。
2. 能对教学案例的教学设计的基本过程进行分析。
3. 能按要求编写教学内容的教学设计方案。
4. 能利用翻转课堂的一般方法进行教学设计。

【思政导读】

必须坚持科技是第一生产力、人才是第一资源、创新是第一动力，深入实施科教兴国战略、人才强国战略、创新驱动发展战略。

第一节 教学设计概述

教学设计在教育领域并不陌生，无论是学校教学、企业培训还是教育产品设计都应用到教学设计，如教师在讲课之前对所讲教学内容做系统的规划和安排。自从教学设计在西方开始研究和应用以来，其理论与方法体系得到不断发展和丰富，逐渐发展成为一门独立的学科，特别是随着多媒体技术和网络技术等信息技术的发展，以及在教育领域中广泛的应用，使教育教学变得更加复杂，作为以系统解决教育问题，优化教学效果为目的的教学设计日益得到重视和关注。

一、教学设计的定义及其特征

(一)教学设计的定义

所谓教学设计，是指在教学理论和学习理论的指导下，采用系统方法，对教学资源、教学过程、教学策略进行全方位、多层次、动态的设计，以实现教学效果最优化的过程。简单地说，就是指教师为达成一定的教学目标，对教学活动进行的系统规划、安排与决策。具体来说，教学设计是教师以现代教学理论为基础，依据教学对象的特点和自己的教学观念、经验、风格，运用系统方法分析教学中的问题，建立解决问题的步骤，合理地组合和安排教学要素，制订实施教学方案来优化教学效果的计划过程。

(二)教学设计的特征

一般地说，教学设计是根据教学对象和教学目标，来确定合适的教学起点与终点，并将教学的各种相关要素进行有序的安排，形成教学方案。它是运用系统方法科学地解决教学问题，以使教学效果最优化。具体而言，教学设计具有以下四个特征。

第一，教学设计是把教学原理转化为教学材料和教学活动的计划。教学设计要遵循教学过程的基本规律，选择教学目标，以解决教什么的问题。

第二，教学设计是实现教学目标的计划性和决策性活动。教学设计以计划和布局安排的形式，对怎样才能达到教学目标进行创造性的决策，以解决怎样教的问题。

第三，教学设计是以系统方法为指导，把教学看成一个系统，以系统的观点分析教学问题和需求，确立解决的程序纲要，使教学效果最优化。

第四，教学设计是提高学习者获得知识、技能的效率和兴趣的技术过程。教学设计是现代教育技术的核心组成部分，它的功能在于运用系统方法设计教学过程，使之成为一种具有操作性的程序。

二、加涅的教学设计理论

教学设计涉及的内容非常广泛，对教学设计有关内容的阐释和认识，构成了教学设计理论。教学设计理论为教师的教学准备工作及解决各类教学问题提供了一个科学的方法和程序，它把通常所说的备课、制订解决教学问题的方案和计划等活动纳入了科学的轨道。

目前，国内外关于教学设计理论的论述已经很多，如瑞格卢斯的细化理论、梅瑞尔的成分显示理论等，国内得到广泛认可的是加涅的规定性教学设计理论。其理论非常丰富，核心思想是他提出的“为学习设计教学”。他认为，首先学生的“学”才是获得学习结果的内因，教师的“教”只是外因，教学应该考虑影响学习的全部因素，即学习的条件，教学的目的就是合理地安排可靠的教学环节，来支持、激发、促进学习者的学习；其次不同的学习结果需要不同的学习条件。

在此理论的影响下，教学活动中逐渐产生了既发挥教师主导作用又充分体现学生认知主体作用的教学模式，简称“双主模式”。此模式既有别于传统的基于行为主义的以教师为中心的教学模式，又有别于基于建构主义的以学生为中心的教学模式。在此模式中教师有时处于中心地位，但并非自始至终；学生有时处于“传递—接受”的学习状态，但更多的时候是在教师帮助下进行主动思考、主动探索和主动发现。这种模式强调教学中教师和学生的地位并重，因此得到了国内广大教师的认可。

加涅还提出了一个关于知识与技能的描述性理论，认为学生学习的知识与技能可以分为五种类型：言语信息、智慧技能、认知策略、动作技能和态度。

他还进一步根据其学习的信息加工理论提出了一个关于教学策略的描述性理论。在加涅看来，由于人类的内部心理加工过程(即信息加工过程)是相对稳定的，所以作为促进内部心理加工过程的外部条件即教学事件也应是相对不变的。由此观点出发，他根据学习过程中包含有多个内部心理加工环节，从而推断出相应教学过程应由九个教学事件构成，分别是：引起注意、告诉学习者目标、刺激对先前学习的回忆、呈现刺激材料、提供学习指导、诱导学习表现(行为)、提供反馈、评价表现、促进记忆和迁移。

加涅认为，以上九个教学事件的展开是可能性最大、最合乎逻辑的顺序，但也并非机械刻板、一成不变，也就是说，并非在每一堂课中都要提供全部教学环节。由于不同的学习结果需要不同的学习条件，这就使每一种教学事件及不同教学事件的组合在具体运用上有不同的要求，这些不同的要求即体现为不同教学策略的运用。

加涅在分析学习的条件时，根据实验研究和经验概括，详尽地区分了不同学习结果对不同教学事件的要求。

（一）言语信息

学校教育主要是通过言语信息把人类千百年来累积起来的知识一代一代传递下去的。当学生能够用命题（句子）的形式来陈述他已习得的内容时，我们就可以说他已具有言语信息的能力了。各种言语信息的复杂性程度不同，加涅把它们区分成三种类型：命名，就是给物体的类别以称呼；用简单命题（句子）表述事实；知识群，即各种命题和事实的聚合体。

实际上，加涅所讲的言语信息，即我们通常所讲的知识或书本知识。加涅认为，言语信息对学生来说具有三种功能：它们常常作为进一步学习的必备条件，不知道基本的知识，就不可能习得复杂的规则；它们将直接影响学生将来的职业和生活方式，在现代社会中尤其是这样；有组织的知识是思维运行的工具。当学生试图解决一个新的问题时，他往往先要思考头脑中已有的这方面的知识，然后再做出选择。

（二）智慧技能

智慧技能是指能使学生运用概念符号与环境相互作用的能力，他们是学校中最基本、最普遍的教育内容，包括从最基本的语言技能到高级的专业技能。智慧技能学习与言语信息学习不同，前者关注学会如何做某些理智的事情；后者关注知道某些事情或某些特征。例如运用运算规则解答习题，是智慧技能学习的例子；学习“先乘除后加减”这一规则，则是言语信息学习的例子。

我们已经知道，智慧技能的习得是一个由简单到复杂的过程，学习每一种智慧技能，都是以前面较简单的技能为先决条件的。

（三）认知策略

认知策略是一种特殊的、非常重要的技能，是学生用来指导自己注意、学习、记忆和思维的能力。认知策略的性质与智慧技能不同，智慧技能指向学生的环境，使学生能处理“外部的”数字、文字和符号等；而认知策略则是在学生应对环境事件过程中控制自己“内部的”行为。在认知信息加工学习模式中，认知策略起执行控制的作用，对下列几个方面起调节作用：注意哪些特征，如何编码以便于提取，如何从事问题解决过程，怎样才能利于迁移。由此可见，要把学生培养成独立的思维者，认知策略作为教育目标是很重要的。

加涅指出，学生能否解决问题，既取决于是否掌握有关的规则，也取决于学生控制自己内部思维过程的策略。学生在选择和使用认知策略方面存在着个别差异。即便所有学生都掌握了同样程度的智慧技能，但由于有些学生采取的认知策略较合适些，因而表现出来的问题解决能力更强些。学生在学习智慧技能的同时，也形成了调节学习、记忆和思维的方式。因此，脱离了具体内容的学习，就既不可能习得也不可能运用认知策略，认知策略不可能在真空中活动。

(四)动作技能

动作技能，这是种大家熟悉的能力，如幼儿穿衣、吃饭；小学生写字、爬梯、打球等。动作技能的一个显著的特点是，只有经过长期不断地练习，才能日益精确和连贯。只有当学生不仅能完成某种规定的动作，而且这些动作已被组织成一个连贯的、精确的和在一定时间内完成的完整的动作时，才能说他已获得了这种技能。

(五)态度

态度是一种影响和调节一个人行动的内部状态，也是一种学习的结果。一般把它归入情感领域。事实上，我们对不同的事物、人物和情境有许多不同的态度。人们采取什么行动，显然是受态度影响的，但是，态度与人们行为的关系不是直接的，而是曲折复杂的。

许多态度是通过与他人相互作用的一系列结果习得的，而且往往是附带习得的，不是预先计划好的。态度一般要经过相当长的时期才能逐渐形成或改变，而不是作为单一经验的结果突然发生的。一个人对某件事情态度强烈的程度，往往是由他在各种不同情况下选择这件事情的频率决定的。形成或改变学生态度的最佳方法，是利用“榜样”的作用。

加涅不仅对这五类学习结果的表现形式作了区分，而且还分别阐述了它们各自所需的学习条件。由于每种能力具有不同的特点，因而所需要的条件也各不相同。加涅认为把学习结果作为教育目标，有利于确定达到目标所需要的学习条件。而且，从学习条件中还可以派生出教学事件，告诉教师应注意些什么。因此，只要通过对学习结果的分析，便可为教学设计提供可靠的依据，从而为达到教学目标铺平道路。

三、教学设计的过程模式

教学设计的过程模式是一套程序化的步骤，不同的教学设计思想产生不同的教学设计过程模式，目前得到承认并被广泛运用的有三种模式，即以教为主的教学设计模式、以学为主的教学设计模式和“教师为主导、学生为主体”的教学设计模式。

(一)以教为主的教学设计一般模式

以教为主的教学设计，主要是基于行为主义学习理论或认知学习理论的指导，设计的焦点在“教学”上，强调教师的主导作用，突出循序渐进、按部就班、精细严密地运用系统的方法对教学进行设计。以教为主的教学设计理论和方法经过几十年众多专家的深入研究与发展，已形成一套完整严密的理论体系(如图 3-1 所示)。

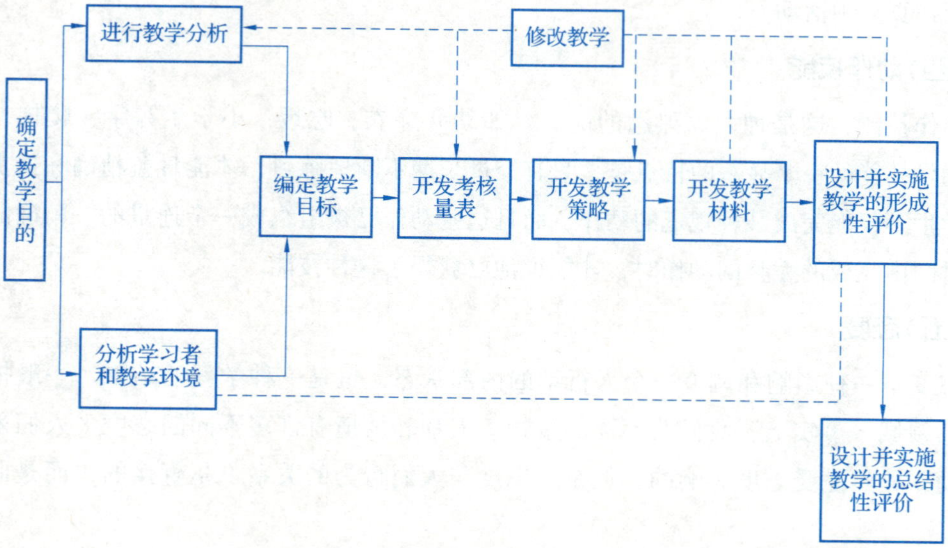

图 3-1　以教为主的教学设计模式

1. 确定教学目的

教学设计第一步是要确定在学生完成学习之后能够做什么的问题，也就是要确定本次课的教学目的，这是教学过程中的重要环节。教学目的有多个来源，如教学目的的清单、需求评估结果、对学习困难学生实际情况的了解、对实际做这项工作的人员的分析以及对新教学的其他要求等。

2. 进行教学分析

教学分析就是教学内容分析，是指为了实现教学目标，要求学习者系统学习的知识、技能和行为规范。以教学目的为基础分析教学内容的工作，确定教学内容的范围、深度和教学内容各组成部分的联系，以保证达到教学最优化的内容效度。

3. 学习者和教学环境分析

学生现有的知识、技能、偏好和态度及教学环境的特点，都会影响后续的教学步骤和教学策略。

4. 编写教学目标

教学目标是教学目的的具体化，是对学习者通过教学以后将能做什么的一种明确的、具体的表述。我国目前实施的新课程标准将教学目标分为知识与技能、过程与方法、情感态度价值观三个维度。

5. 开发考核量表

基于所编写的教学目标，开发出相应的评价方案，以测定学生对于目标所描述行为的完成能力。重点在于将目标中所描述的行为种类和评价相对应。

6. 开发教学策略

确定为达到最终目标在教学中采用的教学策略，包括教学前的活动、信息的呈现、练习和反馈、考试及拓展活动几个部分。教学策略的制定要基于当前的教学思想、传递教学的媒体特点、教学内容及学生的特点。

7. 开发和选择教学材料

教学材料泛指各种教学资料，对教学材料的使用程度可以影响教师的教学成效。随着现代教育技术的发展和互联网的普及，教师拥有的教学资源越来越丰富，合理地选择和组合开发教学材料，能促进教师的教学和学生的学习。

8. 设计和实施教学的形成性评价

形成性评价是在教学活动中进行的，旨在获取各种反馈信息，并根据反馈信息进行修改、完善方案的活动。一般有三种类型的形成性评价：一对一评价、小组评价和现场评价。各种评价类型为设计者提供不同的教学改进信息。

9. 修改教学

整理和分析形成性评价所收集的数据，确定学生在完成目标的过程中所遇到的困难，依据这些困难找出教学方面的不足。从形成性评价中获得的数据不是简单地用于修改教学本身，还要用于重新复查教学分析的有效性、入门技能和学生特点假设的合理性，还要根据所收集的数据审查教学目标和考试题，审核教学策略，最后所有这些复查、审核所产生的教学修改将会实现一个更加有效的教学。

10. 设计和进行总结性评价

总结性评价是教学有效性的最终评价，但是它不是设计过程的一部分，而是用来评估整个教学活动的价值，总结性评价通常不由教学的设计者完成。

(二)以学为主的教学设计一般模式

20 世纪 80 年代后期，随着科学技术飞速发展，计算机技术迅速进入教育教学领域，人们开始重视信息技术在教学中的应用。多媒体计算机和网络的发展，满足了建构主义理论所需要的学习环境，基于建构主义学习理论的教学模式显现出了强大的生命力。建构主义强调教学以学习者为中心，要求教育者精心为学习者选择与设计恰当的学习环境和指导帮助学习者进行自主学习(如图 3-2 所示)。

1. 教学目标分析

无论是以教为主的教学还是以学为主的教学，都重视对教学目标的分析，而以学为主的教学目标是根据教学大纲要求，对整门课程或一个教学单元内容进行分析整合，设计一个或几个情景问题，以让学生解决问题的方式来实现教学目标。

2. 学习者特征分析

学习者特征分析关注学习者的智力因素和非智力因素，其中智力因素分析主要包括学

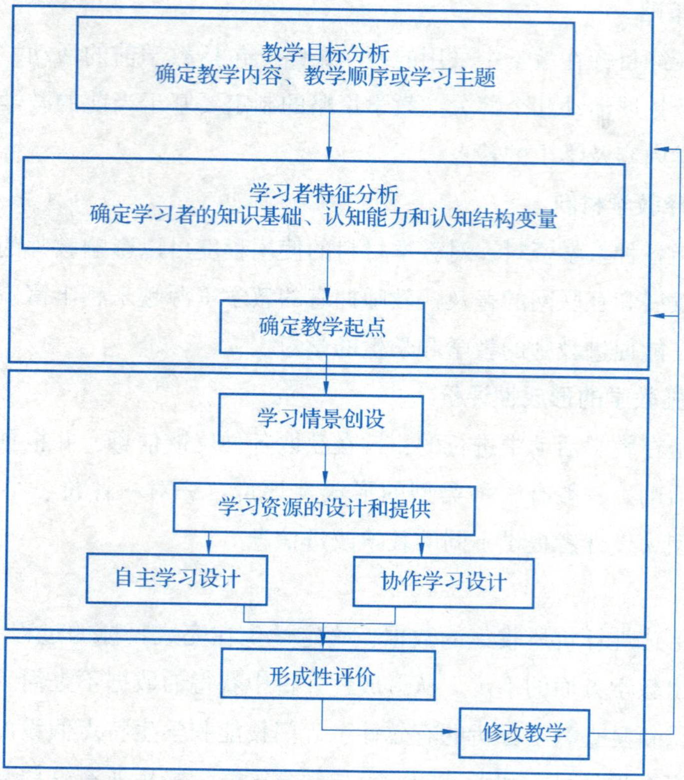

图 3-2 “以学为主”的教学设计模式

习者的知识基础、认知能力和认知结构变量分析。

3. 学习情境创设

建构主义理论认为，学习总是与一定的社会文化背景，即“情境”相联系的，创设与当前学习主题相关的、尽可能真实的情境，有利于唤醒长时记忆中有关的知识、经验和表象，从而使学习者能利用自己原有认知结构中的有关知识与经验去同化当前学习到的新知识，或者对原有认知结构进行改造与重组。

4. 学习资源的设计与提供

学习资源的设计是指确定学习该主题所需的信息资源的种类和每种资源在学习该主题过程中所起的作用。

5. 自主学习设计

自主学习设计是整个以学为主教学设计的核心内容。自主学习并不是由教师直接告诉学生应当如何去解决面临的问题，而是由教师向学生提供解决该问题的有关线索，并随时关注学习者的自主学习动向。常用的方法有支架式、抛锚式和随机进入式教学法等。

6. 协作学习设计

在个人自主学习的基础上，通过小组讨论、协商，以进一步完善和深化对主题的意义建构。整个学习过程均由教师组织引导，讨论的问题皆由教师提出。

7. 学习效果评价设计

学习效果评价设计包括小组对个人的评价和学生本人的自我评价。评价内容主要围绕三个方面：自主学习能力、协作过程中做出的贡献、是否达到意义建构的要求。

（三）“主导—主体”教学设计一般模式

“主导—主体”教学设计模式结合了“以教为中心”的教学模式和“以学为中心”的教学模式的优点。根据教学目标、教学内容及学习者的认知结构来决定进行发现式的教学形式还是“传递—接受”式的教学形式。该模式兼顾了科学文化知识的传授、学生情感的培养及学生创新思维和创新能力的训练(如图 3-3)。

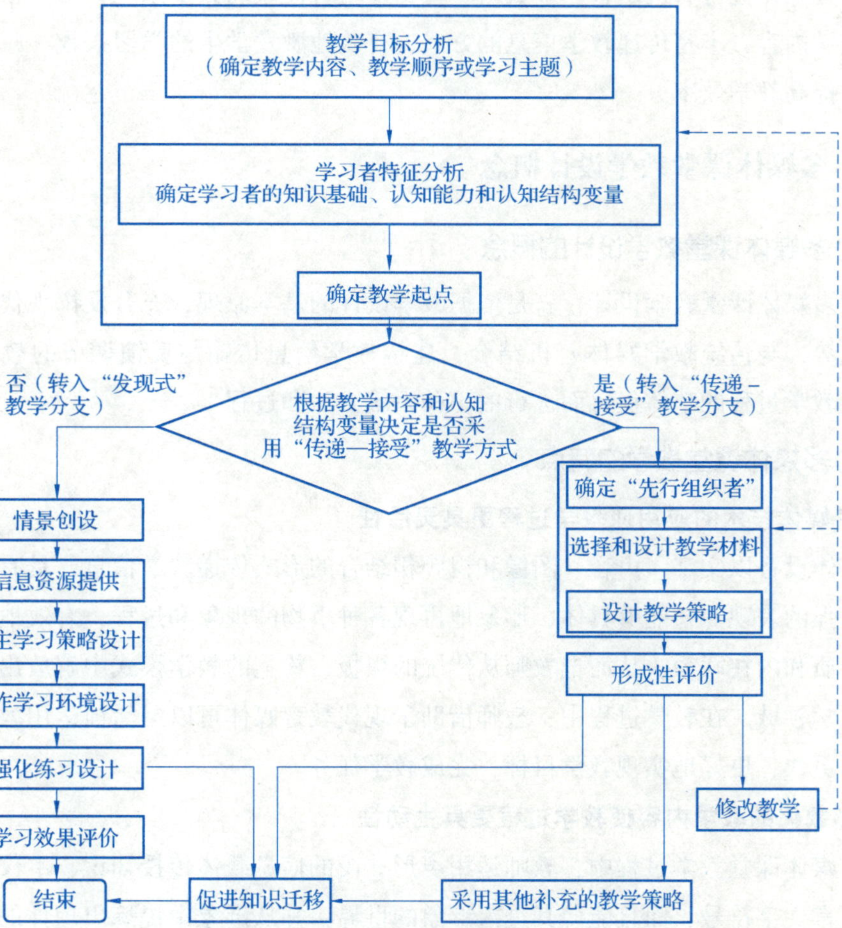

图 3-3 “主导—主体”教学设计模式

第二节 多媒体课堂教学设计

多媒体课堂教学设计是指将多种教学媒体(包括传统的常规媒体和计算机多媒体)组合应用，实现教学过程整体优化的系统方法。课堂教学中要传递的信息量越来越大，学生要掌握的知识内容也越来越多，传统的“黑板+粉笔”的方式已经难以适应课堂教学的需要。现代教育媒体的大量运用，为解决这一教育难题提供了很好的帮助，把各种现代教育媒体与传统教育媒体进行有机结合，形成由多种媒体组合而成的教学系统，可以很好地帮助教师优化教学内容，丰富传递教学信息的方式，有效地激发学生的学习兴趣，减轻学生的认知负担，提高教学效率。

一、多媒体课堂教学设计概念

(一)多媒体课堂教学设计的概念

所谓多媒体课堂教学设计，就是依据教学设计的基本原理，充分发挥现代教育媒体的功能与优势，与传统教学媒体有机结合，建构教学信息传输与反馈调节的教学媒体组合体，实现教学过程的整体优化而进行的一种系统方法和过程。

(二)多媒体课堂教学的特点

1. 多媒体技术的应用使教学过程更具灵活性

多媒体设备以文字、声音、图像和视频相结合的形式传递教学信息，具有丰富的表现手法和极强的表现力，能够具体、形象地再现各种事物的现象和过程，有效地揭示了客观事物的本质和内在联系，从而把教师从传统的黑板、粉笔的教学模式中解放出来，开拓更广阔的教学领域。在教学过程中，教师借助于现代教育媒体可以灵活地运用教学技术与方法，从而更快、更好地实现教学目标，完成教学任务。

2. 形象化的教学内容使教学过程更具生动性

在多媒体课堂教学过程中，教师运用声形并茂的信息载体传授知识，不仅使学生接触抽象的语言文字符号，而且能使其进入形象的世界，并从形象中提炼出理性的认识。这样就使学生对知识的理解更加全面、深刻。

3. 多样化的表现方法使教学过程更具深刻性

多媒体课堂教学设计将现代教育媒体优势的发挥作为重点问题进行研究和设计，多媒体相结合，声画并茂，丰富多彩，突破时空的限制，直观、形象地反映客观事物，使抽象问题具体化、复杂问题简单化，从而揭示事物的本质特征和事物之间的内在联系，加大了内容的清晰度和立体性，有利于学生加深认识和学习。

(三)多媒体课堂教学设计的基本原则

1. 教学目标的整体性原则

教学策略、教育媒体的选择、教学评价的设计必须围绕教学目标进行，必须保证教学整体目标的实现，不能为了追求形式上的丰富多样性，而随便或强迫使用多媒体教学。

2. 多种感官结合原则

在多媒体教学设计过程中，注意发挥单一媒体功能与作用的同时，更要重视多种媒体功能的发挥。心理学实验已经表明学生进行学习时，多种感官的参与能促进学生对教学内容的接受和理解。各种媒体的结合，也应遵循这一认识规律，做到图文并茂、视听结合，全方位地刺激学生感官，促进学生对知识的理解和迁移。

3. 师生共同参与原则

多媒体组合教学，主体是学生，关键在教师。学生的特点决定媒体的选择和使用，教师对媒体的认识程度和熟练程度，决定了媒体的效果展现。教师要充分认识不同媒体的特点，掌握不同媒体的使用技能，根据不同的教学媒体在情感参与和行为参与上的不同，根据教学对象的特点，有针对性地选择、组合教学媒体，充分调动学生的学习积极性和主动性。

4. 及时反馈原则

反馈在教学中是必不可少的环节，及时反馈对提高教学效果的作用非常重要，在多媒体教学设计过程中，现代教育媒体的使用使教学反馈变得简单、及时、准确、真实，教师在教学设计中要注意反馈环节的安排和使用，借助媒体实现对整个教学更有效的调控。

5. 大信息量原则

各种教学媒体中，图片容载的信息量比文字大，视频容载的信息量比图片大，利用多媒体教学，增大了课堂教学的信息量，提高教学效率，多媒体的应用要遵循这个原则。简单地把教材内容搬到投影上，并没有增大教学信息量，而把教材文字内容，转为通过图片、声音、视频相结合的方式进行表达，此时教师向学生传递出了更多的信息内容，增大了课堂信息量。

二、多媒体课堂教学设计的过程模式

多媒体课堂教学设计的过程模式(如图 3-4 所示)。

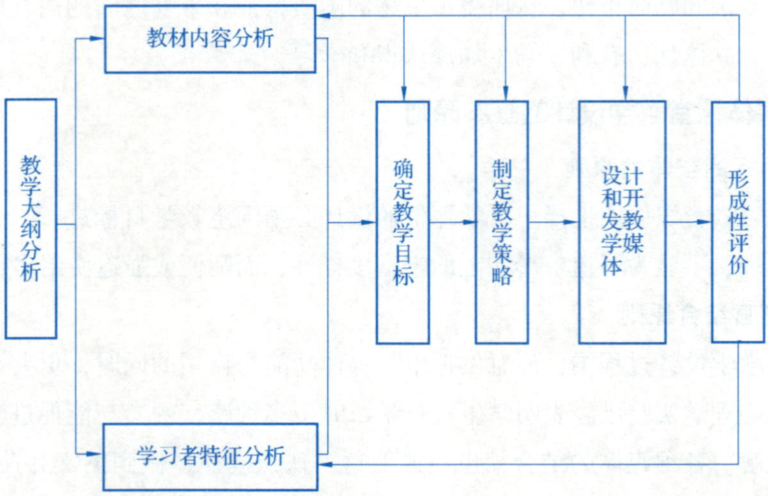

图 3-4　多媒体课堂教学设计模式

(一)确定教学目标

教学目标依据教学对象、教学大纲的要求及教材内容本身的性质来确定。教学大纲规定了某学科某一学年段的教学所应培养的能力素质，以及每一知识点的教学内容和所应达到的程度，教材内容则描述了课题的知识结构。进行教学设计时，首先要分析教学大纲，因为教学大纲体现了社会大系统对教学系统的要求，是教学所必须实现的。分析教学大纲的目的是明确某一知识点的教学任务，对教学设计的各个步骤进行制约和导向。分析教材是站在教师的角度，或从人类对这部分知识已达到的认识水平的角度来分析这部分教学内容的知识逻辑，以及为获得这一知识所应遵循的认识过程和完成这一学习过程所需要的态度情感。

(二)学习者特征分析

学习者的初始状态决定着对新内容的接受和理解的程度，也直接决定着学习的效果，某一新知识内容，或多或少总要与学生原有的认知结构存在一定的联系。学习者特征分析是要了解学生具有哪些影响学习的一般因素，学习某一具体的新知识所需要的初始知识技能，而且还要分析学生用原有的认知结构将会怎样去学习新知识等。

第三节　信息化教学设计

进入 21 世纪，随着信息技术的发展，越来越多的学校与地区实现了多媒体教学和网络教学，教师和学生在日常教学活动中能够获取的信息资源越来越丰富，传统的教学观念和教学行为方式已经难以适应新的教学要求。因此，教师如何能适应信息化环境下的教学，以及在信息化环境中合理、恰当、科学地设计、实施和评价教学活动就成了新时代教师面临的新课题。

一、信息化教学设计的定义

何谓信息化教学设计？因思考的角度不同会有各种不同的表述，目前，国内比较认可的是祝智庭和黎加厚两位教授的观点。

信息化教学设计是充分利用现代信息技术和信息资源，科学安排教学过程的各个环节和要素，为学习者提供良好的信息化学习条件，实现教学过程全优化的系统方法。

信息化教学设计是指运用系统方法，以学为中心，充分利用现代信息技术和信息资源，科学地安排教学过程的各个环节和要素，实现教学过程的优化。其核心思想是，在现代教育理论指导下，充分利用信息技术和信息资源，以设计“问题”情景及促进学生问题解决能力发展的教学策略为核心，科学地安排教学过程的各个环节和要素的系统化过程。

信息化教学设计一般包括八个模块：单元教学目标分析、学习任务和问题设计、学习资源查找与设计、教学过程设计、学生作品范例设计、评价量规设计、单元实施方案设计和教学设计过程的评价与修改。

信息化教学设计强调要发挥学习者在学习过程中的主动性和建构性；强调以学习者为中心，注重学习者学习能力的培养；强调利用各种信息资源来支持教与学；强调“情景”创设；强调“协作学习”；强调教师的指导作用；强调针对学习过程和学习资源的评价。

二、信息化教学设计的理论基础

关于信息化教学设计的理论基础，许多专家做过精辟的阐述，北京师范大学何克抗教授认为，信息化教学设计的理论基础是建构主义理论和系统论。建构主义理论强调知识是通过学生主动建构意义来获得的，而不是通过教师向学生传播信息来获得。系统论是把事物看成一个系统，认为一个系统有许多要素并且要素之间相互联系，要求用系统的观点与方法来分析问题和解决问题。把这两个理论作为信息化教学设计的基础理论对设计实践起到很好的指导作用。

上海师范大学的黎加厚教授则认为，信息化教学设计的理论基础应该包括人的全面发展理论、主体教育理论、新基础教育理论、信息技术与课程整合理论、布卢姆教学目标分类学理论、基于问题导向式的学习理论。

信息时代的人才需求特点决定了信息化教学的历史使命。作为信息化教学设计的指导理论，必须体现信息时代人才需求特征。信息化教学设计的理论基础主要是：人的全面发展理论、建构主义学习理论、多元智能理论、素质教育理论、信息技术与课程整合理论和系统科学理论。

三、信息化教学设计的基本原则

在信息化教学设计中，要求充分利用信息技术手段进行基于资源、合作、研究的问题等方面的学习，使学习者在意义丰富的情境中主动建构知识。为此，可以将信息化教学设计的基本原则归纳为以下六点。

(一)以学生的学为中心

信息化教学设计要以学生为中心，注重学习者学习能力的培养，教师是作为学习的促进者，引导、监控和评价学生的学习进程。

信息化教学设计强调教学的中心由教师的教转变为学生的学，学生由被动学习转变为主动学习，由学生的接受式学习转变为探究(问题)式学习；使学生成为教学的主体，教师成为学习的引导者和指导者，以充分调动学生参与学习的积极性、探索知识的主动性；培养学生思维的独立性和批判性，培养学生的创新意识和创新能力。

因此，在教学设计中，应该紧紧把握住进行教学的最终目的是促进学生的发展，促进教育质量的提高。何克抗教授认为要体现以学为中心，必须满足以下三点：要在学习过程中充分发挥学生的主动性，要能体现出学生的首创精神；要让学生有多种机会在不同的情境下去应用他们所学的知识；要让学生能根据自身行动的反馈信息来形成对客观事物的认识和解决实际问题的方案。

教师作为学习的促进者，引导、监控和评价学生的学习进程。同时，教师还应该开发和利用各种信息资源来支持学生自主学习，比如教师应创建学生学习网站、教师演示文稿和参考范例等。学生承担着自我学习的责任，通过协同作业、自主探索的方式进行主动的知识建构。

(二)信息技术工具和资源是支持“学”

为了支持学习者的主动探索和完成意义建构，在学习过程中要为学习者提供各种信息资源(包括各种类型的教学媒体和教学资料)。这些资源并非用于辅助教师的讲解和演示，而是用于支持学生的自主学习和协作式探索。教师的任务是告诉学习者如何获取信息资源、从哪里获取及如何有效地加以利用。比如提供给学生与教学主题或问题相关的网络资源、典型案例，对学生的学习进行一定的指导和帮助等。信息技术工具和信息资源在信息化教学设计中具有不可替代的作用。

(三)创设“情境”是为学习者的意义建构

建构主义认为，学习总是与一定的社会文化背景即“情境”相联系的，在实际情境下进行学习，可以使学习者能利用自己原有认知结构中的有关经验去同化当前学习到的新知识，从而赋予新知识以某种意义；如果原有经验不能同化新知识，则要引起“顺应”过程，即对原有认知结构进行改造与重组。因此，在学习中教师要尽量给学生创设出接近真实任务的情境，帮助学生进行意义建构，而且情境应具有生动性、丰富性。

(四)强调“协作学习”

建构主义理论认为，学习者与周围环境的交互作用，对于学习内容的理解(即对知识意义的建构)起着关键性的作用。这是建构主义的核心概念之一。学生在教师的组织与引导下一起讨论和交流，共同建立起学习群体并成为其中的一员。在这样的群体中，共同批判地考察各种理论、观点、信仰和假说；进行协商和辩论，先内部协商，然后再相互协商。通过这样的协作学习环境，学习者群体的思维与智慧就可以被整个群体所共享，即整个学习群体共同完成对所学知识的意义建构，而不是其中的某一位或某几位学生完成意义建构(何克抗)。学生之间相互协作，共享他人的知识和背景，共同实现教学目标。这种协作学习不仅指学生之间、师生之间的协作，也包括教师之间的协作，如实施跨年级和跨学科的基于资源的学习等。

(五)学习的最终目的是完成意义建构

学习的最终目的就是我们的教学目标，它既是教学过程的出发点，又是教学过程的归宿。在传统教学设计中，教学目标是检查最终教学效果和进行教学评估的依据。但建构主义学习理论强调学生是认知主体，是意义的主动建构者，因此在信息化教学设计中要把学生对知识的意义建构作为整个学习过程的最终目的。信息化教学设计通常不是从分析教学目标开始，而是从如何创设有利于学生意义建构的情境开始，整个教学设计过程紧紧围绕“意义建构”这个中心而展开，不论是学生的独立探索、协作学习还是教师辅导都是如此。

(六)强调针对学习过程和学习资源的评价

传统的教学设计的评价是对教师的教学过程和设计结果(教案、课件)的评价，从教案、课件中反映教师的教学思想理念、教学内容的把握、教学方法的运用等情况，重在对教师的评价。信息化教学设计的评价，其评价目标不仅是针对教师的教学结果，而是强调学生在学习过程中的表现，教师提供的学习资源对学生学习的影响情况等。信息化教学设计是一个连续的、动态的过程，在学习过程中，教师通过不断的研究和质量评估，收集数据，使用过程性评价达到改进设计的目的。同时，由于信息化学习资源种类繁多，为了有效地利用信息化学习资源，也必须对资源进行优化选择。

评价一个信息化教学设计是否成功，主要或者至少应考虑以下四个方面。

第一，是否有利于提高学生的学习效果。学习目标应该明确，表述清晰，符合教学大纲要求。教学设计中应考虑到学生的个体差异，并明确说明如何调整成效标准以适应不同的学习者。教学设计应该能够激发学生的兴趣，符合学生的年龄特征，并有利于学生的学习及高级思维能力的培养，有利于学生在信息处理能力方面的培养。

第二，技术与教学相整合是否合理。技术的应用和学生的学习之间要有明显的关联，不能只是为了使用技术而使用技术。技术应该是教学成功必不可少的一部分。计算机作为工具要有助于教学计划的实施，但是不应视为信息化的全部。

第三，教学计划的实施是否简单易行。教学计划应该可以根据具体教学情况的差异很容易地进行修改，以便应用到不同的班级。教师应该可以轻松地应用教学计划中所涉及的技术，并获得相应的软、硬件支持。

第四，是否能够有效评价学生的学习。教学设计中应该包括一些评价工具，用于务实的评价和评估。学生的学习目标和学习成果评估标准之间要有明确的关系。

四、信息化教学设计的方法与要点

信息化教学设计的对象主要有八个模块，包括单元教学目标分析、教学任务与问题设计、信息资源查找与设计、教学过程设计、学生作品范例设计、评价量表设计、单元实施方案设计和评价修改(如图 3-5 所示)。

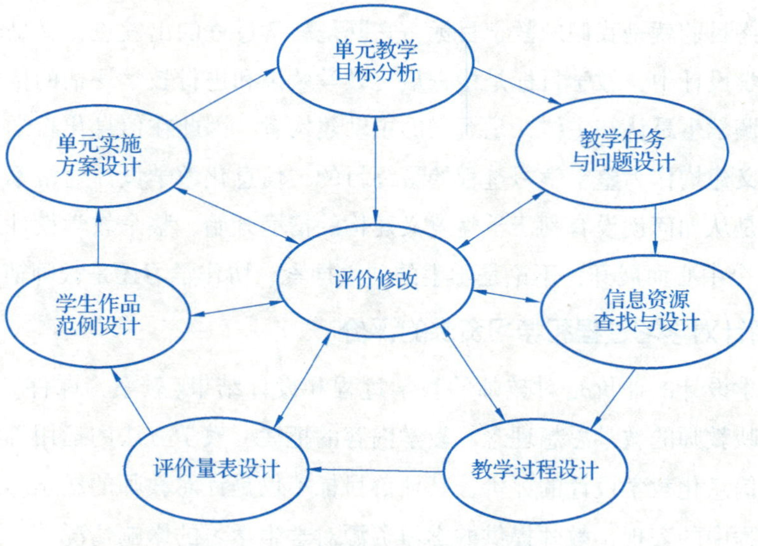

图 3-5　信息化教学设计对象模块

信息化教学设计，目的是充分利用信息化资源环境，设计自主探究学习过程，培养学生的解决问题能力、创新意识和创新能力。信息化教学设计及其组织实施的大致过程是：将课程内容按国家课程标准和实际教学进度进行重新组合，提出一个核心问题及其相关问题，形成问题情景和任务活动系列，组织、优选学习资源，设计学生学习过程，指导学生自主学习、协作化学习，动手操作，参与实践，广泛收集、处理相关信息资源，获得知识，得出结论，以电子作品形式(课件、电子板报、网页等)提交任务完成报告，再对学生电子作品进行多元化评价。其中的关键是创设教学情境和提供信息资源环境。

(一)教学情境创设

1. 常见的教学情境

利用信息技术和信息资源，创设接近真实情境的方式很多，使用的方法也因不同的学科和内容有很大差异。根据创设的作用和一般方法的相似性可以有：问题情境、故事情境、模拟实验情境和协作情境等。

(1)问题情境

信息化教学设计的核心便是创设问题情境。良好的问题情境能有效地激发学生的学习兴趣，引起学生的好奇心；同时增强学生的学习愿望，为学生提供良好的学习环境。以问题情境统领整个教学过程，学生在教师创设的问题情境下，通过观察、分析，产生学习新知的心理取向，自己去研究问题、解决问题。创设问题情境，就是在教学内容和学生求知心理之间设障立疑，让学生处于“愤”“悱”的状态，将其引入一种与问题有关的情境。教师创设情境的重要原则是激情引趣，即通过情境激发学生的情感，引起学生对知识、对科学、对人生的兴趣。问题情境是最常见的启迪思维、激发兴趣的重要途径。教师如果能抓住时机，依据问题情境所提供的各种线索，引导学生多角度、多方位地对情境内容进行分析、比较、综合，让学生不断地完成“同化”和“顺应”，就能够很好地建构新的认知结构。

在信息化教学设计中用信息化手段创设问题情境，提供学习资源，指导学生自主学习，可以为进一步的讨论和协作学习提供依据，让学生创作实践，培养创新能力。教学中应注意利用信息技术和信息资源创设问题情境，激励学生主动参与。创设问题情境的方式多种多样，它可以在其他创设情境的途径中交叉使用。教师可以通过故事、模拟实验、图像、音像、活动等多种途径设置问题。

(2)故事情境

在信息化教学设计中创设故事情境，就是将教学内容通过各种信息技术和信息资源，以“故事”的形式展现给学生。创设故事情境就是要利用丰富的信息资源，调动学生视听等尽可能多的感官理解和建构知识。实验心理学家告诉我们获取信息的途径来自视觉、听觉等多种感官，并且多感官的刺激有利于知识的保持和迁移。教师创设故事情境是根据教学内容、教学目标、学生原有认知水平和学生无意识的心理特征，采用适当媒体创设能够引起学生积极情绪反应的形象整体。

(3)模拟实验情境

实验是学生学习的重要方式之一。恰当的实验可以使学生把当前学习内容所反映的事物尽量和自己已经知道的事物相联系，并对这种联系加以认真思考，从而建构起当前所学知识的意义。但实验的条件在课堂上并不能都得到满足，创设模拟实验情境可代替其功能。学生一方面按照教师的要求及学习目标模仿练习，以巩固新知识；另一方面凭借想象，再现表象，展开联想，亲身体会实验的乐趣，得到成功的体验，从而强化对问题的求解能力。创设模拟实验情境首先要设计与主题相关的、尽可能接近真实的实验条件和实验环境，然后利用各种信息资源实现，教师指导评价。

(4) 协作情境

在信息化教学设计中创设协作情境，就是利用网上多种交流工具如 BBS、可视化语音聊天室、电子邮件等工具，通过竞争、协作、伙伴和角色扮演等方式进行学习，针对某一个问题展开讨论交流，共同完成学习任务。一般情况下，在信息化教学设计中创设协作学习情境包括以下几个步骤：对信息资源的整合，对学习任务和目标的确定，小组学习，小组学习成果的交流，教师总结与评价。

协作情境与外部世界具有很高的类似性，容易实现知识向现实世界的迁移，有利于高级认知能力的发展、合作精神的培养和良好人际关系的形成。信息化环境中创设协作学习情境，实现了时间和空间上的连续。同时，交互变得更加容易控制，学习者的角色也可以进行隐藏，教师的角色发生了根本转变，他们要掌握的不仅是教学内容的逻辑序列和目标的合理安排，更多的是学生的协作情况、学习过程的规划设计。

2. 创设教学情境的注意事项

学生的学习积极不积极、主动不主动，在很大程度上取决于情境创设的质量。学生学习的认知过程并非单纯意义上的知识习得过程，其中更带有丰富的情感色彩。一个恰当合适的情境容易引起学生的共鸣，而粗糙的、不恰当的情境创设不仅难以引起学生的兴趣，还让学生反感，达不到教学情境创设的目的。

(1) 创设情境应该从学生实际出发

按照学生当前的学习条件而设置相应的问题和引导材料，在具体的课堂教学中，根据教学目标要求，选取什么样的情境作为学习内容，是老师创设情境时应考虑的首要问题。在创设教学情境时，要注重联系学生的生活实际，调动学生已有的知识和经验，激发学生学习的兴趣。一要选取学生熟悉的生活情境，可直接选取教材中提供的学生熟悉的日常生活或对现实生活情境素材进行加工，让学生体会知识与生活的联系，增强其学习知识的乐趣。如果选取的情境学生不熟悉或不感兴趣，那就起不到应有的作用。这就要求教师要了解学生的生理、心理特点，学生的知识水平情况，做到有的放矢。二要构建开放式的教学情境，选取的生活情境容量要大，要让学生从中可以从不同的角度思考，看出多个问题，可以用不同的方法来解决，这样可以培养学生的创新意识和创新思维能力。

例如在教学一年级数学第二册《拔萝卜》时，教师直接出示主题图，便问："你能提出什么数学问题？"学生在尚未引起内心反应的情况下，便一头扎进了教师预设的"埋伏圈"，马上陷入了知识的“海洋”。而当学生小组合作探究 36+23 的算法时，教师对学生“摆小棒”“拨计数器”“口算”等方法毫无激情，只一个劲地问：“还有其他方法吗?”醉翁之意在于“列竖式计算”的方法。而当一个学生终于说出这一方法时，教师欣喜了，忙追问全班一句：“这个方法怎么样?”言外之意，显而易见，但学生应“好”者寥寥无几。教师以知识为依托创设情境，以知识教授为目的，一切以知识为中心，其余的如情感、态度、价值观等只是情境的一种点缀或摆设，这违背了创设情境的初衷。

在课堂教学中，根据教学内容精心创设各种教学情境，将学生置于乐观的情感中，能够激发学生的学习动机和好奇心。恰当的教学情境有利于发挥情感在教学中的作用，能唤起学生强烈的求知欲望，促使他们能保持持久的学习热情，从而获得最佳的教学效果。

(2)教师要熟练地驾驭教材

教学内容是教师创设情境，增强教学效果的主要客观依据。教学中，是否需要设置情境，设置怎样的情境，以什么样的形式出现，都必须依据教材特点、教学目的和教学要求来决定。因此，教师必须全面把握教材，深刻领会教学内容，才能精心设计。如果对教材不吃透，教师本人都对教学内容感到枯燥无味，体会不出意境，拿什么去感染学生、激励学生，唤起学生的求知欲呢?只有吃透了教材，才能围绕重点难点有选择、有针对性地组织语言，设置问题，制作多媒体课件，才能驾轻就熟地创设良好情境，收到理想的教学效果。

(3)要全面了解学生

一位好教师，在上讲台之前，首先要对学生做到心中有数，正所谓心中装着学生，只有细致地把握学生的心理特点、知识基础和智能水平，熟悉他们的内心世界，才能针对学生的特点，恰当地选择和运用科学手段、方法，以便结合教材创设教学情境。这样，就能打动学生和吸引学生，让学生自觉地投入学习中来，愉快而牢固地掌握知识，开发智能。

(4)教师要有激情

情境教学的特点之一就是以教师的情感去感染、激发学生的情感，使其产生相应的、积极的情感体验。苏霍姆林斯基指出：“只有情感的血液在知识这个活的机体中奔腾流动的时候，知识才能成为信念，成为学生主观世界的一部分。”教师的激情是创设教学情境的重要条件，教学中，教师饱满的激情，无疑会使学生受到感染，促使其自觉地随着教师的引导进入一种积极的学习境界中。

(5)教师应具有较高的综合素养

情境教学中，要求教师既要有广博的专业知识，又要有丰富教学经验，既要有严谨的教学风格，为人师表的责任感，又要有充沛的热情和民主精神。教师若不具备这些条件，就不能科学地结合教材和学生特点搞好情境设计，自然也就不会取得良好的教学效果。

此外，教师还应具备多方面技能，如音乐、美术、计算机技术等。教师可以充分利用这些艺术手段，营造一种与教学内容相关的情绪氛围，创设理想的教学情境。

3. 有价值的教学情境特征

(1)基于生活

强调情境创设的生活性，其实质是要解决生活世界与科学世界的关系，新课程呼唤科学世界应向生活世界回归。为此，创设教学情境，首先，要注重联系学生的现实生活，在学生鲜活的日常生活环境中发现、挖掘学习情境的资源。其中的问题应当是学生日常生活中经常会遭遇的一些问题，只有在生活化的学习情境中，学生才能切实弄明白知识的价值。其次，要挖掘和利用学生的经验。任何有效的教学都始于对学生已有经验的充分挖掘和利用，学生的经验包括认知经验和生活经验。

(2)注重形象性

强调情境创设的形象性，其实质是要解决形象思维与抽象思维、感性认识与理性认识的关系。为此，我们所创设的教学情境，首先，应该是感性的、可见的、摸得着的，它能有效地丰富学生的感性认识，并促进感性认识向理性认识的转化和升华；其次，应该是形象的、具体的，它能有效地刺激与激发学生的想象和联想，使学生能够超越个人狭隘的经验范围和时间、空间的限制，既使学生获得更多的知识、掌握更多的事物，又能促使学生形象思维与抽象思维的互动发展。

(3)体现学科特点

情境创设要体现学科特色，紧扣教学内容，凸显学习重点，当然，教学情境应是能够体现学科知识发现的过程、应用的条件及学科知识在生活中的意义与价值的一个事物或场景。只有这样的情境才能有效地阐明学科知识在实际生活中的价值，帮助学生准确理解学科知识的内涵，激发他们学习的动力和热情。学科性是教学情境的本质属性。例如，在教学“平均分”时，我们可以创设一个“春游”的现实情境，让学生准备及分发各种食品和水果，但教学重点应该尽快地落到“总数是多少”“怎么分的”“分成几份，每份是多少”“还有没有多余的”“不同食物的分法中有什么共同的特点”等数学问题上来，而不是把大量的时间花在讨论“春游应该准备什么食物和水果”“春游应该注意什么”等与教学内容无关的生活问题上。

强调学科性，还意味着要挖掘学科自身的魅力，利用学科自身的内容和特征来生发情境，如利用数学的严密性、抽象性来创设数学教学情境，利用语文的人文性、言语性创设语文教学情境。

(4)内含问题

有价值的教学情境一定是内含问题的情境，它能有效地引发学生的思考。情境中的问题要具备目的性、适应性和新颖性。目的性指问题是根据一定的教学目标而提出来的，目标是设问的方向、依据，也是问题的价值所在；适应性指问题的难易程度要适合全班同学的实际水平，以保证使大多数学生在课堂上都处于思维状态；新异性指问题的设计与表述具有新颖性、奇特性和生动性，以使问题有真正吸引学生的力量。这样的问题才会成为感知、思维的对象，从而在学生心里造成一种悬而未决但又必须解决的求知状态，实际上也就是使学生产生问题意识。

(5)融入情感

情感性指教学情境具有激发学生学习动力的功效。第斯多惠曾说：“我们认为，教学的艺术不在于传授的本领，而在于激励、唤醒、鼓舞，而没有兴奋的情绪怎么能激励人，没有主动性怎么能唤醒沉睡的人，没有生气勃勃的精神怎么能鼓舞人呢?”赞可夫也强调指出：“教学法一旦能触及学生的情绪和意志领域，触及学生的精神需要，这种教学法就能发挥高度有效的作用。”一次，一位语文教师教《凡卡》一文时，讲到凡卡给爷爷投出求助信后，满怀希望进入了幸福的美梦之中，然而这位天真的孩子却不知爷爷是收不到这封信的，因为他连地址也没写上。即使收到了，这位穷苦的守夜人也不可能让凡卡跳出火坑。对这位9岁的孩子来说，属于他的幸福只有在梦中！讲到这儿，这位教师再也控制不了自己了，眼泪涌了出来，甚至无法讲下去，全班学生竟然在寂静中坐了很久，连平时管不住自己的学生，也在这无意创设的情境中被无声的语言“管住了”。教师入境入情，带来了学生的心动情发，让学生见作者之所见、想作者之所想，与作者的情感产生心灵共鸣的作用。

布鲁纳说过：“学习最好的刺激是对所学教材的兴趣。”教师如果能通过游戏、竞赛、设悬念等创设趣味情境，将新知识寓于其中，使学生所学的知识有情、有境，就会引起学生极大的兴趣。

总之，创设教学情境可以使学生的学习动机在“情”与“境”的相互作用过程中得到强化，使他们为求知而乐，为探索而兴奋和激动，这也为他们奠定了终身学习的基础。

4. 创设教学情境的一般程序

(1)明确教学目的

创设教学情景之前要明确教学目的，研究教学内容，分析教学内容的各维度，确定教学目标的落实点。

课堂教学总是要完成一定的教学目标，有一定学习内容的预设。教学情境是为完成课堂教学目标和内容服务的，因此，教师要创设一个好的教学情境必须认真学习和弄清学科课程标准中相应阶段的学生在知识与能力、过程与方法、情感态度价值观等在本教学中的具体落实，弄清课程的性质、目标、学习的内容框架，认真学习与落实课程标准中相应的教学和评价建议。认真理解课程标准中有关学段目标、相应学习领域的具体标准及课程实施建议等，根据新课程的要求创设适合学生认知状况、生活实际、蕴含多维目标要素的学习情境。

(2)了解学生

掌握学生的实际认知状况与生活经历，使用与学生生活和实际经验密切相关的教学情境素材是情景教学的前提。教学情境是为学生主动积极学习所建构的学习环境，教师所创设的教学情境必须符合学生的认知状况，必须贴近学生生活。一位课程专家指出："你要把学生领到你要他去的地方，你必须知道他现在在哪里。"好的教学情境一定是学生熟悉的，是学生个人经历中可以找到或相似的、可以理解的东西。要创设一个成功的教学情境，就必须先了解学生，熟悉学生的生活，了解学生认知状况。通过家访、与学生交谈及师生共同参与各种活动等各种机会，深入了解学生，积累各种有用的素材和信息。这样在创设一个教学情境时，才能在学生熟悉的生活中找到并筛选出学生感兴趣的、具有挑战性的、能自由参与探索与创新的课程资源。当然还要注意，教育既不能脱离生活，也不能简单地还原为学生的生活；教育必须高于生活，教育的内容与活动是对生活的提炼和超越。

(3)筛选课程资源

新课程要求教师必须要有课程资源的意识，把可利用的校内、校外、自然、社区的课程资源及信息化的课程资源都开发利用起来，这样才可以有大量可供选择的素材，并从中筛选出最适合的用于创设教学情境。与传统教科书相比，课程资源是丰富的、大量的、具有开放性的，它以具体形象、生动活泼和学生能够亲自参与等特点，给学生多方面的信息刺激，调动学生多种感官参与活动，激发学生兴趣，使学生身临其境，在愉悦中增长知识，培养能力，陶冶情操，这是传统教科书所无法代替的。

在信息化教学设计中，教师面临的不是创设一个或几个好的教学情境，而是每个内容的教学情境都应是恰当的、有效的，这需要大量的课程资源的支持。我们应当树立新的课程资源观，发挥课程资源的作用，使各种资源和学校课程融为一体，更好地为教育发展服务。学生应该成为课程资源的主体和学习的主人，应当学会主动地有创造性地利用一切可用资源，为自身的学习、实践、探索活动服务，教师应该成为学生利用课程资源的引导者。教师不仅是知识的传授者，也应该围绕学生的学习，引导帮助学生走出教科书，走出课堂和学校，充分利用校外各种资源，在社会的大环境里学习和探索。同时，教师还应当成为课程资源的开发者和利用者，充分挖掘各种资源的潜力和深层次价值，提高利用率。

(4)精心设计教学情境和教学方案

准备创设教学情境和制订教学方案时必须解决下列问题：教学目标的确定与叙写、教学材料的处理与准备(包括课程资源的开发利用)、主要的教学情境与教学行为的选择、教学组织形式的设计、教学方案的编制。在创设教学情境时可以设计几个方案，必要时要有代表性地选择对象，可以征求一下学生的意见，也可以多与其他教师进行一些讨论，然后再确定教学情境创设的方案。在教学设计和教学情境的创设时要考虑为学习者建构对知识理解提供合理的概念支架。这种支架中的概念是为学生对问题的进一步理解所需要的，为此，事先要把复杂的学习任务分解，并在教学情境设计中将各种要素蕴含其中，以便把学习者的理解逐步引向深入。

(5)准备教学设备和试操作

利用创设的教学情境进行教学需要大量信息技术手段的运用、课程资源的开发，将涉及学生大量的动手操作、分组合作、交流研讨的学习活动，也可能涉及大量设备器材的使用、素材的收集、活动的组织等。为了在教学中不出或少出差错，教师必须作好充分的准备，复查小组活动方案的可行性。

(6)做好学生可能出现问题的预案

学生的发展是在活动中的发展，因此在课堂上要真正获得发展，唯有在学生积极参与建构知识的活动中才能实现。建构活动是学生的知识经验对课程资源的意义加工和重组，由此教学过程中调集学生已有的经验并促成其与要学习的内容间发生相互作用而建立起实质性、非人为的联系就显得尤为重要。教师在教学方案的预先设计中，可能已经对学生的直接经验有所估计，但只有在与学生的教学交往中，才能对学生拥有的直接经验的状况做出准确判断。如果课堂中获取的反馈与预先估计不一致时，应该对教学及时做出调整。在创设教学情境的过程中，充分做好学生在课堂教学中可能出现的问题的预案是十分必要的。

(7)教学中的应用

在课堂教学中按照事先创设好的教学情境和教学程序展开教学。教师应当充满激情地利用所创设的丰富的教学环境，激发学生的学习动机，培养学生的学习兴趣；为学生提供各种便利，为学生的学习服务；建立一个接纳的、有支持性的、宽容的课堂气氛；教师应当作为学习参与者，平等参与学生的研究，注意发现学生思维中的闪光点，并与学生分享自己的感情和想法；和学生一道寻找真理，并且能够承认自己的过失和错误。教师还要成为学生学习的促进者，积极地旁观。学生在自主观察、实验或讨论时，教师要积极地看、积极地听，设身处地地感受学生的所作所为、所思所想，随时掌握课堂中的各种情况，考虑下一步如何指导学生学习。教师要给学生心理上的支持，创造良好的学习氛围，采用各种适当的方式，给学生以心理上的安全和精神上的鼓舞，使学生的思维更加活跃，探索热情更加高涨。教师还要注意培养学生的自律能力，注意教育学生遵守纪律，与他人友好相处，培养合作精神。教师对课堂教学中出现的突发情况和学生学习中的问题，要运用教学机制加以解决，成为学生学习的引导者。

(二)信息资源环境的创设

信息资源环境大致可以分为硬件资源环境和学习资源环境两部分。

1. 创设良好的硬件资源环境

信息化教学的实施要在信息化环境下进行，信息化环境建设没有一个最高标准，为了获得一个真实、复杂的信息化教学情境，目前，多媒体网络教室将是最佳选择(如图 3-6 所示)。

图 3-6 信息化学习环境

多媒体网络教室是指在一个物理教室范围内的计算机局域网，主要服务于课堂教学，分演示系统(如图 3-7 所示)和网络系统(如图 3-8 所示)两部分。

图 3-7 多媒体演示系统

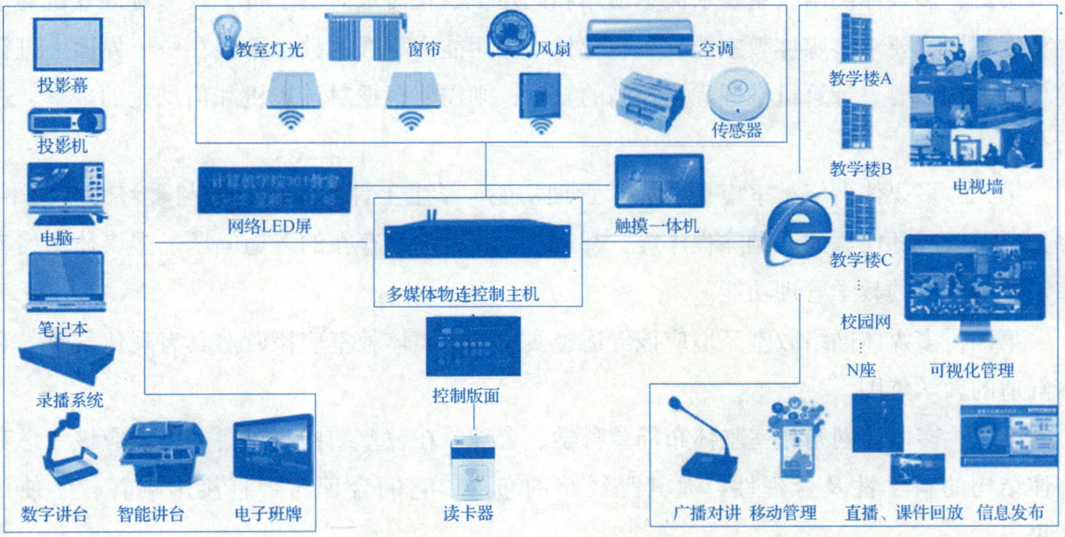

图 3-8 多媒体网络教室

演示系统的基本功能：可以连接闭路电视系统，充分发挥电视媒体作用，演示多媒体软件、CAI 课件和各种教学软件，开展计算机辅助教学，播放录像、VCD、DVD 等视频教学节目，还可以展示实物、模型、图片、文字等资料，能以高清晰、大屏幕投影仪显示计算机信息和各种视频信号，并可以用高保真音响系统播放各种声音信号。通过连接网络，使教师能方便地调用丰富的网络资源，实现网络联机教学。网络系统主要由多媒体计算机通过联网接收或传出网内的任何信息。

在多媒体网络教室中，学生可以自主探究、相互合作并利用信息技术和信息资源参与问题解决活动；教师可以借助多媒体网络教室所提供的网络教学环境，为学生创设更有利于探索问题的教学情境。

例如，教师围绕教学单元中的某一个问题，要求学生利用网络搜集信息并利用 PowerPoint 创建一个指向单元学习内容的演示文稿。教师在教学情境中鼓励学生进行团队合作，结对评审他们的学习或设计成果并共同解决问题，促进学生竞争意识的形成，这些都可以在多媒体网络教室中进行，多媒体网络教室一般由两部分组成，一部分是多媒体演示系统，另一部分是网络学习系统，多媒体演示系统主要供教师情境创设、学生的作品展示、报告演示、交流讨论等。

多媒体网络教室建设应该遵循以下设计思路。

第一，多媒体网络教室要具备实用而丰富的教学功能。信息化教学是教学的一种模式，其目的是提高学生的高级思维能力。这种信息化手段是否符合教学习惯，是否有丰富实用的教学功能，能否真正帮助教师进行教学、提高教学效果，是教师最为关心的问题。

第二，多媒体网络教室要求简单易用和满足个性化需求。由于每个教师对计算机的掌握程度不同，要求多媒体教室能满足教育技术应用能力不强的教师希望在一个界面上进行简单操作的需要。计算机掌握程度较高的教师，则需要根据对计算机和信息化的理解，进行个性化教学。

第三，多媒体网络教室应具备教学管理功能。学生上课不听讲，做与学习无关的事，例如玩游戏或随便添加、删除程序等，都是信息化教学中存在的普遍问题。多媒体网络教室需要有相应的教学管理功能。

第四，多媒体网络教室环境应该舒适、实用。多媒体教室应该营造具有现代气息、和谐舒适的教学氛围。

第五，多媒体网络教室整体布局要科学、合理。在教室结构布局时，首先应该考虑其整体结构的科学性及合理性，尤其是线路的布局，它的合理与否直接影响着教学使用效果。

2. 学习资源环境创设

(1)学习资源种类

根据《教育资源建设技术规范(征求意见稿)》，目前常见的信息资源主要包括九类，分别是媒体素材(包括文本、图形/图像、音频、视频和动画)、试题库、试卷、课件与网络课件、案例、文献资料、常见问题解答、资源目录索引和网络课程。另外，还可根据实际需求，增加其他类型的资源，如电子图书、工具软件和影片等。

第一，媒体素材。是传播教学信息的基本材料单元，可分为五大类，即文本类素材、图形/图像类素材、音频类素材、视频类素材、动画类素材。

第二，试题库。是按照一定的教育测量理论，在计算机系统中实现的某个学科题目的集合，是在数学模型基础上建立起来的教育测量工具。

第三，试卷。是用于进行多种类型测试的典型成套试题。

第四，课件与网络课件。是对一个或多个知识点实施相对完整的教学，用于教育教学的软件，根据运行平台划分，可分为网络版的课件和单机运行的课件。网络版的课件需要能在标准浏览器中运行，并且能通过网络教学环境被大家共享。单机运行的课件可通过网络下载后在本地计算机上运行。

第五，案例。是指由各种媒体元素组合表现的、有现实指导意义和教学意义的代表性事件或现象。

第六，文献资料。是指有关教育方面的政策、法规、条例、规章制度，对重大事件的记录、重要文章、书籍等。

第七，常见问题解答。是针对某一具体领域最常出现的问题给出全面的解答。

第八，资源目录索引。列出某一领域中相关的网络资源地址链接和非网络资源的索引。

第九，网络课程。网络课程是通过网络表现的某门学科的教学内容及实施的教学活动的总和，它包括两个组成部分：按一定的教学目标、教学策略组织起来的教学内容和网络教学支撑环境。

(2)学习资源环境创设

在网上检索，常用方法有如下五种。

第一种，利用专业网站或专题网站进行检索，例如各种学科资源网站等。

第二种，通过搜索教育教学专业网站和资源网站，可以高效地找到教学资源和素材。目前，互联网上各个学科都会有成百上千家教学资源网站，这类网站数量众多，既包括教育门户网站，又包括各种学科资源网、教学网、主题网站等。

第三种，利用网页搜索引擎检索，比如百度等。就一般情况而言，通过搜索引擎查找资源是仅次于利用学科资源网站获取资源的一种有效的、方便快捷的常用方法。通过搜索引擎可以找到大量的教育资源，一个关键词往往能搜索出成千上万条记录，这里面既包括了有价值的资源，也有很多不符合需要的资源，所以，使用者需要学会更有效地使用搜索引擎，或另辟蹊径寻找合适的资源。

第四种，国家教育资源公共服务平台分类目录和网络资源指南检索(如图 3-9 所示)。

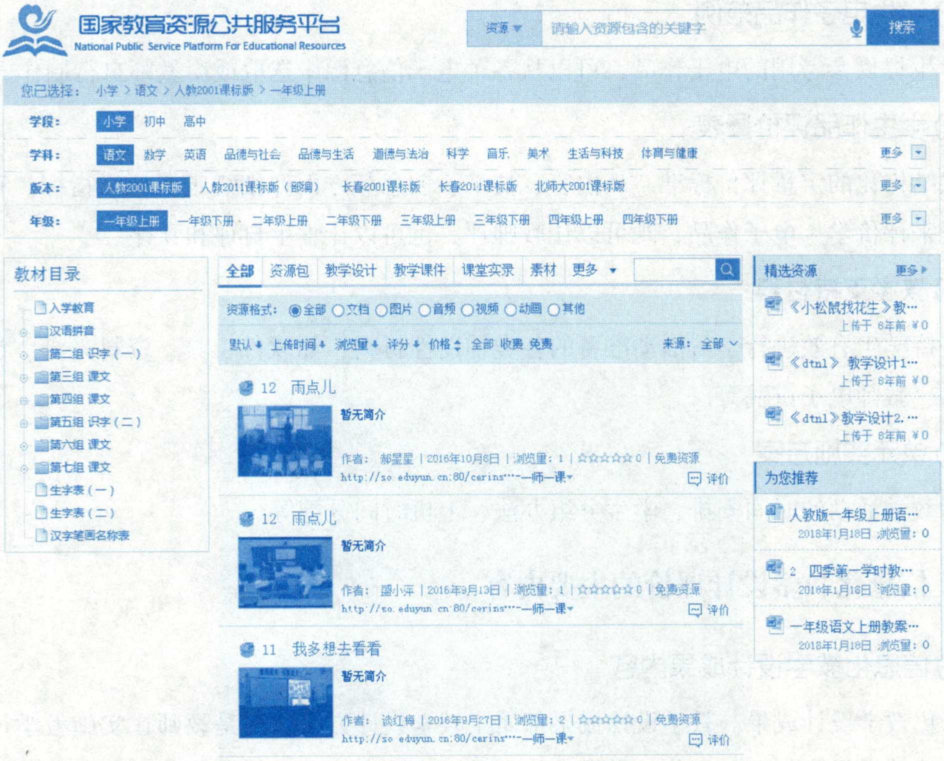

图 3-9 国家基础教育资源网

第五种，利用专用搜索软件进行检索，比如图像搜索、流媒体搜索等。

为了避免学生低效的探究活动，在学生自主学习过程中，教师应该适时地提供帮助，给学生提供相关信息资源地址或者告诉学生到哪里可以找到相关的学习资源等。

在信息化教学中，教师不仅拥有更多的知识，还应该具备设计、开发、利用和评价信息资源的能力；教师既传授知识，同时还应该引领学生搜索、获取和处理信息；教师不仅研究"如何教"，还要更多地设计"如何学"。教师在开发信息资源过程中，要考虑不同特点的学习者，基础差的同学能够获得足够的帮助，高水平的同学的能力能得到充分发挥，信息资源能为学生实现学习目标提供多种活动或策略的选择。需要强调的是，信息化教学设计如果忽视了信息资源的开发，教学情境将成为"空中楼阁"，教学情境的创设与信息资源的开发是相互依存的。

五、信息化教案的主要内容

(一)单元教学计划

具体地描述教学单元的主题、学习目标、学习活动(教学过程)、学习资源等，其中的学习活动和学习资源在很大程度上是由信息技术支持的，因此这种教学计划可称为信息化教案。

(二)学生电子作品范例

给学生提供参考用的电子作品，可以从各种电子信息源中选取或由教师自行制作。

(三)学生作品评价量表

提供结构化的定量评价标准，从内容、技术、创意等方面详细规定了评级指标。利用这种量规来评价学生电子作品，既可以让教师评，也可以让学生自评和互评。

(四)教学支持材料

为支持学生有效进行学习活动准备的各类辅助性材料，如软件工具、资料光盘、在线参考资料、教师电子讲稿等。

(五)单元实施方案

包括教学活动的时间安排、学生分组办法、上机时间分配等。

六、信息化教学设计评价的主要内容

(一)信息化教学设计成果内容

信息化教学设计成果与教学设计成果都属于教学设计方案，都是教师在实施教学过程之前设计的教学思路。而信息化教学设计，则是在建构主义学习理论等先进教育理念的指导下，根据时代的新特点，以多媒体和网络为基础媒介，以设计“问题”情境，以及促进学生问题解决能力发展的教学策略为核心的教学规划与准备的系统化过程，目的在于激励学生利用信息化环境合作进行探究、实践、思考、综合、运用、问题解决等高级思维活动，以培养学生的创新精神和实践能力。与传统的教学设计相比，信息化教学设计强调以学为中心，促进学习者创新和综合能力形成。所以，信息化教学设计所产生的结果不是传统意义上的教案或课件，而是一个单元教学计划包。

(二)信息化教学设计成果的评价要点

评价一个信息化教学设计方案要在建构主义学习理论等先进教育理念指导下，根据信息化教学目的进行，主要从以下几个方面进行：设计方案是否体现了以学生为中心的教育观念；设计方案是否运用了培养学生高级思维能力的问题设计；设计方案在教学中实施，是否能扩大学生的认知范围；设计的课程是否提高了学生的学习成绩，是否提升了学生的学习兴趣。

(三)信息化教学设计评价

1. 单元教学计划

评价单元教学计划是否合理，要看以下几个方面。

第一，此单元教学计划的实施能否让学生实现应该达到的水平或获得的能力。

第二，计划中设计的任务和问题能否体现单元教学目标，是不是真实的任务以及有没有针对性。

第三，教学计划确定的学习任务和解决的问题是否认真考虑了学生的现有学习水平，计划中提供的学习资源对学生的学习帮助如何，是否方便学生查阅等。

2. 学生电子作品范例

电子作品，就是学生和老师将自己的教学或学习结果内容用现代信息技术表达出来，如用 Word 制作电子文档作业、PowerPoint 制作演示文稿、Flash 制作的动画等。在某一学习阶段或基于任务的学习活动中，学习者在学习过程中的若干学习成果和作品的汇集被称为“作品集(portfolio)”，其中在计算机和网络上存储、传输、演示、应用的数字化的作品集被称为“电子作品集(portfolio)”。电子作品集收集学生认为能够证明自己的学习进步、创新精神和知识技能的成果，可以包括计划、中间过程的草稿、最终成果及教师的评价、相关资料等。电子作品反映了学生学习的过程和最终结果，可以成为学生学业成就的直接评价依据。同时，它也是学生自己和他人的学习资源。

信息化教学设计中，设计者都会按照教学目标来规定学习者的学习结果呈现方式，并提供相应的范例。范例可以用其他学生的成品也可以由设计者自己进行设计，但是提供的范例必须基于学生的条件，也就是这个范例是从学生角度出发，以学生应该达到的制作水平进行设计的，有了教师展示的范例，学生浏览后就会对自己将要完成的任务有一个感性的认识。因此，范例的设计质量成为衡量信息化教学设计质量的又一指标。提供一个恰当的高质量的范例，可以促进学习者提高学习效率和学习质量。

3. 评价量规

评价量规就是对学习者学习之后所做的作品、成果、成长记录或者表现进行评价并做等级评定的一套标准。应用量规可以有效降低评价的随意性，使评价更客观公正，不但教师可以评，学生也可以自评、互评。这是连接教学与评价之间的一个重要桥梁。

一个好的评价量规，能够起到目标导向和评价标准两个作用。引导学习者向既定的学习目标努力，是一种有利的学习支持工具。学习者在利用量规评价自己的作品时，会反思自己的作品是否符合既定的标准，并据此修改、完善自己的作品。

评价量规作为一种客观的评价标准，公布后，所有学习者都明确了自己努力的方向，这样学生集中在学习“课题”上，而不是学习“老师”，更多地关注学习过程，而不是关注学习结果。

在制定量规时，首先要根据项目目标确定评价分项，也就是要从哪些方面来评价学习者的作品；其次，确定各项的分值，根据教学目标的侧重点确定具体评价项目的权重及分值。这样可以更好地引导学生把握努力的方向，更好地起到目标导向作用。

为了使评价更客观、公正，在制定具体项目的评价标准时，应使用具体的、可操作的语言进行描述，而避免使用抽象的、概念性的语言。

复习思考题

1. 请思考为什么要进行教学设计，为什么说教学设计是现代教育技术的主要内容？
2. 查阅相关的教学设计理论，分析比较其优缺点。
3. “主导—主体结合”教学设计的理论基础是什么，有哪些方面的主要优势？
4. 参照本章所给的教学设计案例，简述各种教学设计模式的基本方法。
5. 研读多媒体组合设计理论和模式，设计一节多媒体组合教学课。
6. 根据书中所给的信息化教学设计案例，精选内容设计一个信息化教学设计作品。

第四章

“严谨不苟，务实求真”——课堂教学技术

【学习目标】

1. 了解教学技术的定义和内涵。
2. 理解课堂演示技术的功用并掌握常用实践技巧。
3. 理解课堂管理技术的功用并掌握常用实践技巧。
4. 理解课堂学习评价技术的功用并利用相关工具。

【思政导读】

加强师德师风建设，培养高素质教师队伍，弘扬尊师重教的社会风尚。

第一节 课堂教学行为

一、课堂教学行为常见类型

教师通过一系列教学行为传授知识、组织教学活动，并为学生提供学习支持。教师需要在课堂教学中合理地借助一定的教学行为才能有效地达成教学目标。施良方、崔允漷等把教师课堂教学行为划分为主要教学行为、辅助教学行为与课堂管理行为三大类。

(一)主要教学行为

主要教学行为是以课堂教学的目标与内容为定向，其包括教师呈现与演示技能的行为（也称呈示行为）、师生之间相互作用的行为(也称对话行为)、学生自主学习活动中教师的辅导或指导的行为（也称指导行为)。

(二)辅助教学行为

辅助教学行为是以课堂教学中的学生和情境为定向并为主要教学行为服务的，表现形式通常是间接、内隐的，而且偶发性较强，教师的课堂经验和个性素养直接影响其表现。一般的辅助教学行为包括学生学习动机的培养和激发、有效的课堂交流、课堂强化技术和积极的教师期望。

(三)课堂管理行为

课堂管理行为主要包括课堂行为管理和课堂时间管理。课堂管理行为为课堂教学的顺利进行创造条件，对课堂中的学生尤其是低年龄段的学生进行必要且合理的管理，需要教师具有一定的课堂教学经验与管理技能。有效的课堂管理有助于维持良好的课堂教学秩序，约束和控制有碍学习的问题行为，引导学生积极开展学习活动并提高教学效率。

二、技术优化课堂教学行为

与传统课堂相比，技术支持的课堂教学更能支持学生的个性化发展，特别是基于课堂数据可视化的课堂演示技术、课堂管理技术、课堂评价技术等新型技术的发展应用，有力地推进了当前课堂教学行为形态的优化变革，其主要表现如下。

(一)应用技术开展即时测评

创设“实时实地”的课堂，所谓“实时实地”(real-time and real-place)的课堂是师生和生生间实时实地联系的课堂。尽管与网络交互相比，传统课堂中教师也可较为及时地了解与监控学生行为，但由于保持课堂秩序的要求、教师精力的限制和学生的心理因素等原因，对于学生的学习情况、想法和需求，教师难以全面、准确并实时地了解。因此，虽然传统课堂为师生和生生间提供最直接的面对面交流机会，但外部诸多条件的限制，使学生对教学的反馈及教师对学生的评价反馈都存在较大的延迟，从而导致课堂的开展未能真正“实时实地”。

技术应用使课堂交互真正得以“实时实地”。教师可以借助相关的技术在不影响课堂秩序的情况下开展即时的测评，及时获得学生反馈。例如，通过使用投票器 Clicker（图 4-1），教师一方面可对全体学生进行测评，并以可视化的方式呈现测评结果，使学生和教师能够即时了解自身和全体学生的学习情况；另一方面，全体学生均可使用 Clicker 自主确定讨论和主题，让教师即时了解学生的学习兴趣与需求。

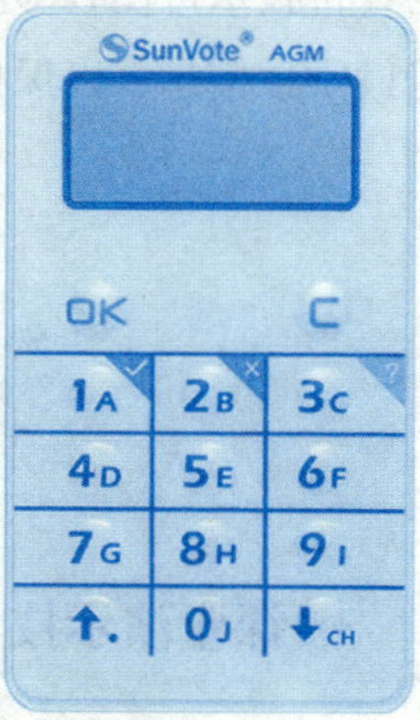

图 4-1 投票器

（二）用技术创设基于证据的课堂

技术的发展使翻转课堂的课外学习能够真正实现“凡走过必留下痕迹”，而传统的面授教学通常采用摄像机或录音笔等记录整个课堂过程，难以为每一位学生记录其学习的“痕迹”，而应用技术记录教学过程，创设基于证据的课堂，能为教学活动的开展提供具有说服力的依据。例如，应用时间管理器 Rescue Time 可自动记录学生上机时使用的应用程序及具体时间，其便利贴工具则可记录学生在学习讨论中的观点和想法。在这样的基于证据的课堂中，教师还可将所记录的数据运用于教学评价中，帮助学生逐渐形成良好的学习习惯。

（三）用技术创设全员参与的课堂

以往的面授课堂实际是少数人参与的课堂，而应用技术工具可导入所有学生的姓名进行随机处理（随机分组、随机抽取等），使课堂活动人员的设置与安排变得更为公正、客观并面向全体学生，创设全员参与的课堂。在学生开展小组学习的过程中，教师可以使用随机抽取工具选择各小组发言人，一方面使每位学生都能感受到自己可能被抽中发言而在小组讨论中积极参与；另一方面，在这种随机选取的过程中，面授教学所开展的互动不再仅仅侧重于师生间和生生间的互动，还关注了学生与其姓名形成的自我互动。此外，随机选取使学生无法预知自己会与谁同组，谁将会被抽中发言，使学生每次参与课堂如做游戏一般，充满惊喜，以进一步激发全体学生的参与热情。

（四）用技术创设开放安全的课堂

教师通过技术应用可自主设置课堂交互的透明度，在充分尊重学生的同时增进课堂交互的自由度。传统课堂教学的公开透明化在某种程度上并不利于学生隐私的保护，教师难以有针对性且单独地给予某些学生提示，另外，一些较为内向或者不喜公开表达自己观点的学生因担心其观点的公开会带来额外的压力而很少在课堂上发言。而技术支持的教学互动与评价技术可使教师能够自主设置交互的透明度，按需反馈信息，在公开反馈时根据需要隐匿学生信息，以保护学生的隐私，尊重学生的人格，创设开放安全的课堂。

第二节 课堂演示技术

一、课堂演示技术的功用

课堂演示是指教师在课堂教学过程中利用各种实物、示范实验或演示技术，促进学生获得知识、习得技能的常用教学方法。《现代汉语词典》(商务印书馆 1991 年版)将演示定义为利用实验或实物、图表把事物的发展过程显示出来，使人有所认识或理解(张龙华，2012)。优化课堂教学演示重在选择有效的教学表达方式，通过给学生展示教学相关的图文、声、像，以增进学生的感性认识，激发其学习兴趣。随着教学演示技术的发展，当前教学演示除了能够增进教学表达，还能够促进教学引导、教学生成和教学参与，其主要功能如下。

(一)通过多样化表征增进教学表达

教学演示技术可使教师通过文本、图形、图像、视频、音频、动画等六种媒体素材向学生展示教学内容，如在讲解物理中的电磁感应效应时，教师通过动画可直观地展示出哪些切割磁感线的方式可产生电流，从而帮助其表达教学内容，促进学生的感知与理解。

(二)通过批注标志增进教学引导

教学演示技术可支持教师在演示过程中进行批注，教师还可以使用缩放、探照灯、幕布等工具突出重点内容，有效吸引学生的注意力，如通过缩放工具局部性放大重点内容的同时也排除了屏幕上其他内容的干扰。

(三)通过存储记录增进教学生成

许多教学演示技术都提供有存储记录的功能，如 PowerPoint 可支持教师保存演示内容中的批注；而交互式电子白板则类似于黑板，也可保留师生在白板中涂画的内容，促进教学生成。

(四)通过实时互动增进教学参与

一些教学演示技术特别是基于网络的演示技术可支持师生间开展实时互动，如交互式电子白板除了可像黑板一样支持学生使用电子笔进行涂画，还可与一些无线外设产品，如无线手写板、投票器等结合起来形成课堂即时反馈系统，学生可使用这些外设产品在课堂中随时随地控制计算机、操控电子白板，积极参与课堂活动。

根据教学演示所处的软硬件环境的不同，教学演示技术可分为多媒体教室演示技术、网络教室演示技术与交互式电子白板演示技术。以下主要介绍多媒体教室常用的PowerPoint 教学演示技术、网络教室演示技术与交互式电子白板演示技术。

二、PowerPoint 演示技术

(一)应用导航

常规的 PowerPoint(简称 PPT)演示技术是“计算机+投影仪”多媒体演示技术中的一种，也是当前应用最为广泛的演示技术。

目前，PPT 演示多局限于直接放映和页面切换，这是传统一贯式的 PPT 演示方式，但实际教学的时间有限，并常会涉及各种教学环节和活动，这就要求教师能够掌握一些实用的放映技巧，如窗口设置、计时器、黑白屏、程序切换、演讲者视图、批注等，以自如地掌控 PPT 的放映过程，顺利开展 PPT 演示教学。表 4-1 主要介绍了 PPT 放映过程中的一些实用演示功能。

表 4-1 PPT 演示功能

PPT 演示功能	功能介绍	操作过程
放映的时间控制	教师可通过“排练计时”工具直观掌控 PPT 放映时间，以使课堂教学各个环节顺利展开	点击“幻灯片放映”——“排练计时”
放映过程中批注	通过“指针选项”工具使用画笔对 PPT 进行简要批注	放映中点鼠标右键选择“指针选项”
放映中私密查看备注内容	使用“演示者视图”在 PPT 放映中私密查看自己的备注内容，这些内容只会显示在自己的计算机屏幕而不会显示在投影屏幕上	(1)设置分屏模式：使用快捷键“Win+P”，将显示器与投影显示输出设备设置为“扩展” (2)设置“演示者视图”：打开“幻灯片放映”菜单，设置“监视器”为“监视器 2”并勾选“使用演示者视图”
用激光笔遥控放映	当使用者需要对重点内容做指示时，只需按下遥控激光笔上的红色按键，一束红色激光就可以照射在需要强调的内容处，同时，使用者只需轻按上翻页和下翻页键，就可以将电子文稿翻到要演示的页面，实现远距离遥控	把接收器插入 USB 接口，连接成功后，通过激光笔上的按钮进行控制
用手机遥控放映	使用“PPT 遥控器”软件实现，它是百度公司开发的一款使用手机控制 PPT 放映的工具	(1)使用前确保手机与计算机都能联网 (2)在计算机里打开“PPT 遥控器”软件 (3)手机微信扫码

在 PPT 放映过程中，教师可根据实际需要使用快捷键，使 PPT 放映过程方便快捷，常用的快捷键很多(如表 4-2 所示)。

表 4-2　PPT 快捷键功能

实现功能	快捷键
从 PPT 的第一页开始放映	F5 键
从当前页开始放映	Shift+F5 键
放映上一页	P 键、上箭头、右箭头
放映下一页	N 键、下箭头、右箭头、空格键、Enter 键
指定放映某一张幻灯片	数字编号+Enter 键
返回第一张幻灯片	同时按下鼠标左键和右键几秒钟、Home 键
退出幻灯片放映	Esc 键、减号键
白屏	W 键
黑屏	B 键
在播放的 PPT 中使用画笔标记	Ctrl+P 键
启动橡皮擦	Ctrl+E 键
擦除幻灯片上的所有标记内容	E 键
隐藏/显示画笔标记痕迹	Ctrl+M 键
切换程序	Alt+Tab 键

(二)应用实践

PowerPoint 是教学中使用频率较高的演示工具之一，集编辑、美化、播放、记录等多种功能于一体，能够通过文字、图片、音频、视频、动画等形式呈现教学内容，丰富教学形式。以下主要以具体的实例介绍 PowerPoint 2016 在教学中的应用。

1. 录屏功能

使用录屏功能能够记录当前页面播放的内容及相关音频，且能以视频的格式保存于 PPT 文档中，其具体操作如下：

①在“插入”选项卡中单击“屏幕录制”；

②单击“录制”按钮开始录制，录制完成后使用快捷键 Win+Shift+Q 可结束录制，录制好的视频将直接插入 PPT 文稿中(图 4-2)。

图 4-2　屏幕录制页面操作按钮

2. 添加标注

在放映过程中，可通过“笔”“荧光笔”和“激光笔”工具添加备注或突出重点内容。以吸引学生的注意力，具体操作如下：

①在放映时，将光标移动至页面左下方，选择“笔”图标，根据需要选择适宜的工具；

②借助“橡皮擦”工具可修改添加的标注，放映结束后，可根据需要选择是否保留墨迹注释(如图4-3所示)。

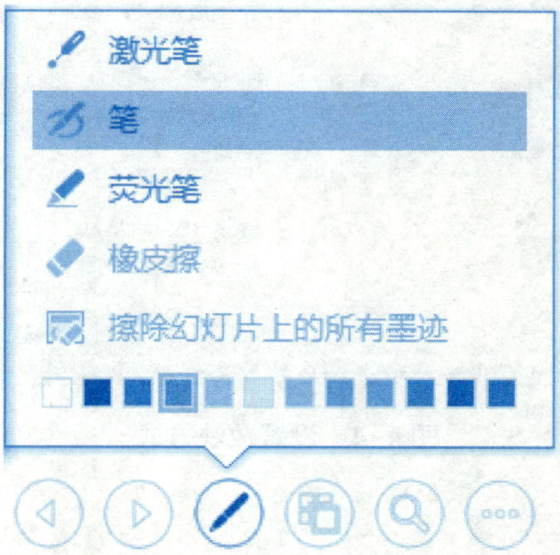

图4-3 放映模式下添加备注的操作按钮

3. 添加书签

为视频、音频添加书签后可使教师在播放时快速定位至需要播放的位置，避免反复拖进度条影响课堂进度，具体操作如下：

选中插入的视频，将进度条拖拽至需添加书签的位置，选择“播放”选项下中的“加书签”。在进度条中会出现书签标志，放映时即可通过书签调整播放位置。

4. 演讲者视图

“演讲者视图”可在教学过程中充当“提词器”，即教师可为幻灯片添加备注信息且添加的备注信息不会显示在投影屏幕上，从而辅助教师的教学过程，其具体操作如下：

①使用Windows+P快捷键，在弹出的窗口中，连续按下Windows+P键直至切换到“扩展”，单击“Enter”键；

②在桌面单击右键选择“屏幕分辨率选项”，在“多显示器”下拉菜单中选择“扩展这些显示”；

③在“幻灯片放映”选项卡中选择“设置幻灯片放映”，在弹出的窗口中将“幻灯片放映监视器”设置为“监视器2”，并勾选“使用演讲者视图”(如图4-4)；

④在普通视图下，单击幻灯片下方的“备注”，添加备注信息，在放映状态下，即可查

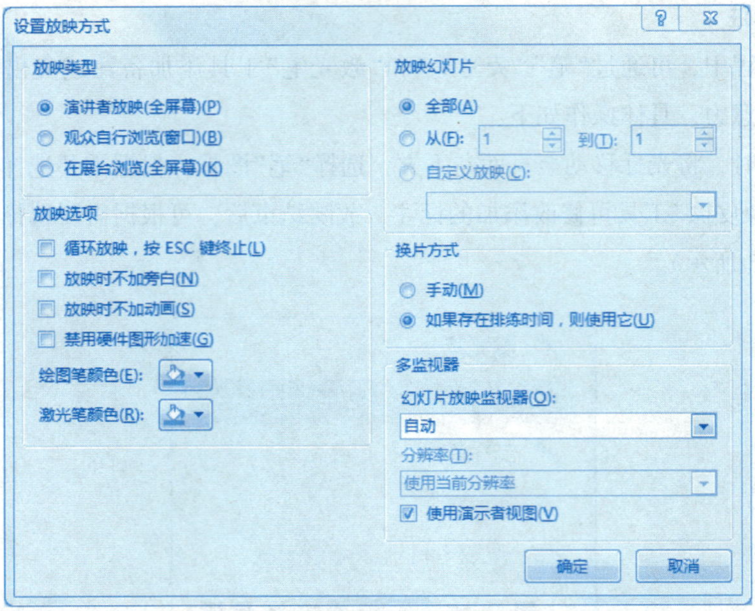

图 4-4　设置放映方式

看备注(如图 4-5)。

图 4-5　普通视图下添加备注操作按钮

首先，放映 PPT；其次，点击右键，选择演讲者视图。在演讲者视图下，编辑的备注会显示在备注栏(如图 4-6)。

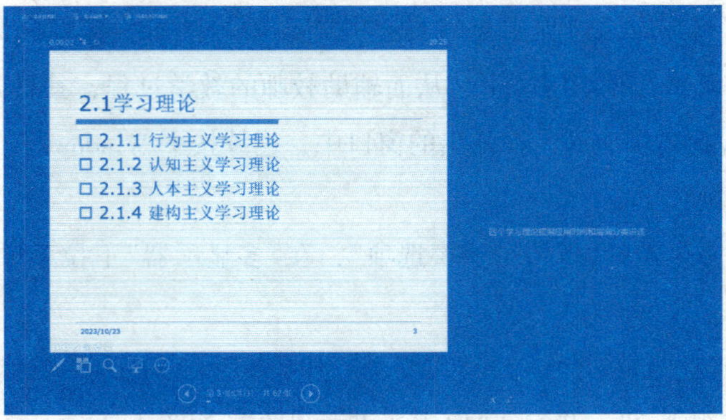

图 4-6　演讲者视图下的备注

(三)应用拓展

在 PPT 的使用过程中，还可借助相关插件实现更丰富的操作，如借助 PhotoZoom Pro 软件实现无损放大图片，借助“美化大师”插件批量修改文本，借助 iSlide 插件实现 PPT 文档的智能压缩，借助“口袋动画”插件快速制作动画效果，借助“雨课堂”插件实现文档与微信的互联等。

在教学中，除了 PowerPoint，还有许多功能相似的演示软件，如 Focusky、Prezi 等。Focusky 软件能够实现界面由整体到局部、由放大至缩小不断变换的 3D 演示效果，通过页面的旋转、缩放、移动等多种切换方式，生动地呈现信息，更利于吸引学生的注意力。Prezi 软件可通过缩放、旋转等形式呈现内容，以“路线”的呈现方式，带给学习者更加丰富的视觉体验。另外该软件支持 PPT 文档导入，可将制作的 PPT 文档进一步编辑与美化。

三、网络教室演示技术

(一)技术概述

网络教室通常使用专门的多媒体网络教学系统将教师机与学生机组成一个网络系统，实现教师机与学生机间的实时互动。这种互动可实现：

①传统多媒体教学的面对面交流和教学投影演示，如学生可通过学生机终端清晰地看到教师机的操作；

②师生间文件的传输，如提交或下发作业、学生机的远程监控(如转播学生机操作、黑屏、远程开关机等)；

③电子签到、电子举手、电子提问和答疑等课堂常见互动。计算机操作类的教学常会用到计算机机房的教学演示，如信息技术课堂教学。

(二)常用功能

网络教室演示技术的具体应用，根据不同品牌的多媒体网络教学系统而有所不同主要的操作，如教学广播、转播、文件传输、黑屏、开关机等类似，且操作较简单在多媒体网络教学系统的主界面即有相应的按钮。下面以极域电子教室软件 v4.0 2016 豪华版多媒体网络教学系统为主，介绍多媒体网络教学系统主要的教学演示应用。

1. 教学广播

这是计算机机房最常见的教学演示应用，即将教师机的应用界面统一广播，使每个学生机终端均可看到。具体的操作为：双击打开极域电子教室软件 v4.0 2016 豪华版多媒体网络教学系统，进系统主界面(图 4-7)点击左上角“广播”按钮即可实现教学广播。

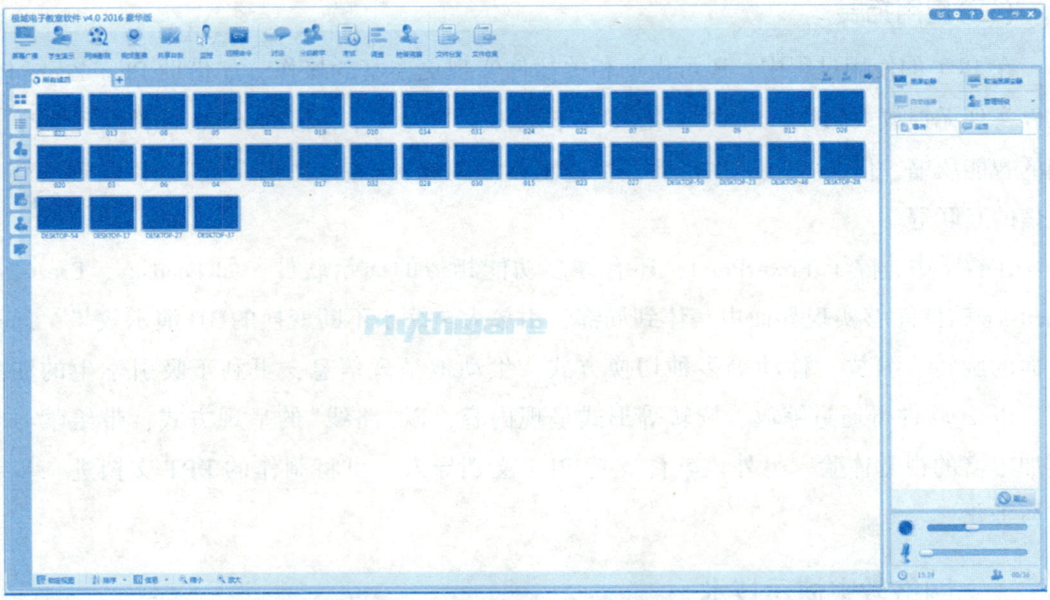

图 4-7 极域电子教室软件 v4.0 2016 豪华版主界面

2. 文件传输

文件传输即教师机与学生机间的文件传输，如教师课上将学习素材统一发到学生机以供学生练习，其具体操作为：在极域电子教室软件 v4.0 2016 豪华版多媒体网络教学系统界面中，点击左侧工具栏的“文件传输”按钮，打开文件传输对话框，选择需要传输的文件和目标目录(将该文件发送到学生机的具体位置，此处默认为学生机“桌面”)，点击“传输”按钮，即可将教师机中的文件传输到学生机桌面。

3. 远程控制

教师可通过极域电子教室软件 v4.0 2016 豪华版多媒体网络教学系统远程控制学生机，如远程开关机、黑屏等，二者的操作过程相似，下面以“远程黑屏”为例，其具体操作为：在极域电子教室软件 v4.0 2016 豪华版多媒体网络教学系统中选择想要设置为“黑屏”的学生机，这里的选择可像选择文件一样，按住 Ctrl 键后使用鼠标选择多台非连续学生机或按住 Shift 键使用鼠标进行连续选择。这里以设置单台学生机黑屏为例，选择其中一台学生机后，点击界面上方工具栏中的“黑屏”，即可使该学生机界面处于“黑屏”状态。

4. 学生机转播

在计算机机房的教学中，有时教师需要向全体学生展示某些学生的作品或操作。传统的学生演示需要学生到讲台统一演示，而在计算机机房中，可如同教学广播一样，通过转播学生机界面，让教师和所有学生均能看到该学生机的操作界面。其具体操作为：在极域电子教室软件 v4.0 2016 豪华版多媒体网络教学系统界面中，选中需要转播的学生机，然后点击工具栏中的“转播”按钮即可转播该学生界面。

（三）应用拓展

在使用计算机进行演示的过程中，除了使用PPT画笔工具在课件上进行注解，教师还可使用一些如Zoomit、Pointofix等电子教鞭工具将计算机整个屏幕作为黑板在其上面进行涂画、缩放，以辅助课件演示。

Zoomit是一款非常实用的演示辅助工具。该工具绿色免费、调用方便，主要提供屏幕放大和屏幕注释的功能。Pointofix类似于电子粉笔，教师能使用它在计算机屏幕上自由涂画，其功能较Zoomit更为丰富，除了可实现类似的放大和屏幕注释功能，还能更为直观地支持教师的演示应用。Zoomit和Pointofix等电子教鞭工具适用于教师课件授课、习题讲解、学生作品展示环节等，以支持教师在教学中演示注释、勾画重难点，从而有效集中学生的注意力，便于学生理解和掌握知识点。

第三节 教学管理技术

教学管理技术是有效进行教学资源和教学过程的设计、开发、运用和评价的重要保证。信息技术和管理理论的结合，极大地丰富了教育技术管理的手段及内容，使教学管理技术与传统电教管理范畴有很大区别，并且促进了教育管理理论与实践研究的发展。

教学管理技术是管理科学在教学过程中具体的、特定的应用。围绕着有效“学习”这一目标，我们可以给教学管理技术这样的定义：教学管理技术是教学技术应用领域的各级管理人员，通过计划、组织、协调和监督等一系列的方法、手段和制度来调度所有资源、协调各种关系，以便有效地达到既定目标的实际运作过程。其目的是充分调动教学技术系统内外的一切积极因素，全面提高工作效率和工作质量，发挥系统的整体功能，保证教学技术的有效开展，实现教育、教学效果的最优化。目前，教学资源管理、教学过程管理、项目管理和知识管理是教育技术管理的主要实践和研究内容。

一、教学资源管理

随着教学技术不断发展和应用，各级各类学校逐步积累了大量的教学资源，这些资源同传统的图书馆资源、实验室资源一样应得到科学的管理。要进行科学管理，首先要对教学资源进行科学分类，教学资源的分类一般可按三种方式来划分。从教学资源的来源可将教学资源分为两大类：设计的资源和利用的资源；按教学资源的表现形态可将教学资源分为两类：硬件资源和软件资源；按教学资源的性质可将教学资源分为人力资源和非人力资源。本节主要围绕硬件和软件资源这两条主线，展开对教学资源管理的讨论。

(一)硬件资源的管理

硬件资源是指教学过程中所需的设备、设施、场所等看得见摸得着的有形资源。硬件资源是开展教育教学的物质基础，也是制约教育技术应用规模、质量和效果的重要因素，搞好硬件资源的管理对促进教育技术的应用有重大意义。随着科学技术和教育事业的发展，硬件资源的种类和数量日益增多。除了常规的录音机、语言实验室、电视系统、录像系统以外，多媒体计算机和网络等设备，正快速进入教学领域，并逐渐得到广泛的应用。硬件资源管理的科学化和制度化对教育技术的应用起着基础性的保障作用。

硬件资源管理工作的主要内容有计划与购置、验收和记账立卡、保管与使用、维修及制定规章制度等。

1. 计划与购置

计划是决策的具体化，是实施各项管理活动的前提，也是检查管理效果的依据。与计划、购置相关的管理工作包括设备器材购置计划的编制、执行、检查和总结等基本环节。

计划是根据教学需要、年度经费、各种设备的市场情况，提出设备的增添计划。主要内容包括新进设备的目的和用途、任务和数量，明确采购、使用和管理的责任，以及对其他有关事项的说明。计划之前，还要对大型、精密、贵重设备提出可行性论证报告。

编制购置计划的主要依据是：本单位近期及长远工作目标和发展计划、经费预算、正在使用设备的状况。计划要力求客观、实际，注意“需要”和“可能”的统一。

编制设备购置计划要考虑相关设备的使用方案，如组建计算机教室，可以采用单机方案，亦可联网。如果经费允许的话，建议选择联网方案。如果要编制一个校园网设备购置计划，应至少考虑校园网方案的下列设计原则。

一是实用性。网络系统应便于用户掌握，操作简单实用。

二是先进性。网络系统的机器设备性能良好，能满足学校教学和管理的需要。

三是经济性。应充分考虑系统的性能价格比，在满足需求的前提下，应选造价最低的系统。

四是开放性。整个网络采用客户机/服务器分布式结构，系统功能的扩充不影响系统其他部分的正常运行。

五是可靠性。整个网络系统的运行应稳定可靠，便于维护。

2. 验收和记账立卡

搞好设备验收，可以保证仪器设备及时投入使用，避免合同纠纷和不必要的经济损失。一切设备、材料采购到货后，要将发货票、说明书、附件等一并交器材库管理人员详细查询、验收。具体来说，验收工作包括以下主要内容。

一是清点数目。可依据订货合同单、装箱单、提货单、货物发票、技术文件或说明书等进行清点。

二是外观检查。直观检查设备器材及其附件外形的完好程度，如发现外观受损，应进一步检查和分析损坏的原因及程度。

三是性能检查。这是验收工作的最关键和最重要的环节。通过测试和运行，确认或证明设备器材所达到的性能和精度。

四是大型、精密、贵重进口仪器设备验收。这类设备的验收必须先经过开机试运行，设备试机后要写出简要的试机报告，由参试人员签名备查。而对于一般的工具、材料只需填写“入库单”，并在确认有关票据与实物数量、质量相符后，进行记账入册。

五是写出验收报告。将开箱检查、安装、调试等重要情况及各项测试数据进行归纳总结，再由验收主持人写出结论性意见并签名(为设备管理部门提供处置依据)。

设备验收合格后，要建账、立卡。这是掌握设备器材数量、质量、资产和分布状况的基本手段。设备器材账册、卡片主要有以下几种：教学设备固定资产账、教学设备分户账、低值易耗品器材账、物资物品账、固定资产设备卡片。其中设备卡片是管理部门在单台设备投入使用后建立的固定资产凭证，详细记录了设备的购置、使用和归属状况，是一种准确、简便易行的管理形式。设备卡片一式三份，分别由设备管理部门、使用部门和使用保管人保存。

3. 保管与使用

一切设备、仪器、工具、材料等都是国家财产，一定要保管好，避免造成积压、损坏、发霉、变质、过期等浪费现象。保管时要使各种设备、仪器等器材井井有条地存放，需要时能方便快捷地找到；并且做到心中有数，知道各种设备的质量状况，以及哪些设备(包括已从库房借出，或在某部门使用的设备)需要更新等。

这些设备器材的主要作用是为教学提供物质条件，保证学科的教学需要，因此使用是关键环节。一切设备与器材的保管都要方便教学使用。大型、贵重、精密仪器应由熟悉该仪器的专职技术人员负责保管和使用，并严格遵守操作规程、做好使用记录。对待小工具等器材，使用者也要爱护并防止丢失。

将计算机辅助管理引入学校的设备管理是当前学校硬件设备管理的总趋势，这有助于准确掌握学校的各种设备状况，特别是能快速了解设备的保管员和使用信息。

4. 维护与修理

保证仪器设备的完好，保证有故障的仪器设备能及时修复使用，这不仅是节约，甚至等于投资；反之，就会造成极大的浪费，影响教育技术工作的正常开展。设备器材的维护、修理工作主要有：

①为设备器材放置提供合适的环境条件。例如库房要有足够的面积，要有良好的通风条件，并能防火、防盗、防尘，有的还要求能隔磁等；

②做好日常维护工作；

③定期进行技术保养；

④及时进行设备维修，一旦仪器、设备出现故障，应立即停止使用，报告主管，并送技术室或维修室检修，不得私自拆卸。

5. 计算机房管理规章制度

要搞好设备管理，必须建立必要的规章制度，做到有章可循、有法可依。下面以计算机房管理和校园网安全管理的规章制度为例进行介绍。针对目前学校机房管理的现状及需求，机房管理的规章制度应包括以下几个方面。

一是基本资料管理：包括学生资料(所属系别、专业、年级及其他个人情况)、账户资料、管理员资料、电脑资料等，机房管理人员应能完整掌握机房管理的各方面信息。

二是用户上机管理：包括用户上机收费管理、账户挂失解除管理及上机预约管理。

三是辅助决策管理：可以实现对电脑的使用情况、用户的上机情况、用户的缴费情况及电脑配置情况的自动分析，便于机房管理人员全面掌握情况，更有效地利用机房资源，合理地安排学生上机。

四是在线监视管理：可以在线监视所有用户的开、关机情况和登录、登离情况及在线查看电脑或其使用者的详细资料，当用户忘记刷卡下机时还具有强行登离的功能。

五是安全管理：主要包括权限的设置和上机登录口令的修改。

6. 校园网安全管理规章制度

校园网是学校重要的基础设施之一，为全体师生员工提供了一种先进、可靠、安全的计算机网络环境，为了充分发挥校园网的作用，有效支持学校的教学和各种管理活动，校园网管理应遵循以下条例。

第一条，校园网的所有工作人员和用户必须遵守国家有关法律、法规，严格执行安全保密制度，并对所提供的信息负责。

第二条，任何个人不得利用计算机网络从事危害国家安全、泄露国家机密的活动；不得查阅、复制与传播有碍社会治安和伤风败俗的信息。

第三条，校园网的所有工作人员与用户必须接受并配合学校治安部门依法进行的监督检查和采取的必要措施。

第四条，校园网实行统一管理、分层负责制。网络中心对校级资源进行管理，各系、处、部门管理人员负责对系、处、部门级资源进行管理，计算机系统管理员负责对各计算机系统进行管理。

第五条，严禁任何用户擅自联入校园网，入网单位和个人要办理入网登记手续，并签署相应的信息安全协议。

第六条，各单位设专人负责审查上网信息，严禁涉及国家机密的信息上网。

第七条，校园网工作人员和用户在网络上发现有碍社会治安和不健康的信息时，有义务及时上报网络管理人员并自觉立即销毁。

第八条，校园网各级管理机构应设立网络安全员，负责相应层级的网络安全和信息安全工作，并定期对网络用户进行有关信息安全和网络安全的教育。

(二)软件资源的管理

软件资源是指各种媒体化的教学材料和支持教学活动的工具性软件，是教学资源的重要组成部分之一。软件资源的不断丰富及有效的管理和应用，对于扩大教学规模、提高教学质量和教学效率、培养现代化建设人才，起着十分重要的作用。

随着科技的发展，新的传播媒体不断问世，储存知识及传授知识有了更多的手段，获取的知识也日益增多，教学内容的表达方式更为丰富。可以说，教材的形式和体系已经从印刷类扩展到非印刷类。非印刷资料在传播知识的作用方面与普通图书、文字印刷资料基本相同，但具有形象直观、传播迅速等特点。非印刷类教材包括教学幻灯片、投影片、录像带，以及信息技术方面的媒体素材库、题库、课件库、网络课程库、案例库等。对于传统印刷资源的管理和常规的非印刷资源的管理，人们已经非常熟悉，所以下面我们只讨论非印刷资源中信息技术资源的管理，特别是网络软件资源的管理。

网络软件资源类型包括五个大的类别：教育教学资源库、资源产品展示库、电子图书库、工具软件库、影片库。其中教育教学资源库是以《教育资源建设技术规范》或《全国中小学远程教育资源开发标准》为依据，并进一步划分为多媒体素材库、题库、案例库、课件与网络课件库、网络课程库、文献资料库等六类，内容包含多媒体素材、试题、案例、课件、网络课程、文献资料这六种与教育密切相关的教育教学资源。资源产品展示库是结合电子商务将与资源相关的产品进行展示，提供在线预览、订购，采用 B2B 和 B2C 相结合的方式提供给下级教育行政部门或学校，同时也可通过直接面向用户(采用会员制)等多种方式做到资源的有偿使用。电子图书库是采用电子类图书的在线浏览或下载浏览的方式将各类书籍在网上提供给用户，以避免重复购书及携带书籍的烦琐。工具软件库提供常用的共享软件及各类硬件的驱动程序，方便用户使用。影片库是将各类影片根据不同播放格式，不同类型分类存放，用户可选择在线播放或下载。

1. 软件资源质量管理

软件资源的质量，直接关系到教学的效果和效率。质量管理是教育技术管理的核心。因此，必须重视抓好软件资源质量管理工作。

(1)软件资源的质量要求

对软件资源，要从其思想性、科学性、教育性、艺术性和技术性五个方面来要求。其中软件资源的思想性、科学性、教育性是主要的，技术性和艺术性应该服从于前三个方面的要求。

(2)软件资源的审定

对于在课堂教学中使用的软件资源，特别是在中小学课堂使用的软件资源，必须经过有关机构审定后才能出版发行和投入使用。具体审定方法要参照教育部的有关规定执行。

(3)软件资源的出版发行和用户评价

对于软件资源，要做好出版发行的管理和用户评价等工作。它是促进软件资源建设，提高软件资源质量的重要措施。

2. 软件资源库

软件资源库管理系统应具备下列管理功能：

①要保证用文字、图像、动画、音频、视频等多种媒体表达的典型案例或教学素材能方便、完整、规范地储存，并提供快速、准确、灵活的查询、检索和下载方式；

②要提供一个开放性的环境，以便能随着教学改革和学科建设的需要不断充实、完善；

③要提供一个高效的网上素材查询、检索和传输、下载的管理环境；

④要有较强的用户管理、权限管理、计费管理等系统管理功能；

⑤可以实现信息的全文检索和分类检索。

3. 软件资源内容管理

(1)媒体素材库内容的管理要求

①保证内容的安全性和可靠性；

②媒体素材内容的建立基于面向教育的元数据模型；

③提供高效搜索各类媒体素材的功能；

④提供由相关的各类媒体素材构建成不同教学内容的构建模型和有效设计方法；

⑤对构建好的素材内容提供下载或压缩下载功能；

⑥支持最大并发访问能力；

⑦保证系统的可扩展性。

(2)网络题库内容的管理要求

①保证内容的安全性、保密性和可靠性；

②支持最大并发访问能力；

③保证系统的可扩展性。

(3)课件库、网络课程库内容的管理要求

①保证内容的安全性和可靠性；

②提供对内容的多种检索和在线运行等功能；

③提供对内容的直接提取使用功能；

④支持最大并发访问能力；

⑤保证系统的可扩展性。

(4)软件资源内容管理应具备的基本功能

①可不断增加和更新教学资源；

②满足各学科的课堂点播教学；

③满足学生个别化学习；

④支持网上协作学习；

⑤支持远程教学。

(5)软件资源的编目与保管

软件资源的编目与保管是软件资源内容管理的基础性工作。从不同渠道搜集的软件资源要按一定的规则加以有序编目和妥善保管，以便大家共享和使用。

(6)软件内容传输管理

①支持多媒体上传和下载功能；

②保证多媒体传输的安全性、稳定性和保密性；

③集成现有各种成熟技术和产品，保证传输的及时性和可靠性。

(三)教学资源管理方法

教学资源的管理和教学资源的利用是矛盾的两个方面，处理好两者的关系，可同时达到管理好教学资源(不丢失，不损坏)和使用好教学资源(方便师生利用，有较高的利用率)的目标。因此，就出现了两种管理方法：一是集中管理，二是开放式管理。

1. 集中管理

集中管理就是将大部分重要的图书资料、媒体、信息资源和软件资源集中于库房统一管理。学习者在使用时，须办理手续出借，或由学习者检索所需的信息源，然后再由集中管理的信息控制系统输出，这样学习者就可在相应区域的学习终端上进行学习。

可见，集中管理是加强了对教学资源的管理，但对学习者利用资源却增加了不少麻烦。当前大多数学校采用的就是这种管理办法。

2. 开放式管理

开放式管理是指资源中心的图书资料、硬件和软件资源完全开放，任由学习者选取，但应在资源中心内使用，在特殊情况下也可办理手续借出到中心外使用。这种管理办法，对管理人员来说是增加了管理的难度，而对学习者来说，则提供了方便，有利于提高教学资源的利用率和改善利用效果。有条件的学校应该逐步创造条件，采用这种管理办法，或部分采用这种管理办法。

二、教学过程管理

教学过程的涉及面很广，但是真正与教育技术关系比较密切的教学过程管理主要有三个方面：教学过程的信息化管理、学校综合信息管理和远程教育中的教学过程管理及系统管理。

（一）教学过程的信息化管理

为了帮助教师监测、调控、评价和指导学生的学习过程，为教师提供有助于做出正确教学决策的重要信息，以提高教学活动的效果与效率，有必要在教学过程中引入信息化管理。教学过程的信息化管理就是利用计算机的数据统计分析和信息处理功能来支持教师对教学过程的管理职能。通常也将教学过程的信息化管理称为计算机管理教学（Computer-Managed Instruction，CMI）。

CMI 发端于 20 世纪 60 年代中期，是教育科学、教育技术、管理科学和计算机技术四者相结合的产物。它的出现，和个别化教学模式在学校教育中的应用、行为目标概念在教学设计中的应用、现代教育技术的发展及现代管理思想的产生有很大关系。

第一，我们来看个别化教学模式对 CMI 产生的影响。从 20 世纪 60 年代到 70 年代，个别化教学在美国是教育界关心的热点。个别化教学要求根据学生的能力、兴趣、学习风格和学习速度等个人特点来安排教学，于是一个班级就有许多不同的教学计划，这就加重了教师在教学过程管理方面的负担。仅就学习进度而言，就需要为各学习小组或个人安排不同时间且内容不重复的许多练习和测验。

第二，再看行为目标概念在教学设计中应用所起的作用。这种应用要求对课程进行任务分析，将它分解为一系列较小的教学单元并规定每个单元教学应达到的具体行为目标，然后针对该目标来设计教学方法和教学活动，以保证学生能够可靠地达到，这就是教学设计的基本过程。此外，现代教育科学也已发展了一些教学策略和测评方法，可以比较可靠地把握教学进程和鉴定学生是否达到了相应的目标。在这样的教学过程中，需要进行测试、评分、诊断、处方和报告，这些工作若全部由教师来承担，将成为沉重的负担。

第三，由于现代教育技术的发展，产生了许多新的教学手段和教学形式，如幻灯、电视、录音、录像、CAI、网络教学等。如何合理地安排教学活动、调配学习资源和评价其效果，成为教学过程管理的主要内容，这也使 CMI 的发展成为必然趋势。

第四，由于现代管理科学的思想与计算机技术相结合，使 CMI 的实现成为可能。采用

“行为目标”的概念后，如果从管理科学的观点来看待教学过程，这样的过程就变得工艺化了(图 4-8 所示)，学生好比是生产线上的机器，吸收学习材料，产生行为目标；教师好比是生产线上的工人，其任务是投放原料(讲授)、监测机器(布置习题和批改作业)和检测产品(考评)。就像用计算机管理生产线一样，教学过程中的许多管理任务也可由计算机来完成。

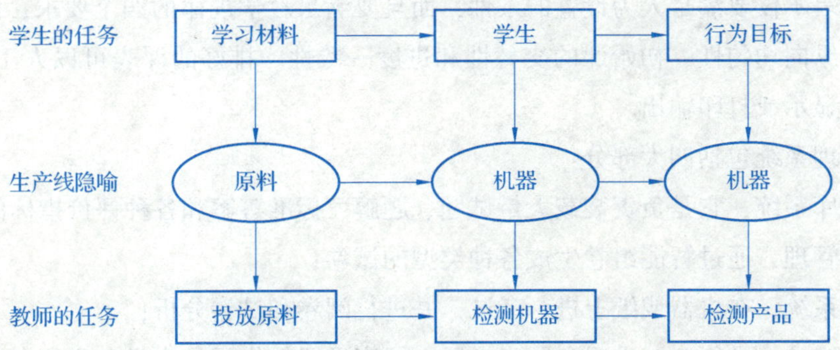

图 4-8 教学过程管理的工艺化隐喻

综上所述，由于教学进程的异步性与教学活动的多样性，迫使教师必须同时成为教学过程的管理员，这就使 CMI 的运用显得非常必要；与此同时，由于信息技术的发展，又使 CMI 的实现成为可能，这样 CMI 就应运而生了。

目前，世界上已开发了许多 CMI 系统，许多大型计算机教育应用系统中都有 CMI 子系统进行教学过程管理。随着信息技术的日益普及，CMI 的应用也在迅速发展，它将成为现代教育技术领域的重要研究方向之一，在教学过程中发挥不可或缺的作用。

(二)学校综合信息管理

学校综合信息管理由教职工信息管理、教务管理、学籍管理、图书管理、总务管理和学校概要信息管理等功能模块组成。

1. 教职工信息管理

教职工信息管理包括教职工人事档案(教职工基本情况、个人简历、配偶及子女情况、考勤管理、工作量管理和异动情况)、业务档案(教学、工作安排、兼课兼职、科研、论著管理、奖惩情况和考核管理)和继续教育(自修情况、进修情况和培训情况)等数据的录入、修改、查询、统计分析、上报及发布。

信息输入方式可采用代码方式或键盘方式，可按人逐个录入或按项目成批录入。管理者可通过系统快速、准确地进行查阅、统计、分析、汇总、上报、发布信息。系统本身提供开放式的功能，用户可根据学校的实际情况方便地修改库内容，建立自己所需要的档案库。

2. 教务管理

教务管理包括教学计划管理、自动排课表管理和题库管理等。

教学计划管理主要反映了各年级、各系统全校教学计划的制订和执行情况。

自动排课表是指由计算机根据教学规律、课程特点、教师和学生的特殊要求、课时安排，以及班级和教师条件等各种限制因素，自动排出能满足上述多方面要求和限制的课表。所排课表不仅要满足人为设置的条件，而且要满足教学规律的四个要求，即课表的横向均匀性、纵向均匀性、初始课的交替性和进度一致性。排好的课表可以人工加以调整，并可在屏幕显示或打印输出。

题库管理系统包括四大部分：

①试题库系统，它是负责装载大量试题、题解、标准答案和各种评价指标的数据库；

②试卷管理，通过智能组卷生成各种类型的试卷；

③考试系统，在机器或纸上进行考试，并进行阅卷和试卷分析；

④系统维护，进行口令设置和题库设置，题库设置的作用是满足各学科各年级教学的平时练习、测试、水平考试与选拔考试的需要。

具有智能性的题库管理系统，既可根据各种测试目的和要求由系统方法配合人工辅助产生各种水平的试卷，又能由测试结果对试卷进行标准化分析。各学校还可根据本校的实际情况增加或创建适合自己学校使用的题库，并利用系统提供的组卷方式进行题库管理。试题库系统包括题目录入、答案录入、题库维护、查询检索、题库备份、题库装入等模块；试卷管理包括智能组卷、人工组卷、选码组卷、试卷调整、试卷输出、生成考试盘等模块；考试系统包括人工阅卷、光电阅卷、自动阅卷、试卷分析和统计分析等模块；系统维护包括口令设置和题库设置等模块。

3. 学籍管理

学籍管理包括在校学生和毕业生档案(基本情况、个人简历、家庭基本情况、奖惩情况、考核情况、考勤、异动)管理及学生成绩档案管理(也包括学生信息的录入、修改、查询、统计分析、上报、发布)。

4. 图书管理

图书管理包括图书采购、编目、检索、借阅、催还、报损和报刊管理等功能，可以满足一般学校图书馆、资料室的需要。学校可采用条码识别器和C卡以提高流通速度；使用系统提供的检索程序可方便学生检索书目。

5. 总务管理

总务管理包括资金管理(经费管理、工资管理)、校产管理(地产管理、房产管理、设施管理)、教职工住房管理、设备管理(购置、编号、使用情况、折旧、报损、处置管理)、程控电话管理、校办食堂管理、校办产业管理、修缮及维护管理(计划安排、项目管理、经费管理）等内容。

6. 学校概要信息管理

学校概要信息管理包括学校基本情况（学校概况、校史、大事记）、学校办学特色、学校组织架构（行政架构、组织架构、学术团体）、学校达标情况、校友联络等数据的录入、修改、查询、统计分析、上报、发布。

7. 报表统计与信息交流

信息处理由系统报表、信息交流等模块组成，完成报表制作、信息发布和下载等功能。

一是系统报表：包括教育部定制报表、各地区定制报表和用户自定义报表。用户自定义报表是用户根据需要而定义、制作的报表，定义好后可保存起来、导入和导出，与教育部统计报表一起统计，此报表可修改和删除；用户自由报表与用户定制报表相似，但不保存定义，报表一次性使用。对教育部定制报表和用户定制报表，实现单张报表统计和成套报表统计两种方式。

二是信息交流：包括公文、报表、信息等网上发布和下载，由数据导入导出、数据上报、因特网功能等模块组成。

8. 系统维护

系统维护由用户管理、数据维护、代码维护、数据交换、工具等模块组成。由于用户安装的模块不同，系统维护的内容也有所不同。系统维护模块可根据维护内容做成积木式，用户选择安装的模块不同，维护的内容就可自动变化。

一是用户管理：系统用户按操作权限分为三个等级：超级管理员、系统管理员和一般用户。一般用户对各子系统（除系统维护外）的操作权限由超级管理员或系统管理员设置；系统管理员享有整个系统的所有操作权限；超级管理员一般指使用该系统的主管领导，是具有最高权限的用户，除具有系统管理员所享有的操作权限外，还拥有对系统管理员的操作锁存和口令修改权限。

二是数据维护：系统初始化是对所有基本信息库和所有统计报表清空；数据备份和恢复是对基本信息类的所有信息库、系统信息类的报表信息库、用户信息库、用机记录库等进行数据备份和恢复。备份数据使用压缩格式。

三是代码维护：系统数据字段大部分都以代码方式录入，如科室代码、专业代码等，这些代码在某些情况下需要修改或增删，因此，要求系统具有代码维护功能。对于已列入教育部原统计报表统计项目的代码值，系统不能改动，除此之外可以修改、删除。任何情况下均可增加代码。

四是工具：包括计算器、编辑器、绘图板、日历和时钟等，这些工具可供辅助设计和制作报表之用。

五是打印输出：预览和打印各种报表、图表、清单。

(三)远程教学过程管理及系统管理

网络通信技术在教学中的应用使得网络教学逐渐成为远程教育的主导形式，探索基于网络的远程教育中的教学过程管理模式及系统管理模式是教育技术管理的重要课题。

1. 教学过程管理

远程教育中的教学过程管理主要涉及学生管理、教师管理及专业和课程管理等三个方面。

一是学生管理，包括学生入学管理和学生学籍管理。学生学籍管理提供学生注册、上课、考试、成绩、毕业、学位等环节的管理。

二是教师管理，包括教师远程教学管理、教师任职资格审查、教师任课及授课管理和教师考核及评价管理。

三是专业及课程管理，包括专业设置和专业教学计划管理、课程设置和课程计划管理，以及相应的教学计划、课程大纲及课程内容的发布功能。

2. 远程教育的系统管理

远程教育的系统管理主要涉及用户管理和网络系统管理。

(1)用户管理包括：

①用户组别管理；

②基于分组的用户管理；

③用户注册和用户账号管理；

④用户授权和认证管理；

⑤相关信息管理；

⑥审计管理(跟踪记录用户行为数据，并以此为依据进行分析和统计)。

(2)网络系统管理包括：

①网络故障管理；

②网络配置管理；

③网络性能管理；

④网络计费管理；

⑤网络安全管理。

三、项目管理

教学技术管理范畴最早是从对教学媒体的管理演变而来的。随着教学技术理论与实践的不断发展，教学管理技术领域的内容也不断丰富，特别是大型教学系统开发项目和网络资源库建设项目越来越多，于是产生了项目管理的需要。项目管理是指对项目开发过程的计划、监督与调控。

为使项目开发获得成功，项目管理者必须对项目的立项、工作范围、需要的资源、要实现的任务、所需的工作量(成本)、进度的安排和可能遇到的风险等做到心中有数——这就涉及项目开发的计划。有了计划就要去实施，要保证项目实施顺利，又离不开监督与调控。项目管理始于技术工作开始之前，并在项目从开始计划到最终实现的过程中持续进行。

由于项目的大小和复杂程度不同，所需资源、开发周期、技术难度、人员构成等方面也会有所不同，因此，难以对各种类型的项目管理逐一介绍。网络资源库的建设与管理是当前远程教育和基础教育信息化的热点，具有教育技术项目管理的典型特点，要通盘考虑学习资源管理、教学过程管理。下面，我们就结合网络资源库建设项目管理的有关内容对项目管理做较全面的介绍。

(一)网络资源库建设项目计划

网络资源库建设项目的计划包括定义项目的目标及达到目标的方法。计划应力求完备，所以涉及项目实施的各个环节，要考虑到一些未知因素和不确定因素，还要考虑可能的修改；计划还要力求准确，尽可能提高所引用数据的可靠性。

1. 网络资源库建设项目估算

网络资源库建设项目管理过程开始于项目的计划。在做项目计划时，第一项活动是估算，目前使用的方法是对时间、资源和工作量进行估算。估算本身带有风险，所以估算资源、成本和项目进度时需要有丰富的经验、相关的历史信息和足够的定量数据支持。估算的精确程度受到多方面因素的影响。首先，项目的复杂性对于网络资源库所涉及的各种软件计划的不确定性影响很大，复杂性越高，估算的风险就越高。复杂性是相对度量的，与项目参加人员的经验有关。其次，项目的规模对于估算的精确性和功效的影响也比较大，因为随着软件规模的扩大，软件相同元素之间的相互依赖、相互影响也迅速增加，因而估算时进行问题分解也会变得更加困难。最后，项目的结构化程度也影响项目估算的风险，这里的结构性是指功能分解的简便性和处理信息的层次性，结构化程度提高，估算的精确程度也随之提高，相应风险将减少。此外，影响估算的因素远不止这些，比如，用户需求的频繁变更，会给估算带来非常大的困难。

估算的依据是软件的功能、性能、限制、接口和可靠性等因素。在估算开始之前，应对软件的功能进行评价，并对其进行适当的细化以便提供更详细的细节(由于成本和进度的估算都与功能有关，因此常常采用功能分解的办法)；性能的考虑主要包括处理和响应时间的要求；约束条件限制主要有相关硬件、可用存储和其他现有系统对软件的限制。

网络资源库建设项目计划还要完成资源估算，包括人力资源、硬件资源和软件资源。在估算各种资源时最重要的是人力资源，必须考虑人员的技术水平、专业、人数及在开发过程各阶段对各种人员的需求。工作量估算是最普遍使用的技术。经过功能分解之后，可以估计出每个分解后的子任务需要花费的工作量，总计之后就知道网络资源库项目总体工作量。

2. 网络资源库建设

(1)设计网络资源库的模块化结构

网络资源库的使用与组织建设总是以学科为中心，在建设时应以学科为依据，在使用时则按照学科分类检索。但对于资源的内部存储，由于同类资源具有基本相同的属性，故采用分类存储与管理的方式。

建立网络资源库的首要问题是采集相关资源。采集之前要先进行需求分析，确定所需要的资源内容和媒体类型，然后依据《全国中小学远程教育资源开发标准》或《教育资源建设技术规范》进行分门别类的收集、整理和存储，这部分内容在第四章已经做过简要介绍。为了能够按照教学的要求对这些资源进行管理，网络资源库要提供相应的管理系统，即资源管理(包括媒体素材库的管理、题库管理、案例库的管理、课件库管理、文献库管理、网络课程的管理等)和系统管理(包括安全管理、网络性能管理、计费管理、故障管理等)。这两个子系统为三类用户(教师、学生、管理员)提供资源检索、资源发布、资源审核、权限管理及计费等多个方面的服务。

(2)资源管理系统应具有的功能

资源管理系统要完成所有类型的资源管理功能，包括资源的索引编制、发布、修订、删除、传输、审核和检索等。如上所述，资源按照学科组织建设与使用，但按照物理属性分类存储与管理，它包括五个模块：试题管理、案例管理、媒体素材管理、网络课件管理、文献资料管理，分别完成五种类别资源的管理。资源管理系统应该具备的具体功能有以下九种。

①对各种资料进行查、录、删、改的基本功能。支持单键查询功能，对于文本素材，也就是关键词的全文检索功能；其他类型的素材，以布尔逻辑查询所有类型匹配的属性字段；对于不同子类型的素材，应能自动适应其特殊属性(出现并加入检索项)。录入资料应具备两种形式：单个资料的随机录入、大量资料的批量录入。管理员权限要具备将冗余或者错误的内容删除掉的功能。还要具备修改错误、过时信息等内容的功能。

②素材检索引擎功能，应包括布尔查询、关联查询的段落定位查询、精确查询、模糊查询并支持通配符。

③对于多媒体素材应集成多媒体音频影像查询功能。例如可采用“关键帧捕获”技术，根据多媒体资料中场景的变化自动选择出关键帧，用于预览或建立索引以便查询。

④要具备良好的导航及检索预览功能。

⑤具备素材的远程提交功能，用户可以通过互联网络远程提交素材。

⑥对于每一个素材，都要有相关素材的显示功能，相关素材显示可按学科类型、作者或关键词等索引。

⑦评论录入及显示功能。对于每一个素材内容使用者都可以对其发表评论，并能查看他人所撰写的评论内容。

⑧支持多文件压缩下载功能。当用户选择多个图形下载时，系统能自动将图形文件压缩成一个自解压的可执行文件供用户下载。

⑨支持多媒体上传和下载功能。保证多媒体传输的安全性、稳定性和保密性；集成现有各种成熟技术和产品保证传输的及时性和可靠性。

(3)系统管理应具有的功能

为了保证教育网络资源库系统的正常运行，需要提供强大的系统管理功能，包括用户管理、权限管理、计费管理、分布式系统管理等。

①用户管理。包括用户组别管理；基于分组的用户管理；用户注册和用户账号管理；用户授权和认证管理；策略信息管理。

②网络故障管理。包括提供故障的跟踪记录；分析并排除故障；保证网络提供连续可靠的服务。

③网络配置管理。硬件平台应满足教育资源建设技术规范的要求及可扩充性要求；能够动态维护网络配置数据库。

④网络性能管理。包括收集影响网络性能的数据；提供对历史数据的分析、统计和挖掘功能；提供调整网络拓扑结构和配置的功能。

⑤网络计费管理。提供采集计费源数据的功能；提供计费策略管理功能；提供计费项目的管理功能；计费项目又包括：学习内容、学习时间、多媒体信息流量、传输的区间、使用的服务方式等项目；可按时或实时自动更新用户费用并提供账单的查询和统计功能(以报表形式或其他形式)。此外，还提供计费的数据分析和数据挖掘功能。

⑥网络安全管理。包括提供用户身份认证；提供安全传输模式；提供认证服务器管理(由认证服务器负责发放符合标准的数字证书，并管理密钥和证书)等功能。

⑦统计与分析。跟踪记录用户行为数据，并以此为依据进行分析和统计。

⑧分布式复制代理。定义本资源中心与下一级资源中心的数据交换接口标准；开发软件代理，并用于在分布式系统之间复制和检索数据。

(4)资源库目录服务系统的体系结构

资源库目录服务系统存在两种体系结构，一种是集中管理，这种体系结构的优势在于资源集中存储，用户可以检索所有的资源索引，可以检索完整的教学资源库，但它存在一些不可回避的问题——如果集中存储、集中使用，必然会出现资源中心的堵塞现象，从而导致资源的可利用性不高。资源集中存储，资源管理与维护的任务集中到资源中心管理机构，这需要一个庞大的组织机构来承担，需要庞大的资金来配置中心的硬件设备、维护中心机构的日常运转。另一种是分布管理，即将资源分散存储在资源制作与开发单位，并且对已有的学科资源就地加以改造和整合，形成物理存储分布，逻辑功能集中的分布式资源系统，这可以避免资源中心的堵塞问题，也可以减轻中央管理机构的负担，但这需要解决省级资源中心拥有资源的完备性问题，不能让用户只能在资源库中检索到部分资源，而其他资源，需要自己在成百上千个资源站点间切换；分布式资源系统的资源完备性应该对用户透明。一般来讲，资源库目录服务系统常常采用既集中，又分布的特殊的存储方案。

(5)资源库系统的逻辑结构

资源库管理软件是服务器端管理软件，服务器端管理软件负责整个资源库的管理和维护，同时提供和客户端浏览器的接口。服务器端管理软件应具有以下功能：

①查询、修改资源库的目录数据库；

②浏览并能全文检索资源库中的内容；

③读取和下载资源库中的内容；

④剪辑资源库中的内容；

⑤为远程教学支持平台中的其他模块提供接口。

3. 网络资源库建设项目进度安排

网络资源库建设项目的进度安排主要是考虑从开始开发到交付用户使用的这一段开发时间的安排。进度安排的准确程度可能比成本估计的准确程度更重要。网络资源库可以靠重新定价或者靠大量的销售来弥补成本的增加，但进度安排的落空会导致市场机会的丧失或者用户不满意，而且也会导致成本的增加。因此，在考虑进度安排时要把人员的工作量与花费的时间联系起来，合理地分配工作量，利用进度安排的有效分析方法，严密监视网络资源库建设的进展情况，以便使开发的进度不致被拖延。

在安排进度时要考虑的一个主要问题是任务的并行性问题。当参加项目的人数不止一人时，开发工作就会出现并行情况。因为并行任务是同时发生的，所以进度计划表必须决定任务之间的从属关系，确定各个任务的先后次序和衔接，确定各个任务完成的持续时间。另外还应注意关键路径的任务，这样便于确定在进度安排中应保证的重点。

(二)网络资源库建设项目组织机构

各种网络资源库建设项目的规模和复杂程度并不相同，从地理范围上划分，共包括学校层次、地市层次、省级、国家级、全球范围等五级网络资源库。较大的网络资源库建设项目须成立完整的项目组织机构，即应建立项目管理委员会，下设项目管理小组、项目评审小组和相关软件资源产品开发组；项目管理的组织机构可随需要而改变。

1. 项目管理委员会

项目管理委员会是项目管理的最高决策机构，一般由该单位的主要领导和有关管理人员组成。主要职责如下：

①依照项目管理制度，管理相关项目；

②监督项目管理制度的执行；

③对项目立项、项目撤销进行决策；

④任命项目管理小组组长、项目评审小组组长、相关软件资源产品开发组组长。

2. 项目管理小组

项目管理小组对项目管理委员会负责，一般由管理人员组成。主要职责如下：

①草拟项目管理的各项制度；

②组织项目阶段评审；

③保存项目过程中的相关文件和数据；

④对优化项目管理提出建议。

3. 项目评审小组

项目评审小组对项目管理委员会负责，可下设开发评审小组和产品评审小组，一般由技术专家和市场专家组成。主要职责如下：

①对项目可行性报告进行评审；

②对市场计划和阶段报告进行评审；

③对开发计划和阶段报告进行评审；

④项目结束时，对项目总结报告进行评审。

4. 软件资源产品开发组

软件资源产品开发组对项目管理委员会负责，关于教育软件资源产品开发组的职能及人员组成说明如下。

①策划：项目策划者也是项目的组织者，所以应由本软件产品开发组组长担任。主要负责课件的选题、定位、总体创意和成品的质量。

②教学设计：由学科专家或优秀教师负责。工作内容包括课件的总体结构设计，撰写课件的内容，提供教学用的各种素材；并要保证内容的教学性和科学性。

③结构设计：由有经验的专业开发人员承担。主要负责课件的总体结构设计，并要保证课件的可表现性。

④软件开发：由熟悉开发平台的软件开发人员承担。主要负责课件模块和内容的连接，解决课件开发中的各种技术问题，保证课件的可使用性。

⑤素材加工：由熟悉各种素材加工工具的专业开发人员承担。主要负责课件的视觉和

听觉效果，可分为美术设计、音响设计、动画创作、视频录制、视频编辑、图像加工、声音加工等七个加工小组。

（三）网络资源库建设项目开发过程

网络资源库建设项目开发过程的跟踪、建设、质量监控和进度控制是整个工程活动的重要组成部分。网络资源库项目中某些子任务的拖延会对整个项目带来致命的影响。项目管理的重要任务是对已经开工的项目进行跟踪和控制。网络资源库项目管理人员处理开发过程中出现的问题，并领导其下属项目组成员按计划和要求工作。有经验的项目管理人员经常采用的跟踪方式有以下五种。

①定期召开项目工作会议，让每个小组成员汇报任务进展情况和出现的问题。

②在网络资源库开发过程中，请专家和用户按照计划进度评审阶段性的成果，判定开发进度是否与网络资源库项目规定的计划进度保持一致。

③对照目标任务的层次网络图检查各子任务的实际开始时间是否与计划时间一致。如果拖后，应查明原因，尽快采取措施，利用机动时间赶上进度，尽量不要影响后面的计划。

④向项目开发人员及时了解项目进展情况及存在的主要问题。

⑤管理人员希望项目能够按照进度表的要求，在预算范围内正常进行；一旦发现问题，管理人员应迅速查明原因，尽快采取措施，争取在尽可能小的范围内解决问题。

（四）网络资源库质量管理

随着项目的规模越来越大，质量问题显得越来越突出。质量的控制不单单是一个软件测试问题，在开发的所有阶段都应该引入质量管理。为此应制订质量保证计划，确定质量管理的基本原则，把握好影响项目质量的各种因素，严格评审制度。项目评审并不只是在开发完毕后才进行，而是在开发的各个阶段都要进行评审。

（五）网络资源库风险管理

软件项目管理总是存在着风险，但如果我们事先考虑到各种风险，并且有所防范，就可以最大限度地减少风险。进行风险管理，首先要根据风险内容，如项目风险（成本提高或时间延长）、技术风险（技术不成熟）、商业风险（销售有问题）、管理风险（管理不到位不得法）、预算风险（预算不准确）等，进行风险的识别和评估，然后再进行有效的风险驾驭和监控。

四、知识管理

随着网上学习资源的不断丰富，如何将这些网络资源进行良好的组织和管理，以便学生的查询、检索和学习，实现知识的高度共享，是教育技术管理领域中有关知识管理部分所要重点研究与解决的问题。

本节首先介绍知识、知识管理的含义和原则，然后结合各种网络学习理论，论述知识管理在网络学习中的作用。

(一)知识与知识管理概述

1. 知识的含义

《辞海》中将“知识”定义为“人们在社会实践中积累起来的经验”，并指出“从本质上说，知识属于认识的范畴”。国外有些学者认为，知识是一种能够改变某些人或某些事物的信息，既包括使信息成为行动基础的方式，也包括通过对信息的运用使某个个体(或机构)，有能力改变或采取更为有效的行为方式。

知识具有可共享性、非磨损性、无限增值性、二象性、主观性等一系列和普通物质不同的特殊性质。从使用角度进行划分，我国一般将知识分为三类：来源于生产实践的知识、来源于社会实践的知识及来源于科学实验的知识。国外有些学者将“知识”归纳为事实知识(Know-what)、原理知识(Know-why)、技能知识(Know-how)和人力知识(Know-who)四种类型；有人进一步将知识划分为两大类别：显性知识和隐性知识。

所谓显性知识，是指可以通过常规的传播方式进行传递，能够固化于书本、磁带、光盘等媒体介质中的那部分知识。关于 Know-what 和 Know-why 的知识基本属于显性知识。所谓隐性知识，是个人或组织经过长期积累而获得的知识，这些知识不易用言语表达，缺少外化的物质载体，传播给别人也很困难。关于 Know-how 和 Know-who 的知识通常属于隐性知识。如果说显性知识是“冰山的尖端”，那么隐性知识则是隐藏在水面以下的大部分，它们比显性知识更难以发掘，却是知识的精华和个人能力的决定性因素。知识管理中的一个重要观点，就是隐性知识比显性知识更完善、更能创造价值，隐性知识的挖掘和利用能力，将成为个人和学习组织成功的关键。

知识不是一个简单的、各种信息和各种经验的无序集合，而是一个动态的、与人或组织相交互的系统。只有在人的使用过程中，知识才体现出其价值，才成为有实践意义的、真正的知识。由于人类具有遗忘的特性，遗忘就意味着无法使用，知识也失去了它的价值。所以要想充分利用知识，无论是个人还是社会，必须对知识进行条理化的管理，以便于记忆，便于人们随时使用和学习。

2. 知识管理的含义

知识管理是将可得到的各种信息转化为知识，并将知识与人联系起来的过程。知识管理就是要对知识进行规范管理，以利于知识的获取、整合和重新利用。知识管理的基本活动包括对知识的识别、获取、分解、整合、使用和存储。在教育领域，知识管理就是要将各种教学资源转化为具有网状联系的规范的知识集合，并对这些知识提供开放式管理，以实现知识的有效利用和共享。

3. 知识管理的原则

根据知识的含义，在知识管理过程中需要把握积累、共享和交流三个原则。知识积累是知识管理的基础，只有一定数量和质量的知识资源才谈得上管理；知识共享是使学习组织的每个成员都能接触和使用知识库中的知识和信息；知识交流则是要求每个知识的使用者都积极贡献自己的知识，以建构更大规模的知识库，知识交流是使知识体现其价值的关键环节。

(1)积累原则

无论对于学习组织或学习者个人，知识积累都是实施知识管理的基础。特别是一个学习组织，自它运行的第一天起，就会有很多的信息和知识提供。如果没有积累，这些信息和知识就会随着时间的流逝或者人员的变动而消失。正是这些信息和知识逐渐的积累，才促成了个人和社会的发展，形成了社会的文化。因此，学习者与学习组织一定要注意信息和知识的积累。这是进行知识管理的首要条件。由知识积累而形成的知识库、信息库，也是知识管理的主要对象之一。

(2)共享原则

知识共享，是指一个学习组织内部的信息和知识要尽可能公开，使每一个学习者都能接触和使用其他学习者提供的知识和信息。知识就是力量，但力量不是来自保密的知识，而是来自共享的知识。与其他固化的物质不同，知识不具独占性，即把知识传送给别人后，传播者还拥有这种知识；甚至通过知识的交流，知识传播者的知识还会增加，从而发生价值增值。另外，知识有主观性，对一个人没有多少价值的知识或者经验，可能对另一个人是非常宝贵的；知识的共享，有利于整个学习组织的共同进步。

(3)交流原则

知识管理不但要积累知识、共享知识，知识管理的精髓还在于它能够提供交流知识的空间。知识管理就是要在学习组织内部建立一个有利于学习者交流的组织结构和文化氛围，通过某种机制，使学习者能够充分地交流和沟通。这样才能最大限度地使信息与知识在交流过程中得到融合和升华，使知识交流者得到启发和提高。如果说知识的积累和共享解决了显性知识的传播问题，那么知识的交流将使隐性知识也在不同程度上得到传播。提倡交流是知识管理的三个原则中处于最高层次的原则。

(二)知识管理工具

知识管理工具是实现知识的生成、编码和转移的手段和方法。知识管理工具不仅具有数据、信息管理工具的全部功能，而且能为使用者提供理解信息的语境，以及各种信息之间的相互关系。例如信息管理工具可以存储一幅齐白石的名画，而知识工具不仅帮助我们完整地保存这幅画像，更重要的是，还能够帮助我们理解这幅名画的意义及价值。一般我们可以把知识管理工具分为知识生成工具、知识编码工具和知识转移工具三大类。

1. 知识生成工具

知识生成工具包括知识获取、知识合成和知识创新三大功能。目前，我们利用具有初步人工智能的搜索引擎和知识挖掘工具可进行知识的自动获取，利用类似 Idea Fisher 的工具将相关的词句组合起来，可帮助人们将分散的创新观点进行合成。但是，要想实现知识的创新还十分困难，目前还只能利用一些工具实现辅助性的知识创新。

2. 知识编码工具

知识在获取之后，只有通过共享和交流才能体现其巨大的价值。知识编码则是通过标准的形式表现知识，使知识能够方便地被共享和交流。不少知识管理工具将知识分为流程知识、事实知识、编目知识和文化知识四种，这四种类型的知识以隐性或显性的方式存在，并且保存于学习者和学习组织之中。知识编码工具的作用就在于将这些知识有效地存储并且以简明的方式呈现给使用者，使学习者和学习组织的知识更容易被其他人使用。知识编码工具一般可以分为知识仓库和知识地图两种。

3. 知识转移工具

知识的价值在于流动和使用。如果数量众多的学习者相互利用各自的经验和知识，那将会产生巨大的效益，因此知识的传播对于知识发挥能量是十分重要的。一般来说，学习组织内部知识的流动过程是：隐性/个人知识——显性/个人知识——显性/集体知识——隐性/集体知识。在知识流动的过程中，存在许多障碍，使知识不能毫无阻碍地任意流动。我们将这些障碍分成三类：时间差异、空间差异和社会差异。目前有些工具可以根据各种障碍的特点，在一定程度上帮助人们消除这样的障碍，使知识得到更有效的传播。

知识管理不同于信息管理，也不是资源的管理，它是通过知识共享、运用集体的智慧来提高应变和创新能力。对于教育技术来说，知识管理的实施在于建立激励学生积极参与知识共享的机制，增强学生个体和集体创造力的培养。随着知识管理理论的不断丰富和实践的不断深入，知识管理将会在网络学习活动中发挥更为重要的作用。

(三)知识管理对网络学习的作用

网络技术的发展日新月异，它对教学的影响也日益扩大。因特网这种现代媒体以其多媒体功能、交互性强并有丰富信息资源可以共享等宝贵特性，从诞生之日起就深受教育界特别是远程教育界的重视。在这种新媒体的强大技术支持之下，建构主义理论、认知灵活性理论等现代教育理论得到迅速的推广；协作式学习、发现式学习等新型教学模式得到充分的施展。因特网正从数据共享、信息共享逐步向知识共享的方向发展。目前，在因特网上已经建成了一大批网校、教育网站和教学资源库，这些资源对教师教学和学生学习都起到了不容忽视的作用。但是，这些网站和资源库往往只注意搜集大量的资源，而忽视按照一定的知识建构规律去管理这些资源；只注意资源库的建设，而忽视对学生来说更有价值的知识库的建设。下面，我们着重从对网络学习有较大影响的两个方面——学习理论和学习方式进行分析，从而阐明知识管理对网络学习的意义与作用。

1. 有利于学习者实现意义建构

自主学习和协作学习是学生实现意义建构的两种重要的学习方式。因特网提供了大量的学习资源，使学生自主学习变得更加方便，但近年来互联网的迅猛发展，又使各种教学资源显得过于庞杂，未经科学分类的信息很容易导致信息污染，而信息污染很容易使学生产生模糊的知识框架，使学生容易走入知识歧途，因而不利于学生的自主学习，也不利于学生将信息转化为正确的知识。可见，如何管理和使用各类知识，是我们目前亟须解决的问题。由于知识仓库提供了大量的知识和资源，而知识地图工具又很好地揭示了知识间的关系，所以利用知识管理工具来辅助学生进行自主学习、发现式学习，既可以利用现有的大量学习资源，又可以帮助学生形成正确的知识框架概念。一个组织良好的大型知识库，对学生自主学习会有很大帮助。

如上所述，协作学习是建构主义的主要学习方式之一。协作学习的核心在于共享和交流，而知识管理的三个原则中有两个原则分别是共享原则和交流原则，知识管理的目的之一就是要共享整个学习组织的知识，互通有无，并利用知识转移工具达到知识的高度共享和交流。这与协作学习的思想是一致的。所以，我们完全可以利用一个适用于教学的知识管理工具为网上的协作学习创造更为便利的学习环境。

2. 有利于快速获取大量的知识

目前，进行网络学习的人群中有相当大一部分是在某个学习领域进修的成年人，他们大都已经具备了相当的学习经验和学习技能，而且要改变他们的认知习惯并不容易。更由于其中大部分人的时间和精力都很有限，对他们来说，在一般性的知识上，更希望能够直接地获取而不是自己探索和发现新的知识，这样可以大大提高他们学习的速度，在相同的时间内获得更大量的知识。

当学习个体能用现有图式去同化新信息时，是处于一种平衡的认知状态，而处于平衡状态下的学习者的外部表现往往是学习快速而又有效。当新的知识不能纳入学习个体的原有图式中去时，学习者往往要调整自己的认知结构，以便容纳新的知识，这时学习者的学习状态的外部表现往往是艰难缓慢的，也容易导致学习者学习兴趣的急剧消退——虽然这一过程对学习者能力的提高来说可能是很有意义的。导致这种现象的重要原因是原本的认知结构不完善、有欠缺，而知识管理工具则能够从一开始就帮助学习者建立了一个合理的网状知识结构，也就是知识地图，学习者可以很容易地利用知识地图建立知识间的联系，在大脑中首先建构起一个包容度较大的知识图式结构。此后学习者可以进一步根据自己的背景知识和兴趣，利用知识管理工具中的知识仓库所存储的大量知识进行自主探究、发现和联想，从而在一定程度上缩短学习者的学习时间，提高学习效率，并维持学习兴趣。

3. 有利于非良构领域知识的学习

认知灵活性理论将知识划分为良构领域（well-structured domain）的知识和非良构领域（ill-structured domain）的知识。所谓良构领域的知识，是指有关某一主题的事实、概念、规则和原理，它们之间是以一定的层次结构组织在一起的。非良构领域的知识则是将良构领域的知识应用于具体问题情境时而产生的，即有关概念应用的知识。斯皮罗（Spiro）等人研究发现，在传统的学校教育中，学习者普遍不能达到高级知识（即反映事物之间复杂的内在联系的知识）的学习目标，究其原因，是学习者用学习良构领域入门性知识的方法去学习非良构领域的高级知识。而且，由于高级知识的复杂性和实例的差异性，人们在运用知识解决实际问题时，对事物的简单的理解会漏掉事物的某些方面，而这些方面在另一个情境中或是从另一个角度看可能是非常重要的，因此，学习过程中对于信息意义的建构可以从不同的角度入手，从而获得对不同方面的理解。随机通达教学就是根据认知灵活性理论而提出的一种新的教学方法。

随机通达教学主张，对同一内容的学习，要在不同时间、在重新安排的情景下、带着不同目的及从不同的角度多次进行，以此达到获得高级知识的目标。随机通达教学避免抽象地讲解概念的一般运用，而是把概念融合到一定的实例中，并与具体情景联系起来。每个概念的教学都要涵盖充分的实例，分别用于说明不同方面的含义，而且各个实例都可能同时涉及其他概念。这意味着在教学中，对复杂主题要做非线性的多维度的浏览，要在不同的场合从不同的方向、不同的角度去思考同一个概念。通过交叉浏览非良构领域的知识，学习者能够认识到知识的多样性，并且发现知识之间的联系，也使学习者能意识到从不同角度考虑问题的重要性。在这种教学中，学生可以形成对概念的多角度理解，并与具体情景联系起来，形成背景性经验。这就能提高他们针对具体情境的需要从记忆中选取知识经验加以重新组合以建构意义的能力。超文本可以很好地实现随机通达教学，提高对非良构领域知识的认知灵活性。而知识管理工具的出现，将在超文本的基础上更加方便并进一步促进随机通达教学过程的实施。

将认知灵活性理论、随机通达教学法和知识管理工具的特性相比较，可以发现，认知灵活性理论要求教学过程能够不断地重组教学序列、以多种维度表征知识及揭示知识的相互关联性。而知识管理工具则提供了大量的知识素材，并用一种网状的和超文本的形式将这些知识组织起来，这种基于知识管理的学习环境具有信息组织便于联想记忆、学习活动便于自主探究等特点，能够很好地满足认知灵活性理论对教学的要求。由于知识库中知识素材丰富，这样就为学习内容的设计提供了多元化的背景。知识管理工具中个性化知识管理的功能可以让学生自主地建立和扩充知识序列，从而能够更清晰地认识概念的复杂关系。由于各类知识之间的关系可以按网状形式显示，完全没有限制认知的顺序，可以让学习者从多个不同的角度进行认知，这正是随机通达教学所提倡的对非良构领域知识的学习方法。另外，由于知识管理工具提供了大量的知识素材，并以便于联想记忆的良好结构将这些知识组织起来，这样又非常适合良构领域知识的学习。

网络学习无论是理论还是实践正以前所未有的速度飞速发展，但目前普遍只注重教学资源库的建设，而忽视教学知识库的建设，并忽视对已有教学资源和知识的管理。知识管理是目前尚在发展中的第五代管理思想，知识管理工具是一个基于数据库的网络化知识搜索、共享、交流和管理的平台。良好的知识管理工具可以将大量的知识通过线性或网状的形式组织起来，以网络为媒介实现知识的积累、共享、查询和交流。知识管理工具的种种优良特性可以很好地为网上学习服务，特别是为建构主义学习理论所推崇的自主学习和协作学习提供强有力的支持工具。目前，无论是网上学习还是知识管理，都处于正在发展的阶段，而且现阶段知识管理工具的应用仍以商业应用为主。但我们相信，知识管理以其独特的优点，今后将会在教育技术领域发挥越来越大的作用。

复习思考题

1. 教育技术管理与一般管理有何区别与联系？为什么说教育技术管理是教学过程和教学资源设计、开发、利用和评价的重要保证？

2. 项目管理应包括哪些主要管理内容？假如你是课题负责人，你将如何有效地进行项目管理，试提出你的项目管理方案。

3. 教学资源管理应包括哪些主要内容？有哪些特点？

4. 信息技术引入教学过程管理所引起的主要变化是什么？

5. 教学软件资源的管理与学校综合信息管理都涉及哪些内容？

6. 请你结合实际谈谈对知识管理的认识及其对网络学习的作用。

第五章

“锲而不舍，技存高远”——教学媒体

【学习目标】

1. 了解教学媒体的含义与特征。
2. 理解教学媒体选择的原则。
3. 掌握常用的教学媒体的使用技术。
4. 会使用常用教学软件。

【思政导读】

坚持“以人民为中心”发展教育，加快建设高质量教育体系，发展素质教育，促进教育公平。

导读

“教学媒体作为教育的重要手段，不断推陈出新，为教育带来了更多的可能性。但在其发展和运用中，我们要深思如何让教学媒体更好地服务于教育，体现社会主义核心价值观中的友善、公正。比如先进的教学媒体在发达地区广泛应用，而在贫困地区却难以普及，如何缩小这种差距，实现教育资源的公平分配？当教学媒体不断更新换代时，怎样确保其使用符合道德规范和法律法规，不传播不良信息？”

以下是一些与思政相关的问题或观点，引导学生思考和探讨。

1.“在教学媒体的选择和运用中，如何兼顾不同学生的学习需求，体现教育的公平性和人文关怀？”

2.“面对丰富的教学媒体资源，如何培养学生的自律和鉴别能力，防止沉迷或受不良内容影响？”

3.“教学媒体的发展给教育带来了便利，但如何避免过度依赖技术，忽略了教师与学生之间的情感交流和思想碰撞？”

4.“在利用教学媒体进行教学时，怎样引导学生树立正确的信息观和价值观，积极传播正能量？”

5.“对于教学媒体产生的大量数据和信息，如何保障学生的隐私安全，遵循社会主义法治精神？”

第一节　教学媒体的含义与特征

一、教学媒体的含义

教学媒体是指在教学活动中所采用的媒体，是传播知识、技能和情感的过程中，储存与传递教学信息的载体和工具。教学媒体主要分为广义和狭义两种，狭义的教学媒体专指现代化教学工具，如幻灯、投影、电视、录像、计算机等，以及传统教学工具，如黑板、教科书、图片等；广义的教学媒体还包括讲授、参观、实验和讨论等。

二、教学媒体的特征

教学媒体是教育技术学的重要组成部分，它涵盖了用于教学的各种工具和技术。以下是教学媒体的特征。

丰富的呈现能力：教学媒体具有丰富的呈现能力，即教学媒体呈现教学信息的能力。

强大的重现能力：教学媒体具有强大的重现能力，即教学媒体对教学信息的重现能力。

广泛的接触面：教学媒体具有广泛的接触面，即教学媒体将教学信息传递到学习者的空间范围。

良好的可控性：教学媒体具有良好的可控性，即指学习者对教学媒体操控的难易程度。

三、教学媒体在教学中的作用

(一)使教学传递更加统一化

它改变了过去因教师或者地域文化发展水平的不同而造成的信息传递质量上的差异，使学生能够通过媒体获得相同的教学信息，特别是对掌握那些大家都应该掌握的同一性的知识更为有利，可以有效解决目前存在的教育公平问题，使欠发达的地区学生一样获得优质的教育资源。

(二)使教学更加生动有趣

现代教学媒体主要是应用声音、图像等要素直观地呈现教学信息。特技效果、艺术手法及交互性的较好运用，为学生提供更加丰富的感知，能够提高学生的学习积极性或学习兴趣，加强学习动机，从而增加感知深度，提高学习质量。

(三)使教学理论得到更好的应用

教学媒体，特别是教学软件在内容的组织和呈现方式上都是经过精心设计的，可以使已有的教学原则、认知规律、学与教的经验和理论最大限度地贯穿其中，从而使教与学获得最佳效果。

(四)使教学组织形式和方法更加灵活多样

教学媒体具有灵活性和广泛性的适用性，由于媒体的介入，使得集体的、小组的、个人的学习可以比较容易地实现，并且打破了时空限制，为随时随地学与教提供了工具和内容上的便利。

(五)满足个别需要

教学媒体与教学资源为了满足那些因种种原因不可能在指定时间和地点学习的人提供更为有效的帮助，可以满足他们学习的个别需要。

第二节　教学媒体选择的原则

在教育技术学中，选择教学媒体是一个重要的环节。以下是一些选择教学媒体的原则。

一、目标控制原则

教学目标是贯穿教学活动全过程的指导思想，控制媒体类型和媒体内容的选择。教学目标、教学内容、教学手段在课堂教学中是相互渗透、相辅相成的。这从客观上要求在选择和应用教学媒体时，必须坚持教学目标、教学内容与教学媒体相统一。

二、内容符合原则

学科内容不同，适用的教学媒体也不同；即使同一学科，各章节的内容不一样，对教学媒体的要求也不一样。例如如果教学目标是着重培养学生的听说能力，就应考虑选用录音媒体；如果教学目标是通过看图让学生造句或作文，提高观察能力，那就应选择投影或幻灯。

三、最优化原则

多媒体组合教学的研究与实践表明，围绕教学目标选择教学媒体时，必须根据不同媒体的功能特性，充分发挥各种教学媒体的特长，选择使用最能表现相应教学内容的媒体种类，同时还要对多种媒体进行优化组合。

四、适度性原则

在教学过程中应适当多采用些教学媒体种类，因为多种媒体传递的教学信息量，一般会比只用一种媒体传递的教学信息量要大。但这并不是说媒体用得越多越好，因为还要考虑学生能不能接受。

五、反馈互动原则

反馈是课堂教学结构不可缺少的部分，是检测学习效果、了解学习动态的重要途径，也是体现以学生为中心，发挥学生主体作用的重要方法。

六、经济与实效相结合的原则

一般来说，媒体组合不宜过于复杂，应以简洁实用、少而精、省时省力、易于操控为佳。能用传统教学媒体讲清楚的则不用现代教学媒体，能用简单媒体的则不用复杂媒体，能用低成本媒体的则不用高成本媒体。

第三节 常用的教学媒体

一、几何画板

(一)概念

几何画板是赫赫有名的数学软件，通过点、线、面等基本元素，我们可以随心所欲地作图和设计，它最大的特点是“动态性”，图形可以随意拖动，展现千姿百态。它好玩好学，功能强悍，堪称神器，越来越多的同学迷上了几何画板，成为“画板发烧友”，他们用几何画板探究、试验、验证，制作了很多新奇的图形，发现了很多有趣的结论，令人称绝不已。

几何画板不仅是一种软件，更是一扇窗户，窗外是数学世界的另一番迷人景象，更是一个桥梁，连通了好玩的画板和理性的数学。让我们一起通过它来“玩数学”“做数学”“悟数学”“学数学”。

几何画板不断发展壮大，趋于成熟。如下图是几何画板界面图。

图 5-1 几何画板界面图

(二)主要功能

1. 精确快速地画图形，拖动其中的点，图形大小或形状会随之变化

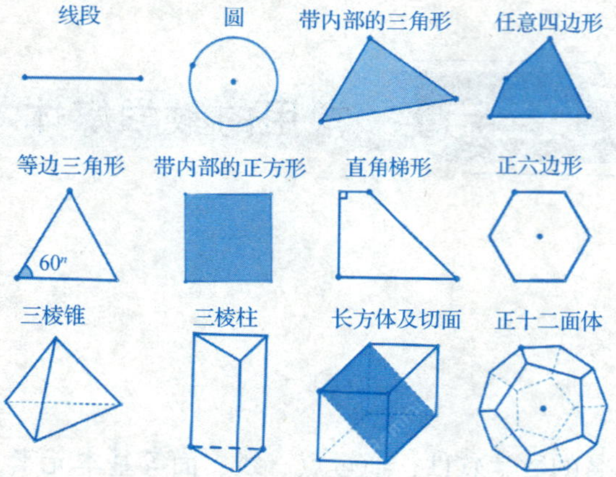

图 5-2　图形变换

2. 演绎图形间的变换，甚至可以创建“自定义变换”，展现百变数学

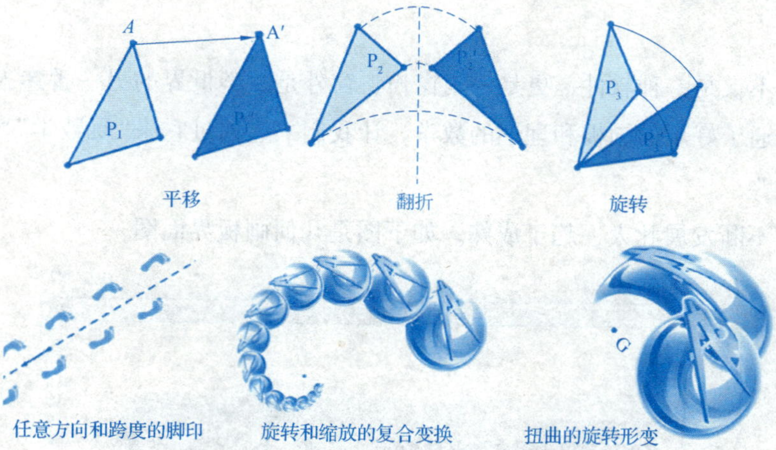

图 5-3　自定义图形

3. 制作各种惟妙惟肖的动画效果

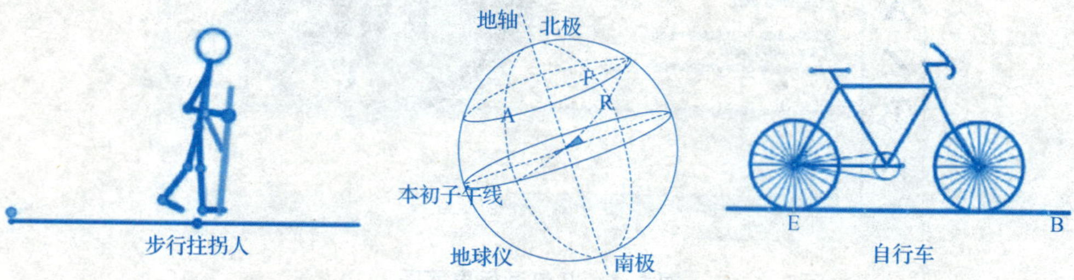

图 5-4　动画效果

4. 制作精彩的迭代图形

图 5-5 迭代图形

5. 用轨迹功能可以探究图形中点或线的轨迹

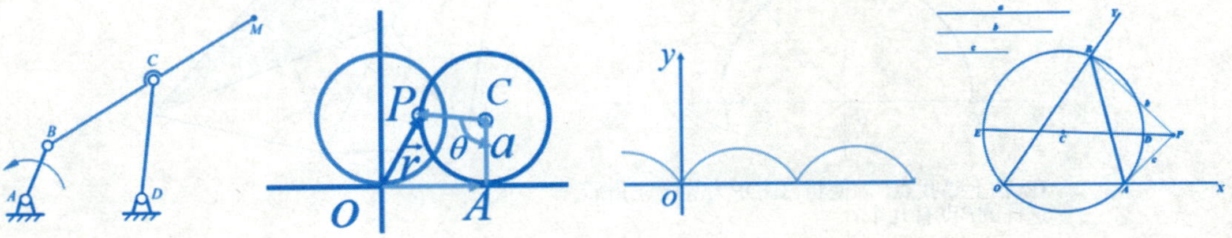

图 5-6 中心点或线的轨迹

6. 函数功能强大，甚至能利用“听函数”功能听到函数的声音

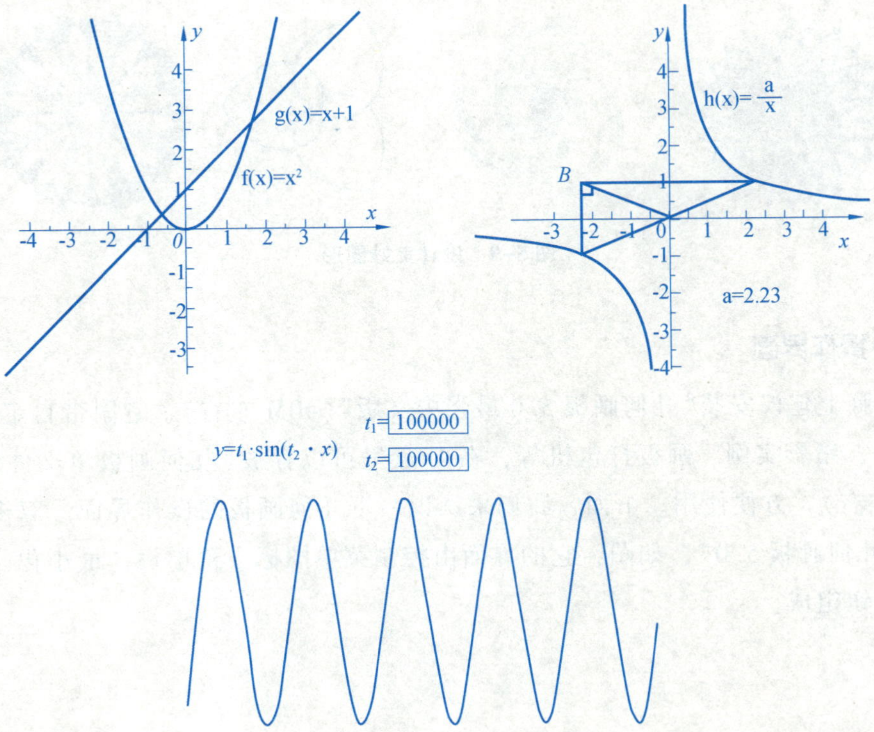

图 5-7 绘制函数

7. 探究未知问题，揭示数学规律

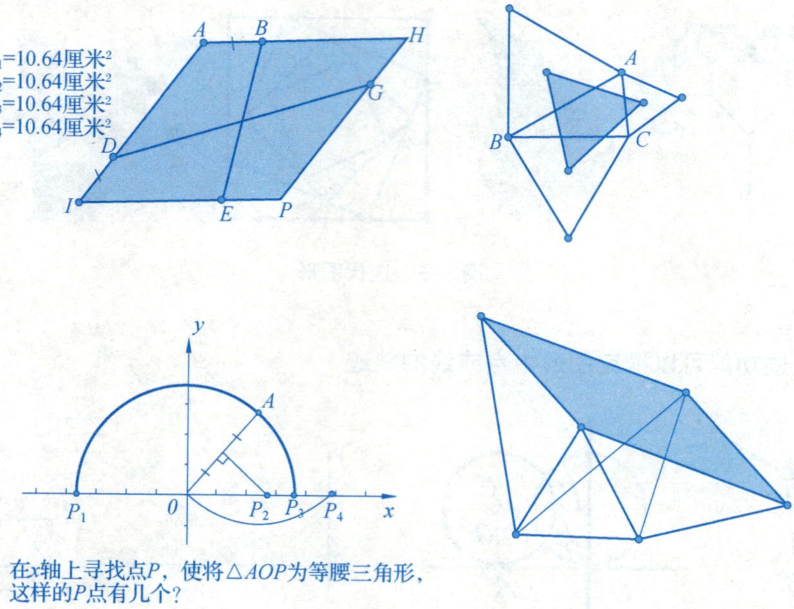

图 5-8　揭示数学规律

8. 设计美妙图形

图 5-9　设计美妙图形

（三）操作界面

在电脑上建议安装“几何画板 5.0 最强中文版”（40M 左右），它附带自定义工具、培训教程、精彩实例、画板打包机等，在 U 盘里可以存放“几何画板单文件便携版”（1.5M 左右），方便使用。下面，我们来认识一下几何画板的操作界面。双击快捷方式打开“几何画板 5.0”，如图，它的界面由控制菜单图标、菜单栏、最小化、最大化和关闭按钮组成。

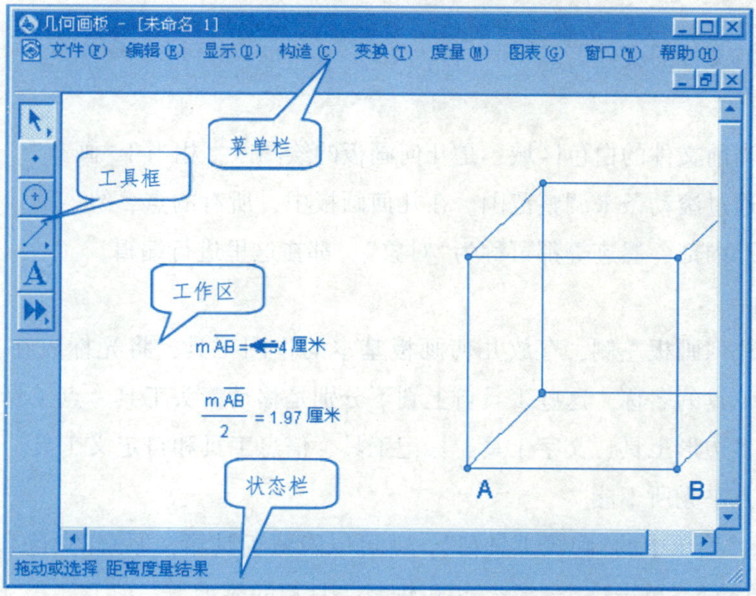

图 5-10 几何画板操作界面

1. 控制菜单图标

单击最左上角“几何画板-未命名 1”的控制菜单图标就会出现对整个几何画板的控制菜单，单击灰色区域内“未命名 1”的控制菜单图标就会出现对文件“未命名 1”的控制菜单，双击这两个图标会关闭整个几何画板软件或当前的文件“未命名 1”。如果文件有改动，双击后会出现询问是否保存的对话框。

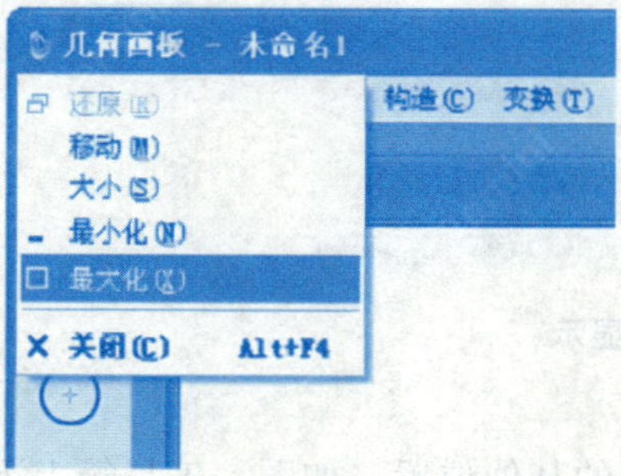

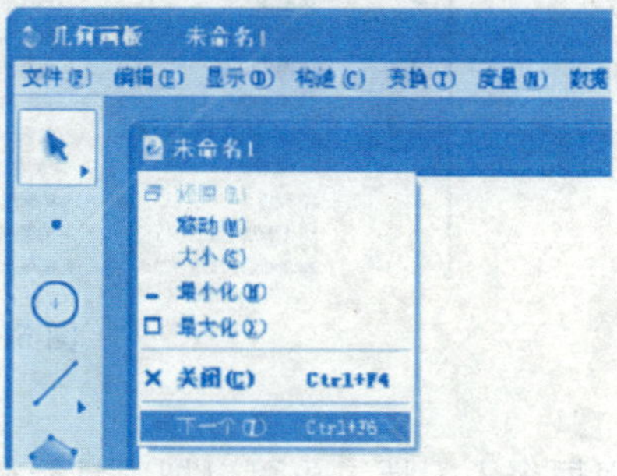

图 5-11 控制菜单图标

2. 菜单栏

存放着几何画板各个菜单，绝大部分制作都会用到这些菜单。

3. 标题栏

显示着当前文件的文件名。

4. 绘图区

绘图区域当前文件的白色区域，是几何画板的绘图区，相当于“画布”。绘图区域是无限大的，可以通过滚动条来调整范围。在几何画板中，所有的点、线、圆、弧、文本、参数、图片、图形内部、墨迹等都可称为“对象”，都在这里进行编辑。

5. 工具箱

默认位于几何画板左侧，存放几何画板基本的作图工具，将光标放在工具上稍作停留，就会显示工具的名称。这些工具自上到下分别是移动箭头工具、点工具、圆工具、线段直尺工具、多边形工具、文字工具、标记工具、信息工具和自定义工具。工具箱和菜单栏双剑合璧，几乎无所不能。

单击“显示”菜单中的“隐藏工具箱”，就可以隐藏工具箱，原来的“隐藏工具箱”就会变成“显示工具箱”，单击这个命令，可以恢复工具箱的显示。

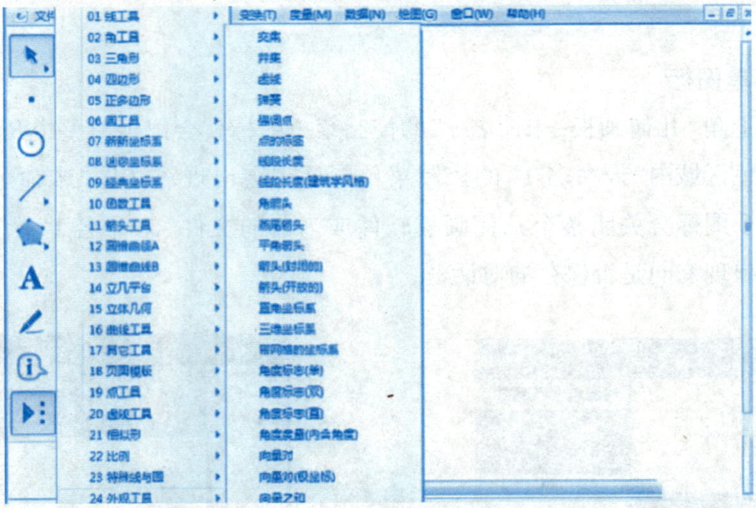

图 5-12　恢复工具箱显示

根据个人习惯，也可以把工具箱放置在几何画板的其他位置。如图，工具箱上下各有一条灰色线将光标移到此处，长按左键，轻轻拖动，可以将工具箱拖出来，变成横向的工具箱。单击右上角的“✘”相当于隐藏工具箱，拖动该工具箱的标题栏向绘图区域的上方、下方、右方尽量拖动，可以将工具箱固定在这个方位，但重启画板后工具箱还是会回归左侧位置。

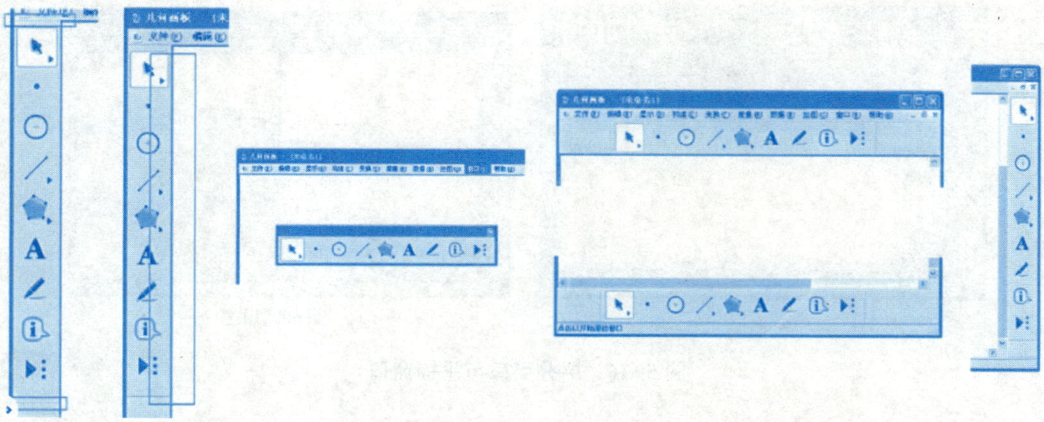

图 5-13 工具箱设置

6. 状态栏

提示操作状态，例如当单击选择“圆工具”后，状态栏就显示“构造圆”。

图 5-14 状态栏

7. 当前文件

当前文件的窗口由控制菜单图标、标题栏、最小化、最大化、关闭按钮、绘图区、滚动条组成。当单击最小化按钮时，当前文件绘图区域消失；当单击最大化按钮时，当前文件的窗口充满几何画板；当单击关闭按钮时，几何画板内显示为灰色。

最小化当前文件　　最大化当前文件　　关闭当前文件

图 5-15 操作当前文件

单击菜单栏“文件”中的“新建文件”或者按快捷键 Ctrl+N，可以创建新的文件如图。如果没有最大化，产生的多个当前文件默认为层叠分布，也可以单击菜单栏“窗口”菜单中的“平铺窗口”转换，如果其中一个文件最大化，就会遮盖其他的文件，切换文件时需要从“窗口”菜单的列表中单击切换。

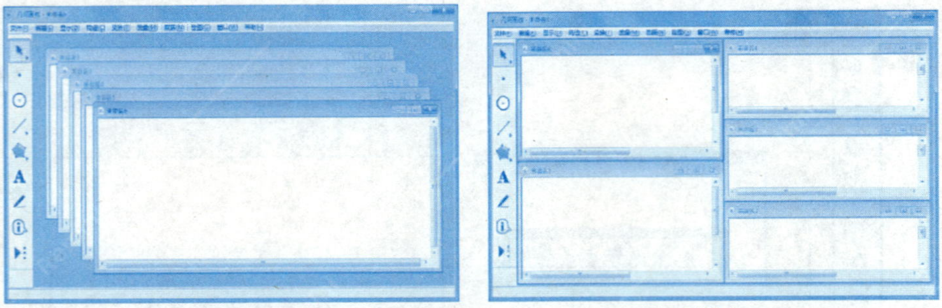

层叠窗口　　　　平铺窗口

图 5-16　层叠窗口与平铺窗口

8. 文件保存

文件后缀几何画板文件<保存>后的文件后缀名是 . gsp，打包后文件的后缀名是 . exe。

图 5-17　文件保存

9. 参数选项

在画板中，“编辑”菜单中的“参数选项”用来设置常用项目的属性，单击“参数选项”，可以看到它有四部分内容：单位、颜色、文本、工具。

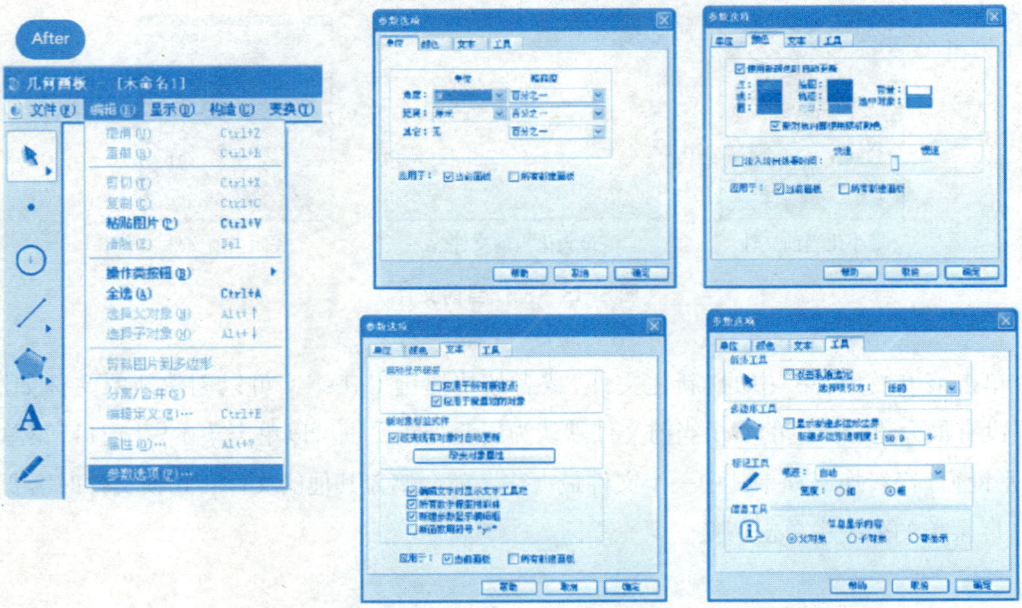

图 5-18　参数选项

在“单位”中，包含了角度、距离、其他量这三种量的单位及精确度，以后可以根据需要调整，以角度为例，它有弧度、度、方向度三种单位，有单位、十分之一、百分之一、千分之一、万分之一、十五分之一六种精确度，其他的类似。在对话框下方，有“应用于”选项，可以根据需要选择“当前画板”或“所有新建画板”。

在“颜色”中，我们可以设置几何对象的默认颜色，如点、线、圆、轨迹，选中对象的颜色，我们可以按需调整。如果勾选“使用新颜色时自动更新”，画板改变对象颜色，那么之后所有同类对象的颜色都会继承下去；如不勾选，则新的同类对象依然是默认颜色，“淡入淡出效果时间”是指对象的追踪踪迹的滞留时间，可以按需调整。

画板的背景色默认为白色，为了保护视力，可以将背景色设置为保护视力的浅绿色，单击“背景”右边的白色区域，将弹出如下图的颜色选择器，将“色调”设为 85，“饱和度”设为 90，“亮度”设为 205，确定即可。

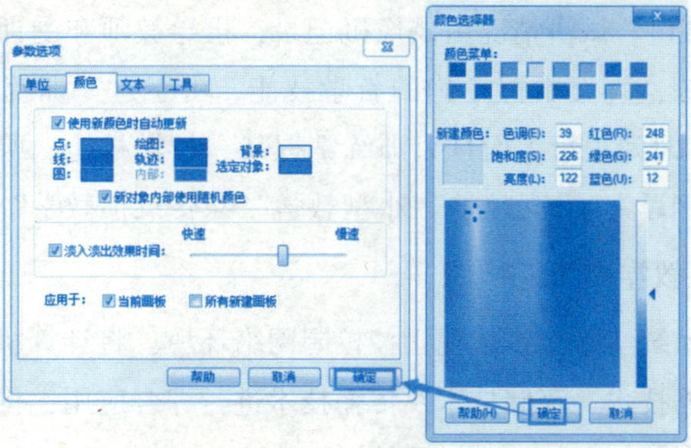

图 5-19 设置画布背景颜色

在“文本”中，我们可以选择关于“自动显示标签”等属性的设置，由于使用不多，自动显示标签可暂不勾选。在“工具”标签中，包含了箭头工具、多边形工具、标记工具、信息工具的设置内容，在后面使用多边形工具时，读者可能发现多边形内部的颜色纯度不高，原因就在于这里面的“多边形透明度”的设置，只要改为 100%，问题就解决了。

按下 Shift 键时，再次选择，“参数选项”会变成“高级参数选项”。高级参数选项包含导出、采样、系统，在“系统”选项卡中，屏幕分辨率实际上定义“1cm”在画板中的长短，数字越大，画板中的 1cm 就越长，反之越短。其他功能在后面会有具体介绍。

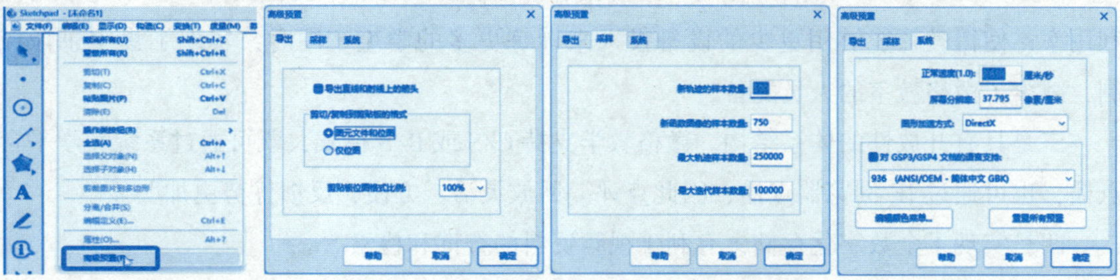

图 5-20 高级参数选项

二、微格教学

(一)微格教学的内涵

微格教学的概念源于英文 Microteaching 的翻译，它是由美国斯坦福大学 D. Allen 和他的同事 A. Eve 于 1963 年率先提出来的。

微格教学是以现代教育理论为基础，利用先进的媒体信息技术，依据反馈原理和教学评价理论，通过对教学行为进行记录和研究，分阶段培训教师教学技能的活动。D. Allen 认为微格教学是一个缩小了的、可控制的教学环境，它使准备成为或已经是教师的人有可能集中掌握某一特定的教学技能和教学内容。

进行微格教学的一般方法是：由受训者用 10~15 分钟，对某个教学环节，如"组织教学"或"授新课"进行试讲。试讲情况由录像机记录，指导教师和受训者一起观看，共同分析优缺点，然后再训练，直至掌握正确的教学技能。由于这一训练活动只有很少人参加(人数以 10 人为宜)，时间很短，而且只训练掌握某一教学技能，所以称为微格教学，也叫微型化教学，也被翻译为"微观教学""小型教学""录像反馈教学"。

(二)数字化微格教学系统的概念

数字化微格教学系统实际上是依托学校校园网络环境，将计算机技术、网络技术、视音频技术、视音频压缩技术、存储技术及传输技术进行综合应用，构建出一个集视音频录制、实时监控、网络点播于一体的教学系统。

(三)数字化微格教学系统的特点

根据目前微格教学的发展与应用水平，在进行数字化微格教学系统设计时，应结合学校的数字校园建设，将微格教学系统的设计与学校校园网建设及数字资源建设结合起来。跟传统微格教学系统相比较，它具有以下特点。

一是遵循 TCP/IP 协议标准。微格教学支持网络点播、广播、直播、存储、实时监控和后期编辑等多种技术，能以 Web 方式进行微格教学，并能实现微格教学的现场评估、远程多点在线评估和后期比对教学等功能。

二是实现了录制与回放的分离。微格教学训练录制减少了干扰，提高了微格教学资源利用率，使得教师能够用更少的设备投入来训练更多的学生。同时，实现了集中录像控制，减少了微格教室的人员配备。

三是具有开放性的体系结构。微格教学支持 C/S 或 B/S 模式，既可通过系统教学平台点播，也可通过 IE 浏览器点播，因此点评、回放灵活、方便，反馈优势更加明显。

四是实现了全数字化存储，有利于视频资料的查询和检索。

五是与校园网互为一体，共享资源，便于系统的升级扩展与利用。如实现双向实时交流、校园远程教学、虚拟教室、网络视频会议等功能。

六是数字视频资料占用空间小，图像质量高，可无限次点播回放，有利于微格教学样本资源库的建立，可让不同年级、不同班级的同学相互观摩，真正实现博采众长、汲取精华。

（四）数字化微格教学系统的构成

数字化微格教学系统通常由一间主控室和多间微格教室组成。数字化微格教学系统结构如下图所示。

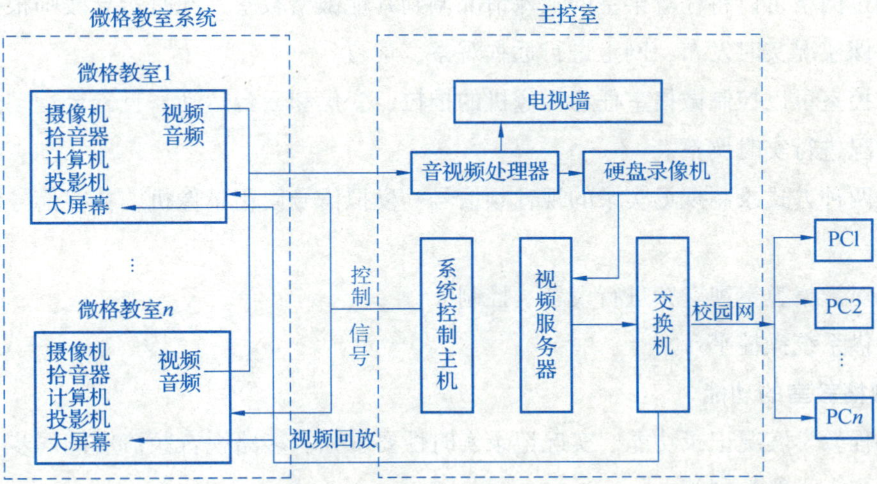

图 5-21　数字化微格教学系统结构

1. 主控室

在后端的主控室是数字化微格教学系统的核心，主要设备有主控电脑、主控管理电脑、录播服务器、一体化摄像机、交换机和投影设备等。在主控电脑上安装微格课堂评估软件，主要是对各个微格教室进行录像控制，同步观看各个微格教室的训练情况，提供训练的实时记录，按统一标准对学生训练情况进行量化打分，实现背对背评估。在主控管理电脑上安装微格教室平台管理软件，用于实现对整个微格教学系统的管理与调度，如分配用户及管理权限，实时维护、管理与控制系统所有相关设备及服务端状态。在录播服务器上安装媒体服务软件及微格教室录播软件，用于对来自各微格教室的音、视频信号与 VGA 信号进行录存和管理，实现网络广播、点播和强制、定制广播功能。同时，自动生成标准格式文件，导入学校的资源管理平台。

2. 微格教室

微格教室即学生实施微格教学的场所。微格教室硬件组成包括摄像机、万向云台、解码器、拾音器、授课 PC 机、采集设备及大屏幕彩色电视机各一套。摄像机和拾音器主要负责视频摄取和音频拾取，授课 PC 机和大屏幕彩色电视机主要模拟多媒体显示环境，同时也作为回放观看的显示设备，以便进行小组点评。采集设备中安装有音视频采集卡和VGA采编卡，专门负责教室内音、视频信号的采集及授课PC机上PPT等画面的采集。三路信号在采集设备中统一为数字格式后经网络上传至录播服务器。

（五）数字化微格教学系统的功能

1. 主控室的功能

①对多个多媒体微格室观察监控。同时，有一定的扩展能力，对更多的微格室进行监控。

②通过网络可以将任意某室的上课情况调到其他微格教室，同时指导教师根据需要可将某室讲课实况实时发布，网上进行远程观察、学习。

③主控室可以控制微格室任意摄像机的推拉、变焦和云台运动，且云台运动速度可根据实际情况进行实时调整。

④分两种方式录制现场实录的视音频信号：模拟信号使用录像机，数字信号使用视频服务器。

⑤可对微格教室视音频进行设置、控制。

⑥提供系统操控平台。

2. 微格教室的功能

①课程教学实况记录功能。实况记录实时性要求强，多路视音频流应能同步，录制效果好，码流大小能控制等。

②基于网络资源信息的浏览、上传、下载。

③各个微格室之间能通过网络进行视频交互交流、观摩。

④教授过程自动生成网络课件，常见格式是.avi和.asf格式。

⑤现代各种媒体演示操作功能。利用现代媒体培训演讲技能、电子板书技能、多媒体教学技能、网络资源利用技能、信息技术技能、多媒体组合教学技能。各种媒体演示操作功能属于系统集成功能，通过各种软件、硬件的集成实现。

（六）微格教学的实施

微格教学具有技能培训方向明确、集中，反馈及时且可以审阅、检查的特点，因此，在师范生教学技能训练和在职教师培训中得到了广泛应用。

微格教学的实施过程是以现代学习理论、教学理论、现代教育技术理论及系统科学理论为指导的教学技能训练过程。微格教学的培训模式因充分利用了现代科学技术发展的最新成果，最大限度地体现了它的科学性。

（七）微格教学的特征

微格教学是模拟课堂教学的教学实验，又是一门实践性较强的课程，具有如下特征。

1. 理论联系实际

微格教学中的一系列实践活动可以使相关的教育教学理论、心理学理论得到具体贯彻和应用。在微格教学的一系列实践活动，使教育教学理论得以贯彻和体现，使学习者对某一教学技能既有在理论学习中形成的理性认识，又有通过直观观察获得的感性认识。理论紧密联系实际，有利于教学技能的训练和掌握，从而大大地提高了学习者的学习兴趣。

2. 训练目标明确

在训练过程中，由少数学习者(5~10 人)组成微型课堂，学习者充当“模拟教师”和“模拟学生”，使课堂微型化；学生可以频繁地调换“教师”和“学生”的角色。实践表明，这样在实施微格教学时具有机动性和灵活性，且在讨论和评价时会更加深入，教学过程更易于控制，而教师仅起组织者的作用。

3. 信息反馈直观、形象、及时

采用现代信息技术对学生的行为进行记录，在进行“微型课程”的教学实践过程中，利用视听设备将实践过程记录下来，现场重播已记录的内容，能及时准确地获取反馈信息，可大大提高训练的效率。及时进行反馈评价和分析，可以是自我评价，也可以是他人评价。因此，微格教学能更直观地反映教学的效果，从而使教学行为更容易。

4. 有利于学生主体作用的发挥

微格教学坚持以学生为主体，以指导教师为主导，以训练为主线的原则，这有利于学生创造性思维的培养。

5. 有利于自我训练和提高

由于使用录音和录像的记录技术，被培训者可以作为“第三者”来观察自己的教学活动，认识自己的不足之处。

6. 心理压力小

教师的角色扮演者不必因为试教失败产生不良影响而担心，这将为他们下一步的教育实习打下良好的基础，增强自信心。

(八)微格教学的实施过程

微格教学的实施过程如图 5-22 所示，包括以下八个步骤。

1. 学习相关知识

在实施模拟教学之前应学习微格教学、教学目标、教学技能、教学设计等相关的内容。通过理论学习形成一定的认知结构，利于以后观察学习内容的同化与顺应，提高学习信息的可感受性及传输效率，以促进学习的迁移。

2. 确定训练目标

在进行微格教学之前，指导教师应该先向受训者讲清楚本次教学技能训练的具体目标、要求，以及该教学技能的类型、作用、功能、典型事例运用的一般原则、使用方法及注意事项。在微格教学培训中，为了便于学习、操作，将教学技能分为导入技能、教学语言技能、提问技能、讲授技能、变化技能、强化技能、演示技能、板书技能、结束技能和课堂组织技能十种。

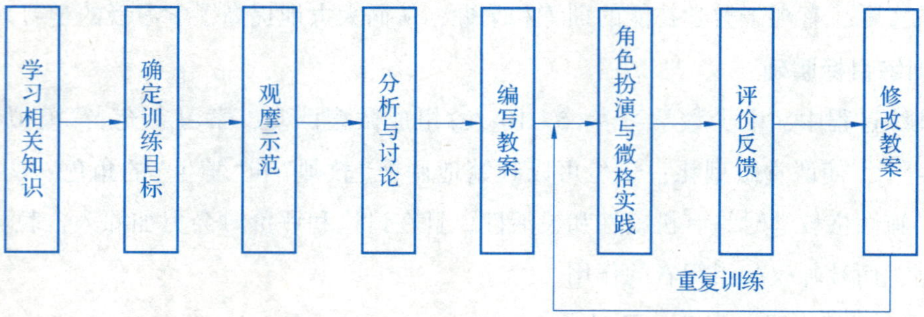

图 5-22　微格教学的实施过程

3. 观摩示范

为了增强受训者对所学习技能的形象感知，须提供生动、形象和规范的微格教学示范片(带)或教师现场示范。在观摩微格教学片(带)过程中，指导教师应根据实际情况给予提示与指导。示范可以是优秀的典型，也可利用反面教材，但应以正面示范为主。如有可能，应配合声像资料提供相应的文字资料，以利于受训者对教学技能有一个理性的把握。要注意培养受训者勤于观察、善于观察的能力，及吸收、消化他人的教学经验的能力。

4. 分析与讨论

在观摩示范片(带)或教师的现场示范后，组织受训者进行课堂讨论，分析示范教学的成功之处及存在的问题，并就"假使我来教，该如何应用此教学技能"展开讨论。通过大家相互交流、沟通，集思广益，酝酿在这一课题教学中应用该教学技能的最佳方案，为下一步编写教案作准备。

5. 编写教案

当被训练的教学技能和教学目标确定之后，受训者就要根据教学目标、教学内容、教学对象、教学条件进行教学设计，选择合适的教学媒体，编写详细的教案。教案中首先说明该教学技能应用的构想，还要注明教师的教学行为、时间分配及可能出现的学生学习行为及对策。

6. 角色扮演与微格实践

角色扮演是微格教学中的重要组成部分，能营造出良好的课堂气氛，由小组受训者自己走上讲台讲演，扮演教师，因此被称作"角色扮演"。为营造出课堂气氛，由小组的其他成员充当学生。受训者在执教之前，要对本次课做一次简短说明，以明确教学技能目标，阐明自己的教学设计意图。讲课时间视教学技能的要求而定，一般 5~10 分钟。整个教学过程将由摄录系统全部记录下来。

7. 评价反馈

评价反馈是微格教学中最重要的一步。在教学结束后，必须及时组织受训人员重放教学实况录像或进行视频点播，由指导教师和受训者共同观看。先由试讲人进行自我分析，检查实践过程是否达到了自己所设定的目标，是否掌握了所培训的教学技能，指出有待改进的地方，也就是“自我反馈”。然后指导教师和小组成员对其教学过程进行集体评议，找出不足之处，教师还可以对其需要改进的问题进行示范，或再次观摩示范录像带（片），以利于受训者进一步改进、提高。

8. 修改教案

评价反馈结束后，受训者须修改、完善教案，再次实践。在单项教学技能训练告一段落后，要有计划地开展综合教学技能训练，以实现各种教学技能的融会贯通。

（九）微格教学的教案编写

微格教学的教案与教学的详案有区别。详案对教学中的环节要求面面俱到，微格教学的教案则只要解决 1~2 种技能即可；同时微格教学的教案不但要详细说明教师的行为，还要预测学生的学习行为。如“荷塘月色”的微格教学教案如表 5-1 所示。

表 5-1 微格教学教案

学校：	年级：	主讲教师：	科目：	
课题：荷塘月色		第____节：		
教学目标	1. 知识与技能：学生能够理解并背诵荷塘月色这篇散文，掌握其中的生词和疑难点，了解作者的写作背景和创作意图，分析作者的写作手法和感情色彩。 2. 过程与方法：学生能够运用启发式、讲授式、引导式、实践式和反馈式等教学方法，参与课堂的各项活动，如听音乐、跟读课文、标注生词和疑难点、解释词语、提高自己的写作能力和创造力。 3. 情感态度与价值观：学生能够通过欣赏荷塘月色这篇散文，培养自己对自然美的感受和审美能力，激发自己对散文写作的兴趣和热爱。			
时间分配	授课行为	授课技能	学习行为（预想学生回答内容）	须准备的教学媒体
5 分钟	导入新课，播放一段荷塘月色的音乐，引导学生感受荷塘的美丽和月光的魅力。	启发式提问，激发学生的兴趣和好奇心。	学生听音乐，回答老师的问题，如你听到了什么声音？你想象中的荷塘是什么样子的？你喜欢月亮吗？为什么？	播放一段荷塘月色的音乐。
10 分钟	呈现课文，让学生跟读并标注生词和疑难点。解释词语，并讲解作者的写作背景和创作意图。	讲授式教学，传授知识和技能。	学生跟读课文，标注生词和疑难点，如莲叶、荡漾、悄悄、朦胧、幽深等。学生了解词语的意思，并掌握作者的写作背景和创作意图，如朱自清写这篇散文是为了怀念他已故的母亲，表达他对家乡和童年的眷恋。	多媒体播放荷塘月色的视频，学生能入情入境，深入体会。

续表

15 分钟	分析课文，指导学生理解作者的写作手法和感情色彩。让学生分组讨论并分享自己对课文的感受和体会。	引导式教学，培养学生的分析和表达能力。	学生分析课文，理解作者的写作手法和感情色彩，如作者运用了夸张、比喻、拟人等修辞手法，作者通过对比荷塘白天和夜晚的不同景象，表达了他对荷塘月色的赞美和向往；作者在结尾处突然转换视角，把自己置身于荷塘之中，抒发了他对母亲和家乡的思念之情。	多媒体播放作者生平介绍视频，帮助学生了解写作背景，PPT 展示荷塘图片及重点语句分析。
5 分钟	小结课程，总结本节课的重点和难点，鼓励学生多读多写多感悟。布置作业，要求学生把自己写的描写性文字整理成一篇短文，并加上标题和结尾。	反馈式教学，提高学生的自信和兴趣。	学生听老师的小结，复习本节课的重点和难点，如荷塘月色是一篇经典的散文，作者朱自清运用了丰富的修辞手法和深刻的情感表达，描绘了一幅美丽动人的荷塘月色图画；学生要注意理解作者的写作背景和创作意图，体会作者的情感色彩和思想境界。	利用多媒体投影仪展示本节课重点难点内容。

三、交互式电子白板

(一)交互式电子白板的概念

交互式电子白板是电子感应白板(硬件)与白板操作系统(软件)的集合体，它融合了计算机技术、微电子技术与电子通信技术，成为人与计算机进行交互的智能平台。通过通信程序接入互联网，交互式电子白板还可以方便地实现网络会议与远程教学，从而进一步扩展学习资源与应用场景。

(二)交互式电子白板的类型

交互式电子白板从技术原理层面主要分为以下四种。

一是电磁感应型交互式电子白板。电磁感应型交互式电子白板，其白板区域由水平和垂直方向排列的电磁波接收线圈膜组成，膜的大小与显示区域相同。当特定的电磁感应笔靠近接收线圈膜时，线圈上就会感应到电磁笔发射出的电磁波，根据水平方向和垂直方面感应到的电动势，通过计算可以获得笔触所在的 X、Y 坐标位置。电磁感应型交互式电子白板特点是定位准确、精度较高，不足之处是必须使用特定的电磁笔，使用过程中容易损伤接收线圈膜，耐用性不高。

二是红外线型交互式电子白板。红外线型交互式电子白板，其基本原理是由分布在显示区域四周的红外线发射管和接收器构成水平和垂直方向的扫描网络，进而形成一个扫描平面网。当有物体阻挡住扫描网络中的某对水平和垂直扫描线时，就可以通过被阻挡的水平和垂直方向的红外线位置确定扫描平面内的 X、Y 坐标。红外线型交互式电子白板特点是定位准确，使用手指和教鞭可以进行书写或触摸操作，书写方便且无耗材，不怕划伤、经久耐用，通过计算机 USB 接口即可实现供电，广泛适用于教育培训、商务办公、展览展示等领域，目前在电子白板市场中占据较大的份额。

三是超声波型交互式电子白板。超声波型交互式电子白板，采用超声波测距定位技术，根据三点定位的原理，通过超声波发射到接收的时间计算出发射点到接收点的距离，计算出笔所在的 X、Y 坐标。通常的设计是在屏幕的两边放置两个按固定距离分布的超声波接收装置，用于定位的笔是一个超声波发射器。当笔在屏幕的表面移动时，所发射的超声波沿屏幕表面被两个接收器检测到，根据接收到超声波的时间换算出笔与两个接收器的距离。

四是 CCD（电荷耦合元件）光电耦合型交互式电子白板。CCD 光电耦合型交互式电子白板，采用 CCD 光扫描的原理来实现，在显示区域的一边设置两个固定距离的 CCD 线阵探测器和红外发射器，对准白板的显示区域。在显示区域的另外三边设置可以反射光线的反射膜。在没有物体阻挡时，线阵 CCD 检测到的是一条完整的光带。当有物体在显示区域中挡住光线传播路径时，在线阵 CCD 检测到的光带中会出现无反光区域，分布在两个角的 CCD 分别检测到的遮挡区域反应在线阵 CCD 的对应区域，根据对应的区域计算出物体在显示区域的位置。CCD 光电耦合型交互式电子白板的优势是反应速度快，可以实现多点触摸和多人书写，无须专用笔，书写方便无耗材，不怕划伤，耐用性好。但是存在造价偏高、容易受到强红外光的影响等缺点，目前仅有少量厂家进行生产，市场上并不常见。

（三）交互式电子白板系统的组成

交互式电子白板系统是指包含了交互式电子白板、计算机系统和多媒体投影机等基本组件，以计算机软硬件为核心，以大尺寸交互显示界面为特色的一种组合媒体，如图 5-23 所示。

图 5-23 交互式电子白板系统

硬件系统的核心组件由交互式电子白板、多媒体投影机、计算机和感应笔(又称白板笔、鼠标笔)组成。交互式电子白板是系统的主体，它既是感应笔书写与操作的界面，又是计算机的显示器和投影机的幕布；感应笔具有书写笔和计算机鼠标的双重功能，笔尖可以在交互式电子白板上书写，同时笔尖相当于鼠标左键，可以单击和双击，笔上的按钮相当于鼠标右键，计算机显示屏上的内容可以通过投影机投射到交互式电子白板上。当感应笔在交互式电子白板上书写或操作时，通过电磁感应及白板与计算机之间的馈线将数字信息输送到计算机中，并迅速(人眼难以区分的快捷速度)通过投影机投射到交互式电子白板上呈现出来，从而实现交互式电子白板的各类基本操作。

软件系统是交互式电子白板系统极其重要的组成部分，除了具备支持以上基本的交互式电子白板操作和功能之外，一般还配备了多种扩展组件以完成一些辅助功能。

(四)交互式电子白板的功能与使用

一是投影幕布功能。交互式电子白板的尺寸一般和黑板或多媒体投影机的屏幕差不多，板面采用高亮度、低反光率的高档材料，有的还具有横向和纵向的滑动轨道，可以将其移动到合适的位置接收来自多媒体投影机的信息，因此它完全可以代替多媒体投影机幕布来展示各种数字化教学信息。

二是普通白板功能。交互式电子白板可以单独使用，此时它具有普通白板的所有属性和功能，使用方法和使用黑板一样。教师可以用配套的几种彩色感应笔(如红、蓝、绿、黑等)在白板上进行书写、作图，而且不像粉笔书写那样费力。当需要修改时，只需用清除按键擦除即可。

三是交互控制功能。交互式电子白板与计算机、多媒体投影机配合使用时，屏幕和感应笔便成为简便易用的触摸式屏幕、虚拟键盘和鼠标，可以与计算机进行实时交互控制操作，如使用虚拟键盘输入文字和数字；感应笔作为鼠标，可以进行单击、双击、右击、拖放、移动等操作。通过交互式电子白板操作各种应用软件，就像坐在计算机前操作计算机一样方便快捷、轻松自在。

四是记录存储功能。交互式电子白板与多媒体投影机、计算机配合使用时，当用感应笔在白板上将教学的内容直接书写、绘画、修改、擦除、标注时，白板上的所有内容可以同步显示和存储在计算机上以备后用，这样教师就可以把注意力完全集中在重要内容的讲解上。课后，可以把计算机中保存下来的板书内容复制到软盘、刻成光盘或者直接用打印机打印出来分发给学生，减轻学生课堂上记笔记的负担，以便集中精力听讲和思考。另外，将课堂教学的实际进展情况详细记录下来，也有利于教师的课后总结与反思，方便教研组的研讨，从而促进教师的专业成长。

五是资源库功能。交互式电子白板的应用软件一般具有强大的资源库功能，常用的有背景库、注释库、页库、链接库等，内容非常丰富，涉及领域也非常广，而且其内容可以任意添加或删除。这不仅方便教师授课过程中的随时调用，增加了课堂信息量，而且克服了在多媒体投影系统下使用课件与幻灯讲稿时教学材料高度结构化和固化的问题。

六是网络通信、交流功能。交互式电子白板一般都内置了网络浏览器，师生在进行课堂教学时能随时直接上网，而不必先退出白板工作界面，再进入计算机工作界面启动其他网络浏览器。交互电子白板式还可以通过网络进行信息传送(包括音频和视频信息)，以实现资源共享和远程交流。这样一方面可以加强班级之间、学生之间的交流与合作，另一方面在远程教学、在线培训、远程视频会议中也特别有用。

七是辅助教学功能。专门为教学开发的交互式电子白板都配备了各种辅助教学的软件，可以帮助教师收集教学材料、制作课件和教案，在课堂上为师生提供交流、讨论的平台，使教学活动更丰富、有效。例如通过虚拟物理实验室，虚拟化学实验室、几何画板、五线谱谱曲等辅助软件，可以大大增强教师授课的多样性，克服传统授课的不足，从而提高授课质量。

第四节 常用教学软件

一、增强现实技术(AR)

(一)增强现实技术(AR)定义与特点

增强现实技术(AR)是一种将真实世界信息和虚拟世界信息“无缝”集成的3D新技术，是把原本在现实世界的一定时间空间范围内很难体验到的实体信息(视觉信息、声音、味道、触觉等)通过电脑等科学技术，模拟仿真后再叠加，将虚拟的信息应用到真实世界，被人的感官所感知，从而达到超越现实的感官体验。真实的环境和虚拟的物体实时地叠加到了同一个画面或空间。随着CPU运算能力的提升，增强现实技术(AR)的用途将会越来越广。

增强现实(AR)技术不仅展现了真实世界的信息，而且将虚拟的信息同时显示出来，两种信息相互补充、叠加。在增强现实(AR)技术中，用户利用头盔显示器，把真实世界与电脑图形多重合成在一起，从而可以看到围绕着它的真实世界。

增强现实(AR)技术包含了多媒体、三维建模、实时视频显示及控制、多传感器融合、实时跟踪及注册、场景融合等新技术手段。

增强现实（AR）系统具有以下三个特点：

①实时交互性；

②真实世界和虚拟信息的集成；

③在三维空间中增添定位虚拟物体。

（二）使用增强现实（AR）系统正常工作所需的组件

①跟踪系统；

②头戴式显示器；

③移动计算能力。

增强现实（AR）技术开发人员的目标是将这三个组件集成到一个单元中，能以无线方式将信息转播到类似于普通眼镜的显示器上。

（三）增强现实（AR）技术的应用

一是汽车车载系统中加入了增强现实（AR）技术的应用。比如豪华型商务旅行车（商务之星GMC）在其挡风玻璃上投射虚拟图像，用意是让驾驶者不需要低头查看仪表的显示与资料，始终保持抬头的姿态，降低低头与抬头期间忽略外界环境的快速变化及眼睛焦距需要不断调整产生的延迟与不适；或帮助驾驶者更好地感知路况信息，提高驾驶安全性。

二是美国参数技术公司（PTC）。“PTC物联网平台Thing Worx搭载了最新增强现实（AR）技术，帮助您转变智能互联产品的制造、运营和服务方式”。“使用AR将建筑机械的CAD模型叠加在其预期室外环境的地形上。然后，团队成员可以在模型周围‘移动’，从上方、下方、四周或内部查看，并在此环境下对其照准线和工效设计进行评估。这种环境更加丰富，因此可以帮助团队在开发周期的早期阶段做出合理的设计决策，加快创建和测试更成熟物理原型的步伐，并最终缩短设计周期。”

二、虚拟现实技术（VR）

（一）定义及特点

虚拟现实（Virtual Reality，简称VR）是20世纪末发展起来的一门涉及众多学科的高新技术。它集计算机技术、传感技术、仿真技术、微电子技术于一体，通过计算机创建一种虚拟环境，通过视觉、听觉、触觉、嗅觉等作用，使用户产生和现实中一样的感觉。具体地说，是以计算机技术为核心的现代高科技生成逼真的视、听、触觉一体化的特定范围的虚拟环境。用户借助必要的设备以自然的方式与虚拟环境中的对象进行交互作用、相互影响，从而产生如同真实环境的感受和体验。尽管该环境并不真实存在，但它作为一个逼真的三维环境，仿佛就在我们周围。这样用户就会产生身临其境的感觉，并可实现用户与该环境的直接交互。虚拟现实技术具有以下四个重要特征。

1. 多感知性(multi-sensory)

所谓多感知，就是说除了一般计算机技术所具有的视觉感知之外，还有听觉感知、力觉感知、触觉感知、运动感知，甚至应该包括味觉感知、嗅觉感知等。

2. 存在性(presence)

存在性又称临场感或存在感，指用户感到作为主角存在于模拟环境中的真实程度。理想的模拟环境应该使用户难以分辨真假，使用户全身心地投入计算机创建的三维虚拟环境中，该环境中的一切看上去是真的，听上去是真的，动起来是真的，甚至闻起来、尝起来等一切感觉都是真的，如同在现实世界中的感觉一样。

3. 交互性(interaction)

交互性指用户对模拟环境内物体的可操作程度和从环境得到反馈的自然程度(包括实时性)。例如用户可以用手去直接抓取模拟环境中虚拟的物体，这时手有握着东西的感觉，并可以感觉物体的重量，视野中被抓的物体也能立刻随着手的移动而移动。

4. 自主性(autonomy)

自主性强调虚拟现实技术应具有广阔的可想象空间，可拓宽人类认知范围，不仅可再现真实存在的环境，也可以随意构想客观不存在的甚至是不可能发生的环境。也就是说，虚拟现实可以启发人的创造性思维。

(二)虚拟现实(VR)在教育中的应用

虚拟现实技术在教育领域具有广泛的作用和影响。利用虚拟现实技术可以创建沉浸式网络学习环境，学习者通过在具有真实情境感的学习环境中的学习，获得视觉、听觉、触觉等多方面的感知，并可与虚拟学习环境中的各部分接触、交互，充分参与到情境中。通过这种亲身经历能加速传授知识的过程和巩固所传授的知识。

1. 虚拟仿真校园

众所周知，学习氛围、校园文化对人们的教育具有巨大影响和作用。教师、同学、教室、课堂、实验楼等，校园的一草一木、每一次活动无不潜移默化地影响着每一个人，伴随着人们成长，学生从校园中得到的教益从某种程度来说，远远超出书本所给予的。网络教育、虚拟现实技术的特点决定了人们可以仿真校园环境。虚拟校园是虚拟现实技术与网络及教育最早的具体应用。

天津大学于1996年在SGI硬件平台上，基于VRML国际标准最早开发了虚拟校园，让没有去过天津大学的人，领略了这所近代史上久负盛名的大学的风采。随着网络时代的来临，网络教育迅猛发展，尤其是宽带技术大规模应用的今天，国内一些高校已经开始逐步推广、使用虚拟校园模式，先后有浙江大学、上海交通大学、北京大学、西南交通大学等著名高校采用虚拟现实技术建设了虚拟校园。

2. 虚拟教学

虚拟现实技术为学习者提供了丰富的学习资源及选择学习材料和学习方式的机会。利用虚拟现实技术可让学生学习一些实际生活中具有时间性、可变性、距离性、抽象性且用其他方法很难观察和验证的各种事物。例如物理、化学和数学等科目中的各种概念、定义，以及物质的原子、分子结构与化学反应等都是很抽象的，在传统的教学中教师只能依靠口头讲述来向学生传授，而利用虚拟现实技术，在课堂上，教师可以陪同学生一起经历虚拟环境，观察一些关键性问题，还能让学生自己“进入其中”进行详细观察以获得第一手概念及知识，通过这种学习方式，使那些抽象、枯燥、难懂的学习内容以生动形象的形式表现出来，大大提高学生的理解能力和掌握能力。

中国地质大学利用虚拟现实技术演示晶体结构中空间格子、晶体的内部对称、最紧密堆积、硅氧骨干等较难理解的部分，直观明了，使学生加深了对晶体结构的了解(如图 5-24 所示)。

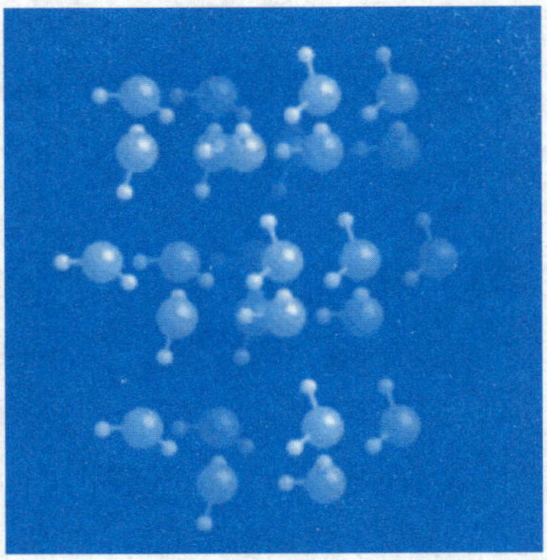

图 5-24　利用虚拟现实技术制作的晶体结构图

3. 虚拟实验

利用虚拟现实技术可创建物理、化学、地理等各类虚拟实验。特别是那些现实中存在但在课堂教学环境下很难做到或者需要花费很大代价才能实现的实验，如一些剧毒性、危险性及比较剧烈或时间较长的化学反应实验，运用虚拟现实技术可以对这些现象或过程进行逼真地模拟，而不必担心会对学生造成伤害。

美国巴尔的摩约翰霍普金斯大学化学工程系的 Michael Karweit 教授在 Web 上建立了一个虚拟实验室，可为刚开始学习科学与工程学的学生进行实验介绍、问题解答、数据采集和科学解释。

4. 分布式合作空间

分布式虚拟现实技术可用于教育娱乐、远程教学和项目合作，创建一个共享合作空间。在这一共享空间中，可进行多人参与的各类游戏，寓教于乐，如站点 http://www.lele8.com 是应用虚拟现实技术的娱乐站点，提供体育类游戏、动作类游戏等内容。用于远程教学的共享空间就如同虚拟课堂，在其中，相隔千里的学生、教师可以参与会议、讨论、交流等活动，如同在一间真正的教室中一样，从而可减轻远程教育带来的孤单感问题。

5. 3D 虚拟数字博物馆

可以利用虚拟现实技术来搭建 3D 虚拟数字博物馆，通过音频讲解、实境模拟、立体展现等多种形式，让用户通过互联网即可身临其境地观赏珍贵展品，更便捷地获取信息、了解知识，实现了电脑端和手机端的同步展现，让用户随时随地都能感受到历史文化的沉淀，足不出户逛博物馆。如百度百科数字博物馆（如图 5-25 所示），它从 AR 虚拟体验到高清全景拍摄、从藏品 3D 旋转到无线端二维码，技术与内容的丰满，让更多人有机会接触和了解历史文物。虽然博物馆的数字化在国外已经十分成熟，但百度百科数字博物馆让网民体验到了 3D 文物的真实观感。百度百科将博物馆置身于数字时代的滚滚浪潮中，也因此成为国内博物馆数字化的先行者。

图 5-25　3D 虚拟数字博物馆

尽管虚拟现实技术还处于起步阶段，但随着宽带网络的广泛使用及虚拟现实技术功能的不断增强，虚拟现实技术必将在网络教育领域发挥更大的作用。

三、混合现实技术(MR)

(一)定义及特征

混合现实(MR)技术是虚拟现实技术(VR)的进一步发展，该技术通过在现实场景呈现虚拟场景信息，在现实世界、虚拟世界和用户之间搭起一个交互反馈的信息回路，以增强用户体验的真实感。

混合现实(MR)技术是一组技术组合，不仅可以提供新的观看方法，还可以提供新的输入方法，而且所有方法相互结合，从而推动技术创新。输入和输出的结合对中小型企业而言是关键的差异化优势。这样，混合现实技术就可以直接影响员工的工作流程，帮助员工提高工作效率和创新能力。

混合现实(MR)的实现需要在一个能与现实世界各事物相互交互的环境中。如果一切事物都是虚拟的那就是虚拟现实(VR)的领域了。如果展现出来的虚拟信息只能简单叠加在现实事物上，那就是增强现实(AR)。混合现实(MR)技术的关键点就是与现实世界进行交互和信息的及时获取。

混合现实(MR)系统通常有以下三个主要技术特点：

①它结合了虚拟和现实；

②虚拟的三维(3D 注册)；

③实时运行。

混合现实(MR)技术结合了虚拟现实(VR)技术与增强现实(AR)技术的优势，能够更好地将增强现实(AR)技术体现出来。

(二)混合现实技术教育应用的现状

教育形态变革离不开技术创新的推动，新兴技术对学习的内涵、形式及环境的理解与发展产生不可忽视的影响。近年来，基于 VR、MR 的教育游戏、模拟场景等资源的开发与应用更加成熟，并在教学实践活动中取得了较好的效果。MR 作为融合了 VR、AR 两者优势的新型交互技术，尽管在硬件和交互体验上依然存在着较大的提升空间，但在教育工作者和科研人员的共同参与下，MR 技术已在学科教学、在线虚拟课堂创设、医疗卫生和建筑与电气工程等领域取得了初步应用。

1. 支持具体学科教学

MR 具有模拟性强、显示质量优、采用自然方式交互等优点，与学科知识的深度融合将改变传统教学资源的形式，为学习者提供真实感觉体验，有效改善教学形态和学习方式。

2. 支持创设在线虚拟课堂

乔纳森指出，学习环境是以技术作为支撑的，各种数字技术相互交融，彼此协调，为学习者提供探索、建构和反思的有效方式。随着传感器、人工智能、学习分析、大数据、情感识别等技术在教育领域中的应用，学习环境中的技术丰富程度加速上升，对学习者的认知过程产生重要影响。MR 技术可以创造一个虚拟与现实完美结合的世界，并通过网络技术将处于不同地域学习者的虚拟化个体耦合连接到同一个在线虚拟课堂之中。

3. 支持医疗卫生领域的技能培训

由于受环境资源等客观条件的限制，一些危险系数高、资源开销大或需要特殊场景的实验和培训在现有条件下难以开展，而 MR 技术可为学习者提供真实高效的虚拟实验和操作的机会。

4. 支持建筑与电气工程领域中的技能培养

建筑行业工人往往需要在脚手架、屋顶、钢架等多种高风险环境中工作，由于工作性质等原因，要求新手工人在开始正式工作之前必须具备一定的技能水平与安全意识。MR 技术可为受训者呈现高空脚手架等模拟建筑环境，受训者可在其中进行各种类型的模拟训练。此外，MR 技术虚实融合的特性可将电气施工设计模型叠加到施工人员的视觉场景中，与工程设计图的传统呈现方式，如文字描述、图纸等相比，该方式具备直观、容易理解、提高施工效率等特点。

5. 支持航空航天与军事领域的仿真训练

在航空航天领域，基于各类现实增强技术的仿真训练系统具有低风险、高收益及不受气候条件影响和场地限制等独特优势，并且能够为飞行员、航天员提供充分的训练机会。MR 仿真训练系统可实现虚拟景象与真实环境的相互融合，在呈现真实世界的基础上，又可将当前时空不存在的物体反映到受训者视觉范围中，从而为受训者提供超越真实的模拟飞行环境。此外，MR 仿真训练系统能实现听觉、触觉等综合感知与交互与传统模拟器相比具有明显的优势。

课后习题

一、填空题

1. 教学媒体主要分为广义和狭义两种，狭义的教学媒体专指现代化教学工具，如________、________、________、________、________等，以及传统教学工具，如黑板、教科书、图片等。

2. 微格教学是以现代教育理论为基础，利用先进的媒体信息技术，依据________原理和教学评价理论，通过对教学行为进行记录和研究，分阶段培训教师教学技能的活动。

3. 交互式电子白板从技术原理层面主要分为电磁感应型、红外线型、超声波型和

________型。

4. 增强现实(AR)系统具有以下三个特点：________、________、________。

5. 虚拟现实技术具有以下四个重要特征：________、________、________、________。

二、选择题

1. 以下哪项不是教学媒体选择的原则？(　　)

A. 目标控制原则　B. 内容符合原则　C. 简单优先原则　D. 适度性原则

2. 以下哪种不是数字化微格教学系统的特点？(　　)

A. 遵循 TCP/IP 协议标准　B. 实现了录制与回放的分离

C. 不支持网络点播　D. 实现了全数字化存储

3. 以下关于交互式电子白板的描述，错误的是(　　)。

A. 电磁感应型交互式电子白板必须使用特定的电磁笔

B. 红外线型交互式电子白板使用手指、教鞭可以进行书写或触摸操作

C. 超声波型交互式电子白板采用超声波测距定位技术

D. CCD 光电耦合型交互式电子白板不存在任何缺点

4. 以下哪项不是虚拟现实(VR)在教育中的应用？(　　)

A. 虚拟仿真校园　B. 虚拟教学　C. 虚拟实验　D. 虚拟购物

5. 混合现实(MR)技术的关键点是(　　)。

A. 与现实世界进行交互和信息的及时获取

B. 提供新的观看方法

C. 提供新的输入方法

D. 技术创新

三、简答题

1. 简述教学媒体在教学中的作用。

2. 简述微格教学的特征。

3. 简述交互式电子白板的功能。

4. 简述虚拟现实(VR)技术的特点。

四、思考题

1. 结合教学实际，谈谈如何根据教学目标和内容选择合适的教学媒体。

2. 分析微格教学在教师培训中的优势和局限性。

3. 随着技术的不断发展，教学媒体的种类越来越丰富，探讨如何充分发挥各种教学媒体的优势，提高教学效果。

4. 思考在未来的教育中，增强现实(AR)、虚拟现实(VR)和混合现实(MR)技术可能会带来哪些变革和挑战。

第六章

“精神振奋，强基固本”——PowerPoint 课件制作

【学习目标】

1. 理解课件的制作原则。
2. 掌握 PPT 幻灯片文本、图像、声音和视频等对象的编辑方法。
3. 掌握 PPT 幻灯片中各对象的动画效果及交互式效果的设计。
4. 能够从课件的作用及制作原则方面对课件做出科学的评价。

【思政导读】

完善人才战略布局，坚持各方面人才一起抓，建设规模宏大、结构合理、素质优良的人才队伍。

第一节　课件的基础知识

随着计算机多媒体技术的普及应用，课件的设计与制作已经成为一线教师最基本的技能。课件的制作工具多种多样，不同的工具有不同的功能及特点，但最受教师们青睐的，还是演示文稿制作软件 PowerPoint(缩写为 PPT)。它能集文字、图形、图像、声音、动画、视频等多媒体素材于一体，操作简单，使用方便，功能强大，交互性强，运用演示文稿可以呈现内容、创设情境、设疑引思等。但是，怎样才能运用 PowerPoint 快速制作高质量的课件，准确高效地呈现教学内容，优化课堂教学呢？本章的学习将会为大家解决这些困惑，接下来，让我们开始 PowerPoint 课件制作的学习之旅吧！

课件一词，想必大家不陌生了。但是，到底什么是课件？课件有哪些类型？课件在教学中有什么作用？对于初学者来说，了解及掌握这些有关课件的基本知识，是制作好课件的前提。

一、课件的定义

课件(Courseware)是在一定的教学理论指导下，根据教学大纲的要求，经过教学目标确定、教学内容和任务分析、教学活动结构及界面设计等环节制作的课程软件。它与课程内容有着直接联系。课件可以说是一种课程软件，但这种软件必须包含具体学科的教学内容。

通常所说的课件，一般指多媒体课件，多媒体(Multimedia)是将视频、声音、图形、图像、文本和动画等多种媒体结合在一起，形成一个有机的整体，实现一定的功能并能够与之交互的一种新的媒体形式。多媒体课件是根据教学大纲的要求和教学的需要，经过严格的教学设计，并以多种媒体的表现方式和超文本结构呈现的课程软件。

多媒体课件能交互地综合处理文字、图形、图像、动画、声音、视频等多种信息，能利用技术手段生动、形象、直观地展现教学内容，打破时空限制，突破教学重难点，调动学生的视觉、听觉等多种感官参与到学习中来，从而有助于学生掌握教学内容，提高学生的学习兴趣，活跃课堂气氛。因此，用多媒体课件辅助教学，使教师的“教”和学生的“学”多样化、高效化，极大地提高了课堂教学效率和教学质量，深受师生青睐。

二、课件的类型

制作课件时，首先需要考虑课件的类型。课件种类繁多，分类标准不同，课件的类型也不一样，按学科可以分为语文、数学、英语、科学等；按学段可分为幼儿园、小学、初中、高中、大学等；按使用目的可分为个别指导型、练习训练型、问答型、模拟游戏型和问题解决型。根据课件的实现功能，多媒体课件一般可以分为课堂教学型、自主学习型、训练练习型、实验型等。

(一)课堂教学型

课堂教学型课件一般采用类似幻灯片方式进行内容组织，每张幻灯片上集成若干个媒体素材，使用时逐个播放。这种课件主要用于辅助教师进行课堂讲授，突破教学重难点，优化课堂教学。制作这类课件时，要深入理解教学内容，分析学生初始能力，大量收集教学素材，精心设计课堂教学，才能达到良好的教学效果。

(二)自主学习型

自主学习型课件是以学生自主学习为中心，在技术上除了具有信息化教学资源常见的多媒体整合、人机交互、非线性组织信息的特点外，一般还具有自我管理、自我评价等特点。在设计上更多关注对学生自主、合作、探究等学习的支持。制作这种课件，须广泛调查学生的学习需要，认真研究学生的心理、生理、年龄、智力等特点，充分满足学生的个别化学习需求。

(三)训练练习型

训练练习型课件是通过试题的形式，用于训练强化学习者某方面的知识和能力。课件中显示的教学信息主要由数据库来提供。制作这种课件，除了调研学习者的学习现状外，还需要精心设计各种试题，组建完善的试题库。

(四)实验型

实验型多媒体课件是利用计算机仿真技术，提供可更改参数的指标项供学习者进行模拟实验或操作使用。学习者使用实验型多媒体课件，当输入不同的参数时，能随时真实地模拟对象的状态和特征。实验型多媒体课件是强调学习所模拟的特定系统，而不是学习普遍地解决问题的技能和策略，这类课件一般通过特定的软件来制作。

三、课件的作用

课件的作用主要体现在以下四个方面。

(一)呈现多种教学信息

多媒体课件集文字、图形、图像、声音、动画、视频等多种信息于一体，彻底打破传统的运用语言文字等单一媒体传递信息的局限，有利于调动学生多种感官同时参与学习活动。

(二)及时诊断与评价

多媒体课件可以及时地对学生的学习过程进行诊断、评价。多媒体课件强大的交互功能，可以很方便地调控学生的学习进程，诊断学生的学习效果，激励学生的学习兴趣。

(三)提高课堂教学效率

多媒体课件在短时间内能够呈现大量的教学内容，它丰富多彩的表现手法可以吸引学生的学习兴趣和注意力，它能利用技术手段再现多种时空，提高学生学习积极性和课堂教学效率。

(四)实现学习过程控制

随着技术的发展和软件的更新，现在许多课件制作工具，可以轻松实现对学生学习数据的更新和学习过程的控制。

四、课件的制作原则

课件的制作原则主要体现在以下五个方面。

(一)教育性原则

课件是为"教"和"学"服务的，教育性是课件制作的根本。制作课件时，要明确教学目标、突出重点难点、教学形式灵活、教学对象准确。

(二)启发性原则

课件不是平铺直叙地向学生呈现知识，课件在制作时要充分利用技术手段，设疑引思，启发学生思维，启发的方式主要包括兴趣启发、比喻启发、设疑启发等。

(三)艺术性原则

课件的艺术性主要表现在画面及人机交互的信息传递上，课件要吸引学生，须做到画面简洁、美观、大方，整体标准相对统一，课件所展示的语言文字应规范、简洁、明了。

(四)科学性原则

课件应该能科学、规范地表达学科的知识内容，不能出现知识性错误。问题表述准确无误，引用资料正确。

(五)技术性原则

课件的技术性主要是通过程序中各种数据结构、程序结构、控制技巧，以及运行的可靠性来衡量的。

五、课件的主要开发工具

课件的开发工具很多，目前用得最多的是五种。

①Flash：一款专门用于动画设计制作的软件，现更名为 Animate。

②PowerPoint：幻灯片为基本组成单元、专门用于制作电子演示文稿的多媒体软件。

③Authorware：一种面向对象并基于图标和流程线的多媒体课件创作平台。

④Dreamweaver：专门用于网络课件制作的可视化网页开发工具。

⑤几何画板：主要用于开发数学、物理课件的图形类教学资源制作工具。

第二节 PowerPoint 课件制作基础

一、PowerPoint 简介

PowerPoint，是微软公司办公应用软件包 Office 系列产品中的一员，目前较为流行的是 Office 2016，本章课件均采用 PowerPoint 2016 来设计与制作。用 PowerPoint 制作处理的整个文件称为演示文稿，打开演示文稿看到的每一页叫作幻灯片。PowerPoint 是一种操作简单、功能强大的多媒体制作及演示软件，利用它制作电子教案和多媒体课件简单方便，省时省力。

(一)PowerPoint 课件的设计原则

信息化教学过程中，PowerPoint 教学演示文稿的应用十分普及，用 PowerPoint 设计制作课件时，首先应考虑教学内容的呈现，幻灯片的界面布局、色彩搭配，教学活动的组织等要素，制作 PPT 课件时，主要遵循以下原则。

1. 教学内容优化

利用演示文稿呈现教学内容时，教学内容要精炼、重难点突出。每一张幻灯片中的重点、难点应提纲挈领地显示主要关键词，并把提炼出来的关键词分条目呈现在演示文稿上。如果信息量大，则尽量分组分页分条目的设计，这样每个页面的信息就会突出醒目、美观且条理清晰。

2. 教学设计结构清晰条理清楚

演示文稿的结构至关重要。利用 PowerPoint 制作课件时，首先要注意教学内容之间的连接性和逻辑性，把幻灯片呈现的知识层级、知识关联结构化、清晰化，保证页面目录清晰，让学生知道目前所在的页面位置，超链接不要使用太多，避免迷航。其次要把教学活动程序的顺序条理化，教学活动程序要符合学生的认知特点及思维发展过程。

3. 界面布局和谐统一

PowerPoint 提供了大量的模板和主题，应用这些模板和主题可以轻松地制作出具有专业效果的演示文稿。在选择模板和主题时，一定要与教学内容及学生的认知特点相符合。如果自己设计模板，注意幻灯片的布局风格要一致，各种编排要素在结构及色彩上保持一致，设计的界面要简洁明了、和谐统一，切忌太过花哨，否则容易影响学生的注意力。尽量减少与主题重难点无关的视觉内容，达到信息的有效传递。

4. 色彩搭配合理和谐

色彩基调的选择要与教学主题一致，作为基调的色彩在配置上需要占据较大的面积，切忌各种色彩平均使用。每张幻灯片的色彩配置不宜超出三种，采用对比色来突出主题信息，如色相的对比、饱和度的对比、明度的对比等；色彩的配置要能反映事物的固有属性，整个画面的色彩配置既统一、协调，又完整、悦目，起到调节和平衡的作用。

5. 页面设计优化

一是文字的优化。文字的美化包括字体、字号、字距、行距的设计，以及对文字的强调。转换成 SmartArt 图形等，通过协调、搭配组合，处理润色文字，使其有效地传达信息。

二是图片的优化。图片要以反映真实原貌为主，比例关系不变，图片数量和位置摆放要有规律性，特别的图片要附加说明性文字。

三是图表的优化。可以将图表的各部分加工润色，使其色彩鲜明、亮丽，形成强烈的对比。

四是背景的优化。背景是教学内容的辅助表达方式，背景要温和纯净，烘托主题内容，具有美感。

（二）PPT 课件制作流程

PPT 课件的制作，一般要经历下面六个步骤。

1. 准备素材

在制作前期，根据主题内容，收集相关素材，主要是课件所需要的图片、图表、声音、视频、动画等文件。

2. 确定方案

根据主题内容，构思设计课件的整个框架，包括模板的选择与设计、导航的设计、知识层级的设计等。

3. 初步制作

第一，新建演示文稿。PowerPoint 2016 新建演示文稿分为以下几种：空白演示文稿、利用已安装模板、现有内容、自定义模板、样本模板、Office. com 在线等方式。

第二，编辑“标题幻灯片”，添加内容，如文本、图片、图表、声音、影片等对象。

第三，添加新幻灯片。

第四，为新幻灯片添加内容。

4. 优化设计

利用母版设置页眉页脚，设置配色方案，调整幻灯片背景颜色和填充效果，并对幻灯片中的多媒体对象(如剪贴画、图片、艺术字、声音等)进行编辑，设置动画效果、交互方式等。

5. 预演播放

播放演示文稿，确认设置效果。

6. 保存并打包输出

二、PowerPoint 操作基础

PowerPoint 演示文稿由幻灯片组成，在每一张幻灯片中可插入文本、表格、图像、插图、批注、符号、媒体素材等。设计和编辑幻灯片内容即在幻灯片上布局各个对象，需要在普通视图中进行操作。

(一)插入文本

幻灯片中的文字不能直接输入，它必须以一个对象做载体。

1. 在占位符中添加文本

PowerPoint 2016 提供了多种幻灯片版式。其中，许多版式包含标题、正文和项目符号等文本占位符。所谓占位符，其实就是系统预设的较为特殊的文本框。创建演示文稿后，幻灯片会默认包含“单击此处添加标题”“单击此处添加文本”等虚线框。如图 6-1 所示，用户可以直接在这些框中输入文本并编辑。

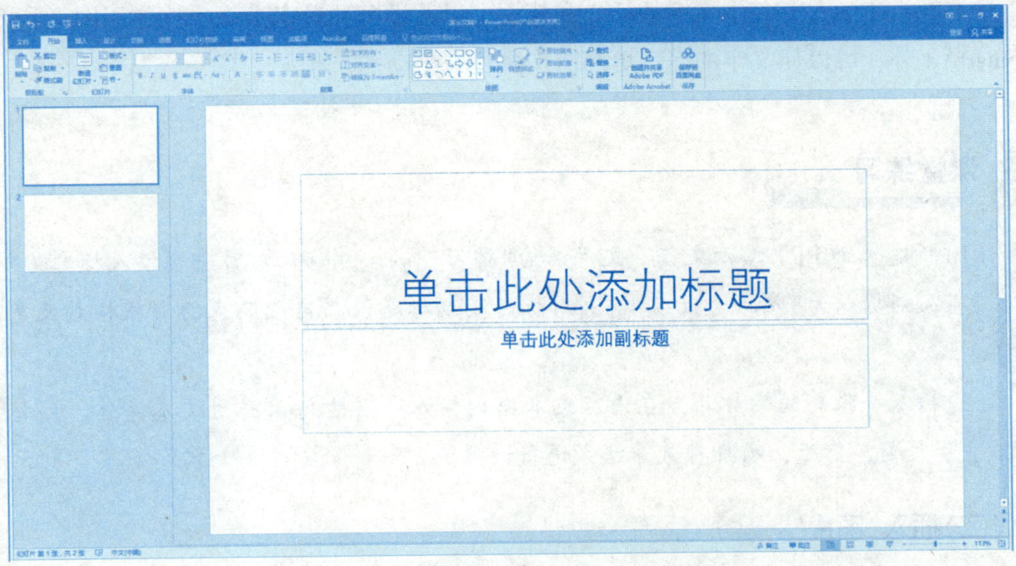

图 6-1 占位符输入文本

2. 通过文本框添加文本

若在幻灯片的其他地方添加文本，可单击“插入”选项卡“文本”功能区中的“文本框”按钮(如图 6-2 所示)。然后在幻灯片中拖拽鼠标添加一个文本框对象，再输入文字；或者直接在幻灯片需要添加文本的地方单击鼠标左键，出现文本框后输入文字。

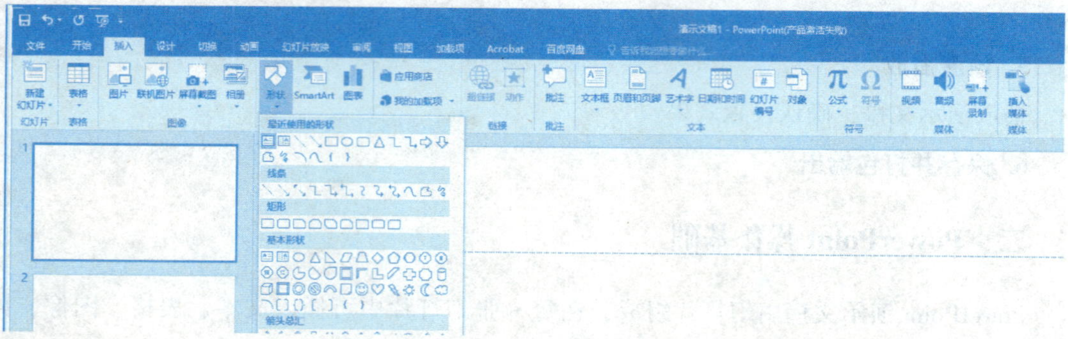

图 6-2　插入文本框输入文本

3. 文本的格式设置

文字输入后，有时需要对文字进行格式处理，既可以将文本框或占位符的内容作为一个整体处理，也可以选择部分文字进行处理。利用“开始”选项卡中“字体”及“段落”功能区中各种工具按钮，设置文本内容的字符及段落格式，也可设置项目符号、编号等。此外，还可以对文本框设置填充效果及文本效果。

PowerPoint 2016 中的公式输入与以前的版本相似，但增加了墨迹公式功能。单击“插入”选项卡“符号”功能区中的“公式”按钮组中的“墨迹公式”，会出现“数学输入控件”对话框，在框中绘制公式符号，在其上方会出现公式本身。

注：PowerPoint 2016 中文字的插入和使用可以通过多种形态出现，比如用图形、图表和 SmartArt 等，可以使文字的表达更简洁、醒目、生动。

课堂练习

(1)新建一个 PPT 演示文稿，文件名为“练习 .pptx”，在幻灯片首页插入标题为“古诗欣赏”及副标题为“制作者姓名”，并对标题及副标题设置自己满意的形状样式及艺术字样式。

(2)插入一张新的幻灯片，在内容文本框内输入一首古诗，并对文本字体、字体颜色、字号大小、行距、项目符号等格式进行设置。

(二)插入“图片”

在 PowerPoint 2016 中，可以插入各种形态的图形、图像。其中可插入的图像包括图片、联机图片、屏幕截图和相册，下面重点介绍插入计算机中的图片和联机图片。

选择“插入”选项卡，在“图像”功能区可见“图片”“联机图片”“屏幕截图”“相册”等按钮，单击“图片”按钮，就可以插入来自文件的图片了。

PowerPoint 支持插入多种图片文件格式，常用的是 JPG、PNG 与 GIF 等。GIF 动画文件插入后当幻灯片放映时，将自动重复播放其动画。

图片插入到幻灯片后，选中图片，就可以看到多了一个图片工具“格式”功能选项卡，选择此选项卡，可以对图片进行背景、颜色、艺术效果等调整，还可以对图片进行形状、边框、效果、版式等处理，以及对图片进行对齐、组合、旋转、裁剪等排版编辑。具体处理功能(如图 6-3 所示)。

图 6-3　图片格式设置

课堂练习

在网上搜索一张古诗作者的图片，并插入到“练习 .pptx”演示文稿第二张幻灯片页面的适当位置，选择“格式”选项卡，对图片进行适当裁剪，在“调整”功能区更改图片的颜色及艺术效果，在“图片样式”功能区给图片添加“柔化边缘椭圆”样式。

(三)插入“插图”

PowerPoint 2016 中单列了一个“插图”功能区，功能区中可以插入形状、SmartArt 和图表，插图是文字内容的重要表现形式。

1. 插入“形状”

在“插图”功能区，点击“形状”按钮，出现一个形状选择框，包括绘制矩形、基本形状、箭头总汇、线条、流程图、公式形状、标注、星与旗帜等图形对象。鼠标左键单击选中需要绘制的图形按钮，在幻灯片中按住鼠标左键拖拽，即可绘制所需的图形。

2. 插入 SmartArt 图形

SmartArt 图形是信息和观点的视觉表现形式。利用“插图”功能区的“SmartArt”按钮创建 SmartArt 图形，能快速、轻松、有效地表达信息，增强课件的观赏性和感染力。

选择“插入”选项卡，在“插图”功能区单击“SmartArt”按钮，弹出“选择 SmartArt 图形”对话框，“SmartArt 图形”选择框中，包含列表、流程、循环、层次结构、关系、矩阵、棱锥图、图片共八类 SmartArt 图形列表，每类图形列表中又包含多种图形样式。如图 6-4 所示，用户选中一种样式后单击“确定”按钮，就插入了所选的 SmartArt 图形对象。再单击各提示文本输入区域，输入相应文字。部分 SmartArt 图中还可以插入外部图片，增强 SmartArt 图形的观赏性。

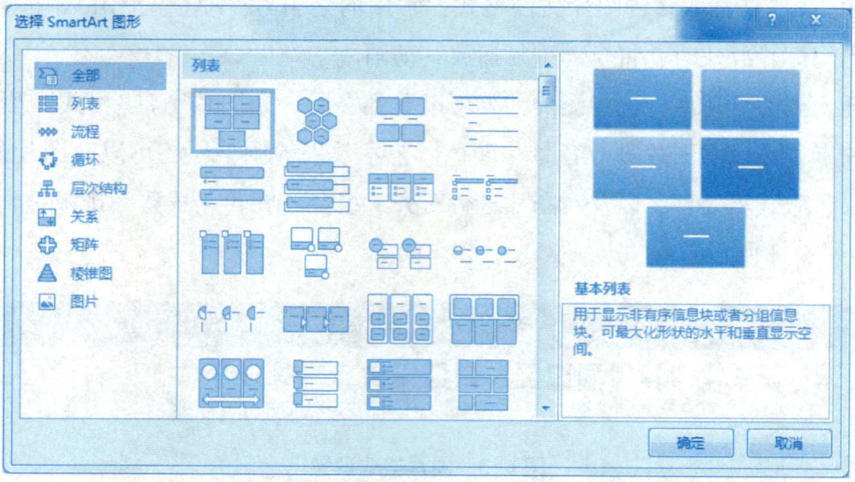

图 6-4 “选择 SmartArt 图形”对话框

在幻灯片中插入 SmartArt 图形后，在窗口中可以看到“SmartArt 工具”选项卡，包括“设计”及“格式”选项卡。在“设计”选项卡中，通过“创建图形”功能区，可以给插入的图表添加新的形状及项目符号等；在“布局”及“SmartArt 样式”功能区，可以对 SmartArt 进行布局及样式的修改。

课堂练习

在“练习 .pptx”演示文稿中插入新的幻灯片。打开“选择 SmartArt 图形”对话框，选择“垂直曲形列表”图形插入到幻灯片中，依次在文本框中输入“作者简介”“字词释义”“古诗欣赏”“巩固练习”等文本。在“SmartArt 样式”功能区，更改图形颜色为“彩色范围一个性色 2 至 3”、更改图形样式为“卡通”。

3. 插入“图表”

图表以图形的方式直观传达数据信息，一般演示文稿中需要对大量的数据进行分析时，就可以使用图表直观、形象地体现数据之间的关系，并能增强幻灯片内容的说服力。

选择“插入”选项卡，在“插图”功能区单击“图表”按钮，弹出一个“插入图表”对话框，在对话框的左边是各类图表的列表工具按钮，单击某类图表，在窗口的右边显示这类图表的形状及放大后的图表样式，选择某类形状按钮图标，单击“确定”，就可以在幻灯片中插入图表了。

在插入图表的同时弹出一个 Excel 工作表，在表格中的数据区域输入与图表相关的数据。关闭 Excel 表格，幻灯片中的图表会根据表格中的数据调整好形状。

图表创建完成后，还可以根据实际情况对图表进行编辑，比如修改图表数据、更改图表布局、设置图例等。如果觉得图表的样式太过单调，可以通过套用图表样式，或者依次对图表中的背景、图例、坐标轴等进行美化，使图表看上去更美观。

(四)插入“媒体”

PowerPoint 有强大的音频、视频媒体插入与处理功能，而 PowerPoint 2016 中还新增了屏幕录制功能，可以将录制的屏幕视频插入到幻灯片中。

1. 插入“音频”

在幻灯片中插入音频有两种方式：一种是插入本地音乐；另一种是现场录制声音，然后插入到幻灯片中。

(1)插入本地音频文件

把收集到的音乐或者朗读录音存储到计算机中。在制作课件时，选择“插入”选项卡，在“媒体”功能区，选择“音频”按钮，弹出一个下拉菜单(如图 6-5 所示)。选择“PC 上的音频”，就可以把计算机中的音频文件插入到幻灯片中。

图 6-5 插入音频

(2)现场录制音频

用户如果需要现场录制声音，首先把话筒等设备连接到电脑，检查话筒工作情况并试音，然后单击“音频”按钮，在展开的下拉菜单中选择“录制音频”选项(如图 6-5 所示)。

这时会弹出“录制声音”对话框，在“名称”文本框中输入音频名称，单击“录音”按钮开始录音；录音完成后，单击“停止”按钮停止录音；再单击“确定”按钮就可以把声音插入到幻灯片中(如图 6-6 所示)。

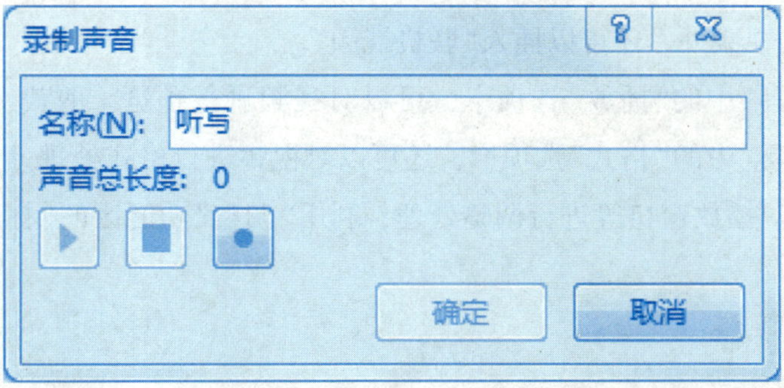

图 6-6 “录制声音”对话框

(3)音频的处理与播放

插入到幻灯片中的音频文件，可以通过“播放”选项卡的各种功能按钮进行处理与播放，从而达到课件对音频效果的要求。其功能设置如图 6–7 所示。

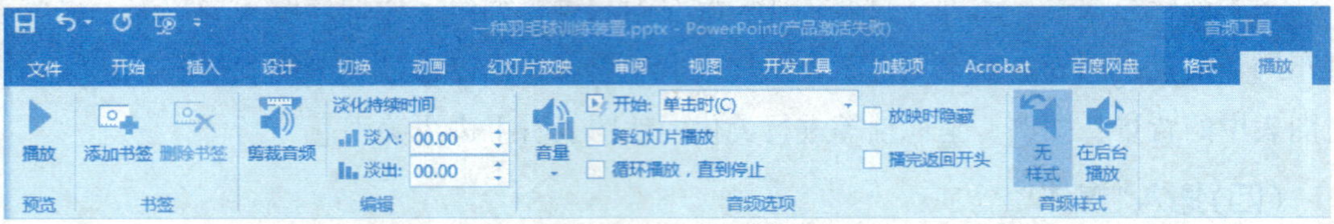

图 6–7　音频播放选项卡

选中幻灯片中的音频图标。选择“播放”选项卡，单击“预览”功能区的“播放”按钮，可以试听录制的效果。如果效果不理想，可以单击选择声音图标，删除声音，按照上面的方法重新录制。另外，还可以通过“编辑”功能区的裁剪按钮对声音进行裁剪编辑，设置淡入淡出效果；通过“音频选项”功能区对声音进行音量、开始播放等设置；通过“格式”选项卡，可以对声音图标进行格式处理，让声音图标的外观效果更吸引学生。

课堂练习

在网上搜索一首古典音乐，把音乐插入到“练习 .pptx”演示文稿幻灯片首页中，把音频图标放在幻灯片右下角，设置音频的播放方式为“自动”。

2. 插入视频

PowerPoint 2016 可以插入各种视频文件，包括 Animate CC(原 Flash)动画。插入本地视频与插入本地音频类似。选择“插入”选项卡，在“媒体”功能区，选择“视频”按钮，弹出一个下拉菜单，单击“PC 上的视频”按钮，就可以把计算机中的视频文件插入到幻灯片中。除了文件中的视频外，还可以插入“联机视频”。

选择“视频工具”中的“播放”选项卡，可以对视频进行预览、剪裁、播放等处理和设置。利用“视频工具”中的“格式”选项卡，还可以对视频进行格式处理。比如利用“视频样式”功能区的按钮对播放窗口等进行调整处理，利用“调整”功能区的“标牌框架”给视频添加一个封面。

课堂练习

在网上搜索下载古诗的配乐朗诵视频。在“练习 .pptx”演示文稿中插入新的幻灯片，幻灯片版式修改为“空白”，把视频插入到幻灯片中，更改视频播放窗口的大小，给视频添加一个封面，设置视频播放方式为“单击时”。

3. 屏幕录制

PowerPoint 2016 提供了非常强大的屏幕录制功能。选择“插入”选项卡，在“媒体”功能区，选择“屏幕录制”按钮，会生成录制界面。红色虚线为录制区域，可以根据需要调整大小。录制的时候，控制界面会自动隐藏，把鼠标移动到最顶端，又会自动出现。

开始录制：Windows 徽标键+Shift 键+R。

停止录制：Windows 徽标键+Shift 键+Q。

录制结束后，幻灯片里会自动插入刚才录制的视频；选中该视频可在右键菜单中选择“将媒体另存为……”把视频保存到本地计算机。

（五）幻灯片外观设计

演示文稿的外观设计是课件设计中重要的一环。界面美观、简洁、协调的 PPT，能吸引观赏者的注意力和兴趣。利用 PowerPoint 预设的大量格式，可以轻松制作出具有专业水准的演示文稿，这些预设格式包括设计模板、主题颜色、幻灯片版式等。

PowerPoint 2016 的设计模板是一种特殊的文件。一旦应用了某种模板，幻灯片的样式、风格、幻灯片背景、配色方案、装饰图案、文字布局及颜色大小等就已经确定。也可以根据实际需要进行修改。套用模板可以提高制作演示文稿的效率。PowerPoint 2016 为每种设计模板提供了几十种内置的主题颜色，可根据演示文稿的设计风格选择不同的颜色。这些颜色是预先设置好的，自动应用于幻灯片的背景、文本线条、阴影、标题、填充、强调和超链接等。

1. 模板设计

首先，新建一个演示文稿。单击“设计”选项卡，鼠标指针移到“主题”功能区的主题样式上，幻灯片的样式即刻发生变化，浏览选择合适的主题样式，单击即可应用该主题。“变体”功能区有四种固定的变体模式，可以根据需要自行设置主题的颜色、字体、效果和背景样式。

其次，如果只需替换部分幻灯片应用主题，把鼠标指针移到选定的主题样式上，单击左键就可以完成该文件的模板替换；或者单击右键，弹出一个下拉菜单，选择“应用于所有幻灯片”即可完成对整个文件的模板替换；或者选择“应用于选定幻灯片”即可替换被选定的数张幻灯片的模板（如图 6-8 所示）。

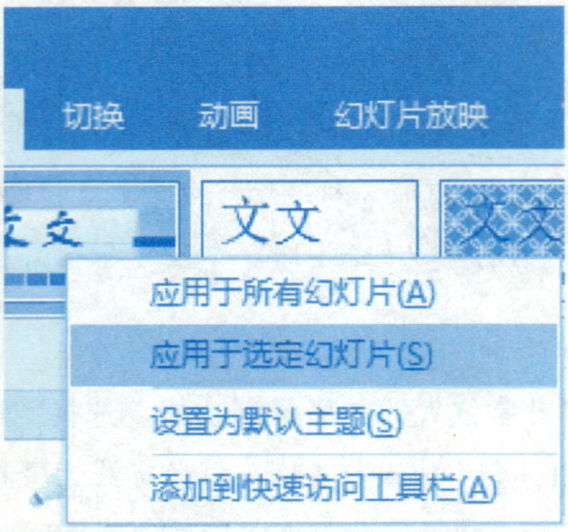

图 6-8　给当前幻灯片设置主题

最后，更改主题颜色、字体、背景样式等。单击"设计"选项卡，单击变体功能区右侧的按钮，展开的下拉菜单中排列着"颜色""字体""效果""背景样式"按钮。如单击"颜色"按钮，弹出"主题颜色"下拉菜单，鼠标左键单击选中的颜色，演示文稿所有的幻灯片的主题颜色将发生相应的变化。主题的字体、效果、背景等可以按照同样的方法进行修改。

课堂练习

在"设计"选项卡给"练习.pptx"演示文稿添加"水滴"主题，并修改主题颜色为"蓝色"，主题字体为"隶书"。

2. 幻灯片大小

按默认方式创建的演示文稿，其幻灯片大小长宽比为 4∶3。而现在的手机、电脑、投影幕布和一体机，都是 16∶9 宽屏形式。幻灯片大小设置为 16∶9 的长宽比，其比例更为协调，同时可以容纳更多的内容。PowerPoint 2016 设置幻灯片大小，可通过选择"设计"选项卡中的"幻灯片大小"按钮中的"自定义幻灯片大小"，会出现"幻灯片大小"对话框。

3. 幻灯片母版

用户可用 PowerPoint 幻灯片母版视图，设置独特的幻灯片主题样式。在幻灯片母版视图下，用户可设定各种标题文字格式、幻灯片背景样式等，在母版视图下，只需更改一项内容就可更改所有幻灯片的设计。PowerPoint 2016 提供了三种母版：幻灯片母版、讲义母版、备注母版，这里仅介绍幻灯片母版及其使用。

(1)幻灯片母版简介

幻灯片母版是用来存储模板信息和设计模板样式的。这些模板信息包括字形、占位符大小和位置、背景设计和配色方案等。通过更改这些信息，就可以更改整个幻灯片的外观效果。

单击“视图”选项卡，选择“母版视图”功能区的“幻灯片母版”按钮，进入到幻灯片母版视图，如图 6-9 所示，在“幻灯片母版”选项卡中可以看到“编辑母版”“母版版式”“编辑主题”“背景”“大小”和“关闭”共 6 个功能区。

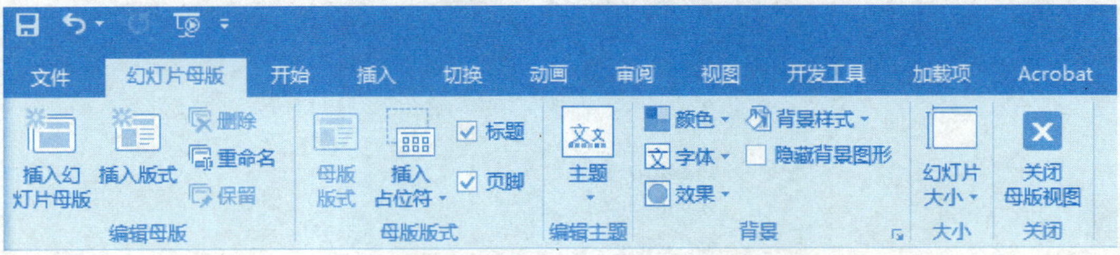

图 6-9 幻灯片母版功能区

在幻灯片编辑区，可以看到幻灯片中所有可以输入内容的区域，如标题占位符、副标题占位符、各级正文样式占位符和页脚占位符等，这些占位符的位置及样式决定了应用该母版的幻灯片文本外观效果。

(2)幻灯片母版设计

首先，准备好课件背景的图片，打开 PowerPoint 并新建一个空白的 PowerPoint 文档。

插入背景的第一种方法是，单击选中左侧幻灯片窗格的第一张幻灯片母版，单击“视图”选项卡，在“母版视图”功能区选择“幻灯片母版”，进入母版编辑状态。单击“插入”选项卡，在“图像”功能区单击“图片”按钮，选中要作为模版的背景图片，插入到幻灯片中，并调整图片大小，使之与母版幻灯片大小一致。选中图片单击鼠标右键，在弹出的下拉菜单中单击“置于底层”命令，让图片置于文本占位符下面，使图片不影响对母版图文排版的编辑。

第二种方法是，进入幻灯片母版视图后，选中第一张幻灯片母版，在“背景”功能区单击“背景样式”按钮，窗口右侧弹出“设置背景格式”的对话框，在“填充”选择列表框中选择“图片或纹理填充”命令(如图 6-10 所示)。单击“文件”按钮，把需要的图片插入到幻灯片，这个图片就直接作为幻灯片的背景了。

除了编辑幻灯片背景外，还可以编辑占位符中文字内容的样式(字符格式、段落格式及项目符号等)，插入应用当前模板的多张幻灯片中要显示的相同文字、图形等对象。在幻灯片母版中，通常需要设置演示文稿标记(单位名称、图标等)、编号、日期、各种文本样式等。编辑好幻灯片母版的模板后，单击“关闭母版视图”按钮，就可以退出母版视图，这时可以看到所有幻灯片的模板，都变成刚才编辑的模板。

保存编辑的主题。单击“文件”选项卡，在下拉列表框中选择“另存为”命令，在弹出的对话框中，修改“保存类型”为“Office 主题”，就可以把编辑好的主题保存下来了。或者单击“设计”选项卡的“主题”功能区右边的按钮，在展开的菜单中单击“保存当前主题”也可以把设计的主题保存下来。

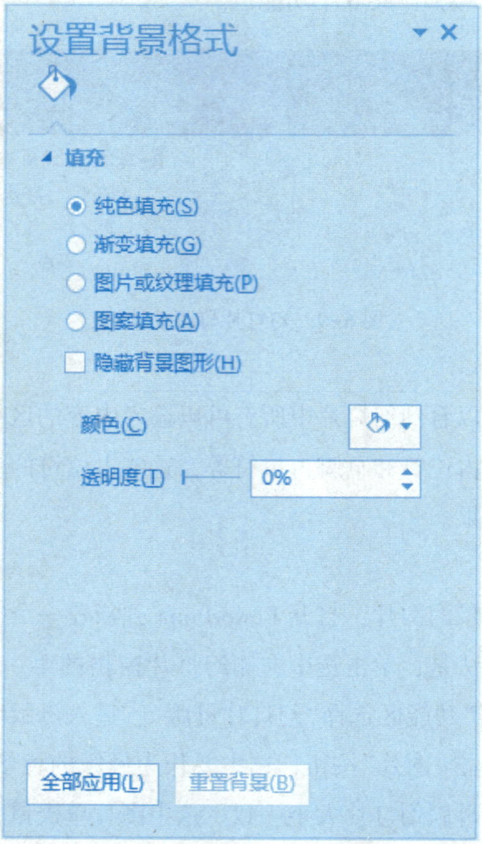

图 6-10 “设置背景格式”对话框

课堂练习

利用幻灯片母版视图制作一个关于“《静夜思》古诗欣赏”课件的主题模板。

三、交互式效果设计

在 PowerPoint 2016 中，可以为幻灯片中的文本、图像等对象添加超链接或者动作按钮，通过超链接及动作按钮实现幻灯片与幻灯片、幻灯片与其他文件、应用程序、网页等内容之间的自动跳转，从而实现人机交互。

(一)超链接

PowerPoint 中可以为幻灯片里的任何对象添加超链接，通过幻灯片对象的超链接，可以自动跳转到指定的幻灯片页面、应用程序、网页或者电子邮箱等。

选定要插入超链接的对象(可以是文本、文本框、图形等)，单击“插入”选项卡，在“链接”功能区里单击“超链接”按钮，就会弹出“插入超链接”对话框(如图 6-11 所示)。在对话框的左边排列着四个按钮，点击其中一个按钮，按照右侧提示的对话框进行相应的设置即可。

四个按钮的功能如下：

①“现有文件或网页”链接到其他文档、应用程序或者网页；

②“本文档中的位置”链接到当前文档中其他幻灯片；

③“新建文档”链接到一个新文件中；

④“电子邮件地址”链接到一个电子邮件地址。

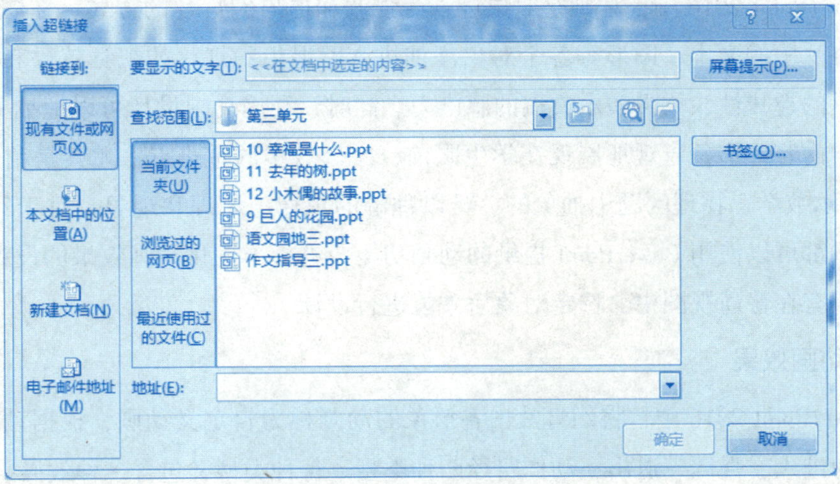

图 6-11 “插入超链接”对话框

(二)动作按钮

动作按钮是 PowerPoint 2016 中预设的，一组带有特定动作的图形按钮。这些按钮的动作与鼠标的单击、移动操作相关联，从而实现在放映幻灯片时跳转交互的行为。动作按钮在“插图”功能区的“形状”按钮内，这些按钮被预设为指向前一张、后一张、第一张、最后一张等链接，这些按钮中还设置有播放声音、动画、影片等按钮。

单击“插入”选项卡，在“插图”功能区中单击“形状”按钮，在下拉菜单的最下面有一排“动作按钮”图标(如图 6-12 所示)。选中某一动作按钮，然后在当前幻灯片中拖拽鼠标建立一个动作按钮对象，将自动弹出“操作设置”对话框。然后根据需要进行相应的超链接设置。

图 6-12　插入动作按钮

课堂练习

在“练习 . pptx”演示文稿第 3 张幻灯片中添加一个动作按钮，并超链接到幻灯片首页。

四、动画效果设计

在 PowerPoint 2016 中，动画是对象进入、强调和退出幻灯片的方式。在演示文稿中，可以给幻灯片中的文本、图形等各个对象添加进入、退出幻灯片的视觉效果和声音效果，以提高演示的趣味性，增强演示文稿的感染力。同时，利用动画设计可以把抽象的、难以理解的教学内容，形象直观地展现在学生眼前，突破教学的重难点，尤其是利用“动作路径”动画演示数学、物理问题中抽象的、难以理解的规律、原理和现象。对于幻灯片中所有的对象，都可以使用 PowerPoint 提供的动画功能，进行个性化动画效果的设计。自定义动画效果只有在普通视图中，选定对象后才能进行设计。

（一）动画效果

在 PowerPoint 2016 中，将幻灯片内各对象的动画称为自定义动画，根据动画的效果，将动画分为进入、强调、退出、动作路径四种类型。每种类型又包含多种效果。

1. 设计“进入”和“退出”动画

“进入”动画是演示文稿在放映时，幻灯片的对象在页面中从无到有、逐渐出现的过程；而“退出”动画则与之相反，它是对象从有到无、逐渐消失的过程，具体操作方法为：选中幻灯片中一个或多个对象，打开“动画”选项卡，直接在“动画”功能区中选择合适的动画，就可以给选中对象添加动画效果。单击“动画”功能区右边向下的三角形按钮，弹出下拉菜单，在“进入”动画组合中选择所需要的动画效果，即可为对象添加进入动画效果。同理，在“退出”动画组合中选择合适的动画效果，就可以为对象添加退出动画效果。

2.“进入”“退出”动画属性设置

给幻灯片的对象添加动画效果后，在“动画”选项卡的右边，单击“效果选项”可以给选中的动画效果设置该动画进入的方向、图案等。单击“高级动画”功能区的“动画窗格”

按钮，打开“动画窗格”对话框，在“动画窗格”里可以看到幻灯片所有对象设置的动画。同时，通过“动画窗格”，可以更改动画出现的先后顺序、预览动画效果。在“计时”功能区中，可以设置动画启动方式、持续时间、延迟时间和顺序。

幻灯片中各对象设置好的动画效果示意图(如图 6-13 所示)。图中各对象左上角的数字表示该对象放映时出现的先后顺序，“动画窗格”列表框展示当前幻灯片所有对象的所有动画效果及先后顺序。

图 6-13　动画设置效果图

3. 设计“强调”动画

“强调”动画是指在放映过程中可以吸引学生注意力的一类动画，它可以让对象放大、缩小、更改颜色或陀螺旋转等。强调动画的添加和属性设置与进入动画类似，且同样可分为基本、温和、细微和华丽四种类型。

4. 设计“动作路径”动画

“动作路径”动画是指对象沿着绘制路径运动的动画效果。PowerPoint 2016 中绘制的路径种类有“基本”“直线和曲线”“特殊”三种类型。每种类型下又包含了若干绘制路径的形状，这些形状可以让对象上下、左右、沿着圆形、心形、正弦曲线等多种图案移动。具体操作方法如下。

选中要移动的对象，单击“动画”选项卡，单击“动画”功能区右边的向下展开的三角形按钮，弹出下拉列表框，在列表框中选择“其他动作路径”，弹出“更改动作路径”的选择窗口。在窗口中选择要绘制的动作路径按钮，被选中的对象就会自动在幻灯片编辑区按路径运动，同时显示出路径运动轨迹。在添加一条动作路径之后，对象旁边出现一个数字标记，用来显示其动画顺序，并出现一个箭头来指示动作路径的开端和结束(分别用绿色和红色三角形符号表示)(如图 6-14 所示)。用鼠标拖拽绿色和红色按钮，可以更改对象移动的开始点和结束点，在“计时”功能区可以设置对象移动的“开始”“持续”“延迟”时间等。

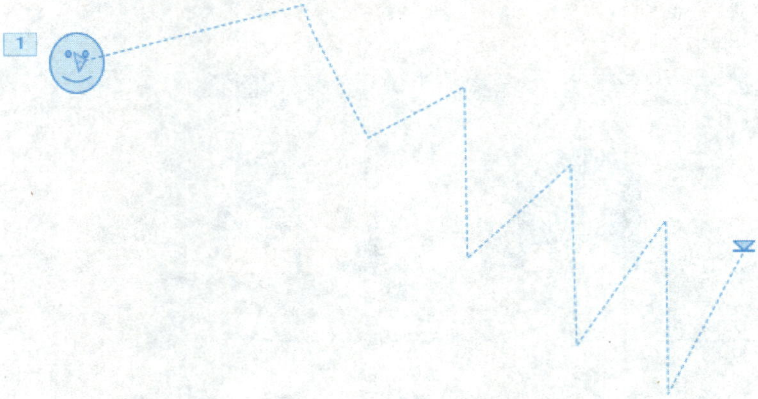

图 6-14　编辑动作路径

5. 替换“动作路径”

在 PowerPoint 2016 中，替换“动作路径”很简单，只需选中要替换的路径，单击新的路径形状，旧的路径就会被新路径替换。

6. 调整“动作路径”中的节点

在幻灯片上单击“动作路径”，即选中要修改的路径，这时动作路径四周出现矩形句柄框，调节各句柄可以修改路径的大小、长宽等，拖动带箭头的圆形句柄可以旋转路径。

单击鼠标右键，弹出一个菜单列表，单击“编辑顶点”，在路径上即出现许多节点，可以删除、增加节点，拖动节点可以改变路径形状，单击“关闭路径”，随即出现一个封闭的移动路径。利用“反转路径方向”，可以交换路径的开始和结束点。利用菜单中的这些功能可以创造更多的移动路径，演绎更加完美的运动效果。

(二)切换效果

幻灯片切换效果是指一张幻灯片放映完后，下一张幻灯片出现在屏幕中的指定衔接方式，默认情况下，幻灯片之间没有切换效果。

首先，选择幻灯片，单击“切换”选项卡。在“切换到此幻灯片”功能区选择相应的切换样式，则可设置当前幻灯片放映时出现的动画效果(如图 6-15 所示)。

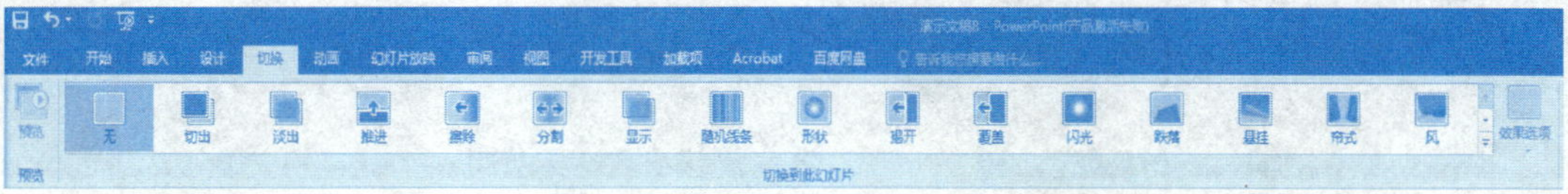

图 6-15 “切换”选项卡

其次，单击“形状”样式按钮，幻灯片随即出现“形状”默认的第一种“圆”的切换效果，单击右侧的“效果选项”，弹出“形状效果”列表框，可以更改成其他形状的切换效果。

再次，通过“计时”功能区。可以为幻灯片切换时添加切换声音，更改切换时间，设置换片方式，设置应用范围等；也可以通过设置自动换片时间实现自动切换（如图 6-16 所示）。

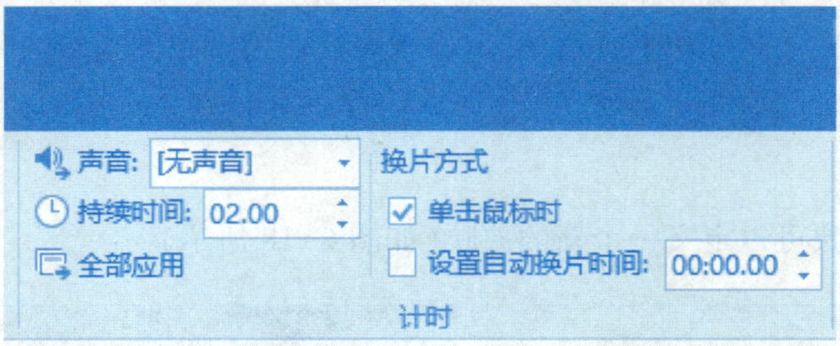

图 6-16 “计时”功能区

最后，幻灯片之间的切换效果可以在普通视图和浏览视图中方便地设置。选定多张幻灯片则对多张有效，每张幻灯片只能设置一种效果，如果选择另一种效果，则自动替换掉先前的设置。

课堂练习

给“练习 .pptx”演示文稿的首页标题及副标题设置进入动画，并给各幻灯片设置切换效果。

五、幻灯片放映

演示文稿创建后，可以通过放映来观察制作的效果，PowerPoint 2016 提供了多种放映和控制幻灯片的方法。如图 6-17 所示，“幻灯片放映”选项卡包含了放映、联机演示、自定义放映、幻灯片设置和录制幻灯片演示功能。其中新增了联机演示功能，主要是产生链接，使得他人通过浏览器也能观看演示，以方便网络教学与远程会议。不过在使用该功能之前，需要先登录 Microsoft 账户。

图 6-17　“幻灯片放映”选项卡

(一)幻灯片放映

在此功能区有“从头开始”“从当前幻灯片开始”“联机演示”“自定义幻灯片放映”四种供用户选择的放映方式。其中自定义放映功能，可以根据需要将幻灯片进行重新组合。

1. 放映方法

共有四种放映方法：①按 F5 键；②单击状态栏右边视图模式中的“幻灯片放映”按钮；③单击“幻灯片放映”选项卡，选择“开始放映幻灯片”功能区的“从头开始”按钮。

2. 自定义放映

通过自定义放映可以定义一个新的放映(如图 6-18 所示)。

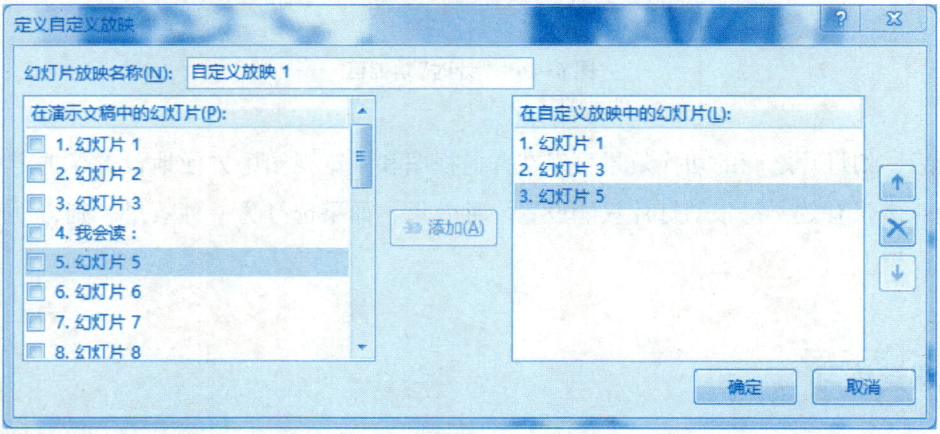

图 6-18　幻灯片自定义放映

将原有演示文稿中的幻灯片按演示实际需求，进行选择和重新排列。这个功能可以方便教师为不同班级学生授课使用，或者为不同的演讲使用。

(二)幻灯片放映设置

1. 设置幻灯片放映

在“设置”功能区，用户可以根据自己的放映需要，设置幻灯片的放映方式。单击“设置幻灯片放映”，弹出“设置放映方式”对话框。

一是演讲者放映：以全屏形式显示，演讲者可以控制放映过程，可以用绘图笔进行勾画，适用于大屏幕投影的会议、教学。

二是观众自行浏览：以窗口形式放映，可浏览、编辑幻灯片。适用于少数人的场合。

三是在展台浏览：以全屏方式在展台放映。首先在“切换”选项卡的“计时”功能区设置好自动换片时间，幻灯片会以设置的时间自动换片；或者在“幻灯片放映”选项卡“设置”功能区中，以“排练计时”设置的时间和次序进行放映。特别注意，此放映方式不允许控制放映的进程（如图 6-19 所示）。

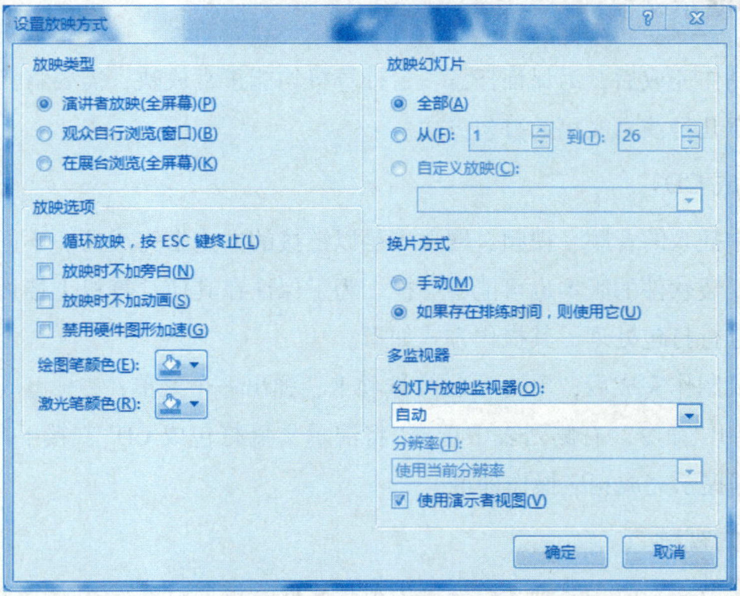

图 6-19　设置幻灯片放映

2. 排练计时

完成演示文稿的制作后，可以运用 PowerPoint 2016 的“排练计时”功能来排练整个演示文稿放映时间。演讲者利用此功能，在正式演示之前预演，了解每张幻灯片的讲解时间并记录下来，在正式播放时，系统会按照演讲者事先演练的时间进行播放。

单击“幻灯片放映”选项卡，在“设置”功能区单击“排练计时”按钮，则演示文稿从头播放，此时屏幕左上角显示“录制”框。整个演示完成后，系统记录下每张幻灯片的停留时间，通过幻灯片浏览视图可以看到。如果需要重新计时，再次使用“排练计时”功能，演示文稿将重新演示一遍，系统会记录下新的时间。

3. 录制幻灯片演示

PowerPoint 2016 有非常强大的幻灯片演示录制功能。使用该功能，可以将演示文稿录制成一个简单的微课。

单击“幻灯片放映”选项卡中“设置”功能区的“录制幻灯片演示”下三角形按钮，弹出一个下拉菜单列表，单击“从头开始录制”或“从当前幻灯片开始录制”，可以录制操作演示文稿。

课堂练习

打开“练习 . pptx”演示文稿，录制幻灯片演示，配上合适的语音旁白和文字说明。

六、保存演示文稿

演示文稿制作完成后，为保证任意一台计算机均能正常放映，需要将演示文稿打包保存，接下来介绍几种演示文稿的打包方式。

(一)打包成 CD

演示文稿中插入的音频、视频、网页等是以链接的方式来完成的。不同的计算机系统可能有区别，安装软件的版本也可能不一样。为了保证在其他计算机上播放时不出错，最好把演示文稿进行打包处理，其操作方式如下。

①演示文稿制作完成后，单击“文件”选项卡，弹出一个菜单；

②单击“导出”命令，右侧列表中选择“将演示文稿打包成 CD”，接下来单击“打包成 CD”命令，根据提示完成相应操作即可。

(二)保存为视频

有时需要将 PowerPoint 演示文稿导出为视频文件，可通过在“文件”菜单中选择“另存为”命令，在弹出的对话框中，选择文件类型为“MPEG-4 视频”或“Windows Media 视频”，再输入保存的文件名，单击“保存”按钮。

通常“录制幻灯片演示”后的演示文稿，保存为视频后可以作为简易的微课使用。

复习思考题

1. 什么是课件？

2. 教学课件的作用有哪些？

3. 参考前面的课件制作流程和方法，选择自己熟悉的学科教学内容，利用 PowerPoint 演示文稿软件制作一个教学课件。

第七章

“锐意进取，奋发有为”
——微课设计与制作

【学习目标】

1. 掌握微课的概念与特征。
2. 理解微课选题的原则。
3. 能使用 Camtasia 软件熟练完成微课视频的后期制作。

【思政导读】

深化教育领域综合改革，加强教材建设和管理，完善学校管理和教育评价体系，健全学校—家庭—社会育人机制。

第一节 微课概述

一、微课的产生与发展

（一）微课的产生

1993 年，美国北艾奥瓦大学化学教授勒罗伊 . A. 麦格鲁(LeRoy. A. MeGrew)提出了一个新概念——“60 秒课程”，他希望利用这种新课程模式帮助非专业的学习者，在非正式场合随时都能学习化学专业知识。

2004 年，萨尔曼 · 可汗用雅虎电子画画笔记本远程教表妹学习数学，效果非常好。之后萨尔曼 · 可汗把他讲授数学的视频放在 YouTube 上，没想到视频的点击量越来越大。到了 2006 年，萨尔曼 · 可汗成立了可汗学院，制作了超过 4700 个教授数学和科学的视频。至 2012 年 6 月，他在 YouTube 的频道已经吸引了超过两亿人次观看。他利用微型视频在网络上开展教学活动，获得全世界的认可。比尔 · 盖茨评价可汗的创新工作是“一场革命的开始”。

2008 年，美国新墨西哥州圣胡安学院高级教学设计师戴维 · 彭罗斯(David Penrose)首次提出，将原本几十分钟、几个小时的课堂内容，提炼出要点制作成十几分钟的微型视频课程。戴维 · 彭罗斯提出的“微课”概念，是指运用建构主义教育方法与理念构建而成的，以在线学习或移动学习为目的的实际教学内容，实质上改变了网络课程的教学形式。自此，真正意义上的“微课”概念出现了。

（二）微课的发展

在微课的教学作用逐渐得到认可之后，国外很多机构和组织纷纷开始制作微课学习平台，比较典型的有 Khan Academy、TED-Ed、Teachers TV、Watch Know Learn 等。Khan Academy(可汗学院)是萨尔曼 · 可汗建立的一个非营利性教育组织，通过在线视频向全世界提供免费的教育资源，视频每天的观看量达 20 万次。TED-Ed 是“用思想的力量来改变世界”的教育组织，其对象主要是教育者，课程包括 32 个主题，其理念为“打造有价值的课程”。Teachers TV(英国教育视频库)是英国教师的视频基地，其目标是用 5 年时间，帮助中小学学生提高学习成绩。Watch Know Learn 也是一个非营利的免费教育视频网站，该站点本身并不存储视频，只为用户提供优秀教学视频的链接，其愿景是学生可以在成千上万的优秀视频短片和其他媒体中自由学习每个主题。表 7-1 显示了国外三个微课学习平台的开发、建设和应用情况。

表 7-1 国外三个主要微课教学资源平台的建设情况

维度类型	可汗学院（Khan Academy）	英国教育视频库（Teachers TV）	基于维基功能的微课视频（Watch Know Learn）
视频目标	利用在线影像资料进行免费授课，加快各层次学生的学习速度	基于政府的教育命题目标，计划在5年内提高中小学学生的学习成绩，促进教师的专业发展	鉴于对学习资源安全性考虑，建设全球最优质的中小学教学视频资源，通过分类整理，促进微课应用于实践
视频内容	内容由易到难，涉及物理、数学、金融、化学、生物等学科	包括学校教学管理和学科教学内容。帮助学校的教学工作者拓展教学技能，深化他们的教学实践	包含了3~18岁学生所需要的教育主题，有5000多个教育目录、超过5万个的教育视频
视频技术	最简单的录屏技术(一台电脑、手写板、录屏软件、话筒)，录完上载到优酷，提供在线练习、自我评估及学习进度跟踪等学习支持系统	采用电视与网站进行实时和非实时播放，从预告到发布，最后到入库成为常态。这些资源能帮助教师联系更多的同行	采用维基框架和理念，邀请教师推荐能被收录至目录的视频，进行审核和批准并恰当分类。可以实现用户自主浏览
应用效果	翻转课堂模式，学生喜欢，成绩提升，受比尔·盖茨资助和表彰，预见教育未来。获得风险资金多达几百万	帮助教师节省了时间并获取一些实用性的建议、教学思想和课堂资源	视频内容的安全和质量受学校欢迎，是 e School Media 杂志读者评出的2012年获奖的50个网站之一

相比于国外，我国对微课的关注与实践起步较晚。

2010年前后，重庆、广东等地区探索性地开展微课建设，并组织微课教学比赛。2012年，随着“翻转课堂”“移动学习”“泛在学习”“视频公开课”等创新教学理念和模式的产生，微课迅速成为国内教育界关注的焦点。2012年10月，首届全国高校微课教学比赛正式拉开帷幕。2012年12月，香港凤凰卫视与华南师范大学合作，向全球发布“凤凰微课”移动学习客户端，6000多个网络视频课程向全球免费开放，课程内容不再局限于课堂教学，而是扩展到社会生活的方方面面，充分满足了学习者不同的学习需求。

2016年以来，全国多个省市都开展了各级各类面向中小学教师的微课制作竞赛，积极推进了微课的制作与应用。2019年，《教育部关于实施全国中小学教师信息技术应用能力提升工程2.0的意见》中明确指出，要面向社会汇聚教师信息素养提升的教育大资源，积极引入大数据、云计算、虚拟现实与人工智能等前沿技术支持的实物情景和实训操作等培训资源，尤其是职业教育课堂与实训室数字化教学相关资源，以及一线优秀教师参与研发的微课、慕课、直播课等视频培训课程资源。

二、微课的概念与特征

(一)微课的概念

对微课的概念，可以从三个方面理解。

第一，从“课”的角度看，微课是一种短小的“教学活动”。

第二，从“课程”的角度看，要有一套完整的教学资料，包括课程计划(微教案)、课程目标、课程内容(学科知识点)、课程资源(微课、微练习、微课件)。

第三，从“教学资源”的角度，微课可以是在线教学视频，也可以是数字化学习资源包。

微课的本质还是一堂课，因此，一个微课的结构应该是完整的，目标和内容应该是具体的，时间应该是可控的，呈现方式一般是视频格式。

(二)微课的特征

1. 时间短

根据学生的认知特点和学习规律，一个微课的时长最好为5~10分钟，最短的可以在1~2分钟，最长不宜超过15分钟。除正文之外的片头和片尾部分不要超过15秒。

2. 内容少

一个微课一般只讲一个知识点。微课不是常规课程的压缩版、剪切版，教师应选择与教学目标密切相关的重点、难点、易错点、易混点等内容进行微课授课。因此，课程中的微课之间可能是不连续的、碎片化的。

3. 教学环节完整

微课不是一个单纯的短视频，它在结构上应包括导入、引子、讲解与剖析、简单应用、结论、评价等基本教学环节，是一个简单、完整的教学活动。这些教学环节之间紧密联系、环环相扣，符合学习者认知规律，并具有较高的吸引力。

4. 流媒体播放

微课是以视频或动画为载体的，并能基于网络流媒体播放。这种放映方式适合于学习者使用移动平台随时进行移动学习、泛在学习、碎片化学习等。视频中的所有画面、语音讲解、文字和图像，能够快速吸引学习者，有效提高学习效果。

5. 主持人讲授

微课要求声情并茂，声画同步。主持人一边讲授一边操作演示，有利于学习者跟随学习进度和学习节奏。当然，主持人也可以不出镜。

（三）面向小学阶段的微课

1. 小学阶段微课的功能

根据小学生身心发展特征与小学教学特点，小学微课一般有课前预习、课堂讲授、课后巩固的功能。

课前预习的微课，需要学生独自学习，遇到不明白的问题要反复观看、积极思考。课前预习的微课，起到的是引导作用，内容的设计一定要充满趣味，知识点难度不应过大，有利于激发学生的学习兴趣。

课堂讲授的微课，则是在教师的控制下进行的教学过程。需要微课有生动形象的画面、活泼的语言，要引用身边的问题开展探究活动和互动，牢牢吸引学生的注意力。

课后巩固用的微课，是为了保证课前和课上的学习效果而制作的。教师可以针对学习内容，引导学生将掌握的知识在日常学习和生活中加以运用，对已学的知识进行总结和拓展，让学生能够看到自身的进步和取得的成绩，从而满足他们的获得感，促进他们积极开展课后思考与练习。

2. 小学阶段微课的分类

微课分类的方法有很多种。但小学阶段常用的微课，有如下七种类型。

一是讲授类微课。这类微课适用于教师运用口头语言向学生传授知识(如描绘情境、叙述事实、解释概念、论证原理和阐明规律)。这是小学最常见、最主要的一种微课类型。

二是启发类微课。这类微课适用于教师在教学过程中根据教学任务和学习的客观规律，从学生的实际出发，采用多种方式，以启发学生的思维为核心，调动学生的学习主动性和积极性，促使他们积极主动地学习。

三是问答类微课。这类微课适用于教师按一定的教学要求向学生提出问题，要求学生回答，并通过问答的形式来引导学生获取或巩固知识。

四是讨论类微课。这类微课适用于在教师指导下，由全班或小组围绕某一中心问题通过发表各自意见和看法，共同研讨，相互启发，集思广益地进行学习。

五是演示类微课。这类微课适用于教师在课堂教学时，把实物或直观教具展示给学生看，或者做示范性的实验，或通过现代教学手段让学生实际观察，获得感性知识，以说明和印证所传授知识。

六是自主学习类微课。这类微课适用于以学生为主体的学习，学生通过独立分析、探索、实践、质疑、创造等方法来实现学习目标。

七是探究学习类微课。这类微课适用于学生在主动参与的前提下，根据自己的猜想或假设，运用科学的方法对问题进行研究。学生在研究过程中获得创新实践能力和思维发展，自主构建知识体系。

第二节 微课设计

一、微课选题与开发

（一）微课选题原则

选题是制作微课的第一步，也是最关键的一步。恰当的选题能促进学生的学习积极性，能对学生学习起到事半功倍的效果。微课选题一般遵循以下七个原则。

1. 选题关注教学重难点

微课是为学生服务的，是为了解决学生学习中存在的问题。所以微课的选题，尽量挑选学生学习中容易混淆、出错的内容，特别是教学中的重难点。这就要求教师在制作前研读教材，研究学生，了解教学内容的重难点、学生学习中的易错点和易混淆点。比如小学数学中的《小数除法》《分数乘法》《三角形的面积》《数图形中的学问》《正反比例》等，这些选题都是属于制作价值较高的选题。

2. 选题内容大小适中

微课是一个完整的教学过程，也是一个相对独立的小型教学辅助资源。一个选题只能围绕一个重难点展开，一个选题讲授 1~2 个知识点，且选题必须在 5~10 分钟内能够讲清楚、讲明白。因此，选题一定要小，一定要准确，一定要明确。如《梯形的面积》《三角形的分类》《凑十法》等就是比较好的选题。总之，微课选题，既不能选择那些需要用一个课时，并运用多种教学手段才能突破的系统知识点，也不能选择那些无足轻重、体量过小，学生自主学习就能轻松掌握的知识点。

3. 选题内容宜深不宜宽

微课选题力求精准，不需要传统面授课程的开场设计和结尾，但更侧重于内容传递的精准性。微课开篇就要直达主题，让学生直接获取需要的信息。所以微课内容要做到“宜深不宜宽”。一个微课只能围绕一个教学重难点展开，知识点的信息不能多于 5 条。讲解一个完整的操作过程，有开始、有结束，但过程中信息不作延展。例如在微课《认识时间的长短》中，就不能延伸到时间单位之间的换算等内容。

4. 选题适合视频媒体表征

微课是以视频为载体，通过音频、视频、文字、图像等多种媒体技术呈现和表达教学信息的。微课要充分利用这些数字媒体的技术优势，向学生传达教学信息。例如教学中利用实物道具难以呈现时，就可以借助视频的动态演示来解决重难点问题。如小学数学中《圆的周长》《圆的面积》《生活中的大数》等。

5. 选题有系统性

微课制作要有系统性思维，是指注重微课制作的整体性与连贯性。微课的“微”是针对单个课程而言，但从整体学习效果来看，微课也要在系统性设计下，形成一系列的微课程资源包，才能发挥其更大的作用。因此，教师应仔细认真研读教材，梳理知识结构，逐步整理、完善，使之成为系统化的微课程。若一个主题的内容很难在一个微课内完成时，则应按照一定的逻辑关系和设计原则，围绕关联的知识点创作一个专题、一门课程的系列微课。

6. 能够发挥教师的特长

微课的选题要能扬长避短，能够充分发挥教师自己的特长，这里所谓的特长包括很多方面，如教师在教学内容上有见解、有新意，在教学方法和手段上有创新，在教学活动设计上不拘一格，让学生学过之后能有收获。①

7. 其他资源不可替代

这里的“不可替代”，针对的是选题中的知识点，只有按照教师自己的设计思路来制作一个微课，才能达成教学目标，而其他方式和方法都不可取。义务教育阶段的知识点讲解视频、相关文案或者图片说明在网络上能找到很多，如果要制作的微课可以用网上的资源替代，就没有必要花大工夫去制作这样的微课了。

(二)微课的命名方法

好的微课题目，首先应简明扼要，通俗易懂，容易被学生接受并引发他们学习的欲望；其次，应能指明具体学习内容，不跑题、不偏题，保证教学目标能得到实现。微课一般采用以下四种方式命名。

1. 提问式

What：适用于概念、事实、定义类教学内容。常用句式是“……是什么”或“什么是……，如“土壤里有什么?”

Why：适用于原理类教学内容。常用句式是“……的原因是什么?”或“……为什么会这样?”，如“岩石会改变模样吗?”

How：适用于过程、步骤等操作类教学内容，常用句式是“如何……”，如“怎样写人物说话的提示语”。

Who：适用于教学内容以人、组织、特定名称等为主的教学内容，如“小学生如何进行自我防护”等。

2. 告知目标式

告知目标式起名，是非常言简意赅地用几个词提炼核心教学目标作为标题。一般看到标题就知道内容是啥。比如“字的创意设计”“长方体体积的计算”。

3. 提炼对象式

标题除了包含教学内容，还可以包含学习对象、学习时长、学习步骤等。如“测绘法观测水平角”“概括文章主要内容的方法”。

4.“陌生的熟悉感”式

通过将常见的物品，或比较热的影视剧、广告等作品与课程知识点相结合，形成有趣的标题，如“舌尖上的昆虫”“江畔独步寻花”“退一步海阔天空”等名称(见表 7-2)。

表 7-2　小学阶段各学科微课参考名称

序号	微课名称	适用学科	适用学段、年级
1	快乐的动物	数学	小学三年级
2	组合图形的面积	数学	小学五年级
3	倍的认识	数学	小学二年级
4	字母 O 在开音节单词中的发音	英语	小学四年级
5	Have 与 has 的用法	英语	小学三、四年级
6	The Liule Mermaid	英语	小学五年级
7	听听，秋的声音	语文	小学二年级
8	常见修辞手法介绍	语文	小学高段
9	走近“的”“地”“得”	语文	小学二年级
10	小苏打和白醋的变化	科学	小学六年级
11	拱形的力量	科学	小学六年级
12	四二拍与四三拍	音乐	小学二年级
13	彩蝶飞飞	美术	小学二年级

(三)微课的开发流程

微课的开发包括整体规划、教学设计、素材准备和剪辑制作四个阶段(如图 7-1)。

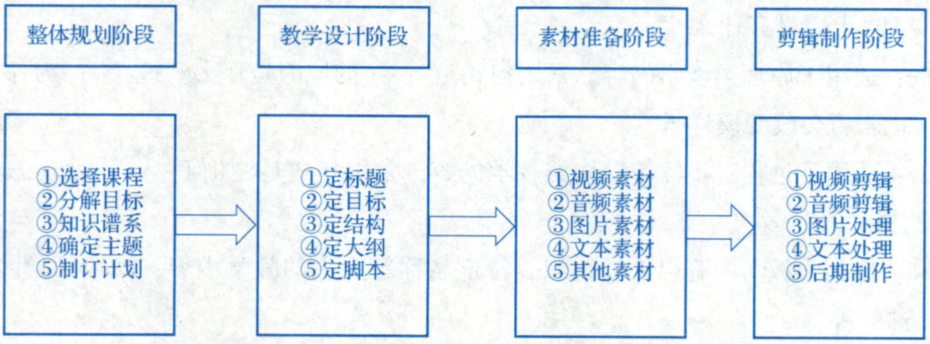

图 7-1　微课开发的四个阶段

在整体规划阶段，要对一门课程的所有教学内容进行分析和分解，然后按照一定的逻辑顺序绘制课程的知识谱系，并确定每一个微课主题，最后根据微课主题制订整门课程的微课开发计划。

在教学设计阶段，根据确定的微课主题，设定教学目标，设计教学内容，构思微课结构，编写微课脚本。

在素材准备阶段，要根据微课脚本的要求，录制 PPT 课件素材，录制旁白音频素材，挑选背景音乐素材，拍摄制作视频片段，寻找图片文字等。

在剪辑制作阶段，要在软件中对各种素材进行编辑处理，最后输出一个视频文件，即微课作品。

二、微课的教学设计

(一)教学目标设计

小学阶段的三维教学目标是知识与技能、过程与方法、情感态度与价值观。知识与技能是最基本要求，是显性目标，是可测量的目标，可以用“学会”两字概括。过程与方法是学生完成知识与技能目标所使用的方法和经历的过程，这个目标可以从学生的行为中观测到，可以用“会学”二字概括。情感态度与价值观就是通过学习知识和技能的求知过程，学生获得怎样的体验，包括成就感、挫败感、兴趣等非智力因素，可以用“乐学”二字概括。

在微课教学设计中体现三维目标，主要注意以下原则：

①三维目标只有在微课中创设有效的教学情境、任务和问题才能落实；

②三维目标不是均等存在的，很难在短短几分钟的微课中都找到相应的方法与途径；

③不同类型的微课对实现三维目标的作用是不一样的；

④课程总的目标以三维形式表述，但对于不同学科或不同课程的微课，教学目标也可以用其他形式表述。

(二)教学主线设计

教学主线，是指教师为了完成教学目标而设计的、贯穿于整个微课教学过程中的一条教与学的主线。教学活动应始终围绕教学主线展开，并使教学过程自然连贯、环环相扣，条理分明。在小学教育阶段，构建微课教学主线的方法主要有：以故事为主线，增强课堂趣味；以游戏为主线，调动学习热情；以探究为主线，体验成功快乐。

(三)语言设计

首先，由于微课教学时间长度有限，教师在教学中语言表达要准确、简洁；其次，不同讲课内容要选用不同的语言表达方式，除了不能出现知识性错误，还应加入适当的幽默；再次，教师讲解时要投入自己真挚的情感，把握适当的节奏，利用声音的起伏变化，同时把手势、表情运用起来吸引学生的注意力；最后，在讲解时还要特别注意关键字、关键词的发音和音调，做到抑扬顿挫、生动活泼，富有感染力。

(四)结构设计

微课在结构上一般分为开始、正文讲解和结尾等三个部分。

1. 开始部分

微课的开始部分由片头和导入构成。

片头设计：片头主要用于呈现微课名称、主讲教师的基本信息和联系方式等，放映时长为3~8秒。片头的画面效果应力求简约，清楚明了，突出主要信息，一般不配背景音乐。

导入设计：导入在微课中占有重要的地位，主要用来引起学生注意，激发学习兴趣，并交代课程主题，明确学习任务。导入部分不能太长，切入课题要迅速简洁，做到短小精悍、开门见山。微课导入语多种多样，其中以故事开头、以问题导入、以引入学生经验开始，再联系微课主题的开篇设计，更能够引人入胜。

2. 正文部分

正文讲解部分是微课的主体部分，也是时间最长的部分，承担着主要的教学功能。这部分需要体现教学设计的思路，内容上要求材料充实、层次清楚、图文并茂、衔接流畅，结构上要求主线清晰、详略得当、由浅入深、逐步深入，还要能利用多种媒体手段来突破重点、破解难点。过渡语的使用也是正文部分要设计的重要内容之一。好的过渡语在微课中要起到承上启下的作用，也能让教师语言流畅，更加富有吸引力。

3. 结尾部分

微课结尾部分主要是对微课主体内容进行概括总结，强调重点和难点，并可提出具有启发性的思考题。教师可以根据内容，添加2~5个试题进行知识点的检测，并结合学习平台，对学生的学习数据颗粒度进行跟踪，了解每一位学生的学习情况，为微课的修改或下一节微课制作提供参考依据。如果是系列微课中的一个，教师还可以在结尾部分为下一个微课内容进行前期的铺垫，使得微课间形成有机的整体。

(五)教案设计

微课教案是微课制作的基本依据。教案反映了教师的教学步骤和微课的设计思路。微课教案是教师在教学设计的基础上编写的基于微课教学活动的指导书。和常规教案相比，它们在结构上基本相同，但也有差异性。

从内容上看，微课教案一般包括：课题名称、知识点来源、设计时间、授课教师、录制方式、教学对象、教学环节或类型、设计思路、教学过程(含导入、探索、学习、讲解、总结)、课后习题、教学反思等内容。从形式上看，微课教案可以是表格式，也可以是文

字式。(见表 7-3)

表 7-3 微课教案设计案例表

名称	平行四边形的面积		
教学目标	1. 知识与能力目标：通过学生自主探索、动手实践推导出平行四边形面积计算公式，理解和掌握平行四边形的面积计算公式，能正确求解平行四边形的面积。 2. 过程与方法目标：让学生经历平行四边形面积公式的推导过程，通过操作、观察、比较活动，初步认识转化的方法，发展学生的空间观念。 3. 情感态度与价值观目标：使学生感受数学与生活的联系，培养学生的数学应用意识，体验数学的价值。		
教学重点	探究并推导平行四边形面积的计算公式，并能正确运用。		
教学难点	通过学生动手操作，用割补的方法把一个平行四边形转化为一个长方形，找出两个图形之间的联系，推导出平行四边形面积的计算公式。		
教学策略	讲授法、观察法、讨论法、演示法。		
教学环节	教师活动	时间	备注
导入新课	1. 游戏：小小魔术师(捏住长方形框架的一组对角，往外拉)。 2. (课件出示两个花坛)我们已经学会计算长方形的面积，如果要比较这两个花坛的大小，怎么办，谁有办法?	1 分钟	
探究新知	1. 用数方格的方法启发学生猜想平行四边形面积的计算方法。 用课件演示：先出示一个画有方格(每个方格的面积是 1 平方厘米)的长方形，再将一个平行四边形放在方格图上面，用数方格(不满一格的按半格计算)的方法回答问题。 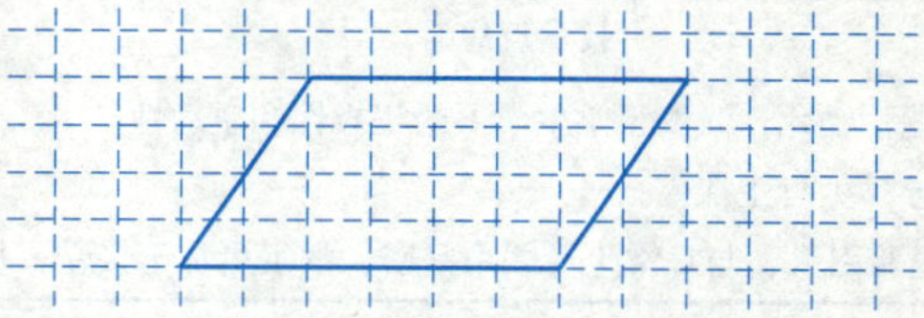 2. 引导学生把平行四边形转化为长方形，验证猜想推出平行四边形的面积公式。 (1)提问：不数方格，能用其他方法来证明它们面积相等吗？利用学具想办法验证(一张平行四边形的纸，一把三角尺和一把剪刀)。 (2)提示：把平行四边形变成长方形后再计算它的面积。其实计算平行四边形面积的第二个方法就是割补法。 (3)教师演示把平行四边形通过画一画、剪一剪、拼一拼的方法变成长方形的过程。 (4)小结求平行四边形面积的计算公式。 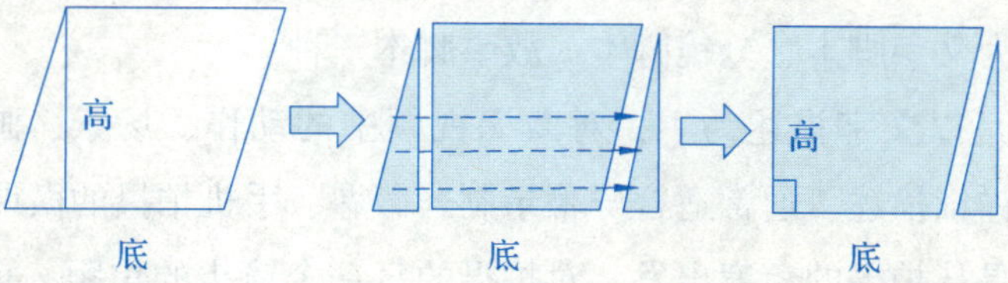 	5 分钟	

续表

名称	平行四边形的面积		
巩固练习 (1-2 题)	1. 平行四边形花坛的底是 6 米，高是 4 米，它的面积是多少？ 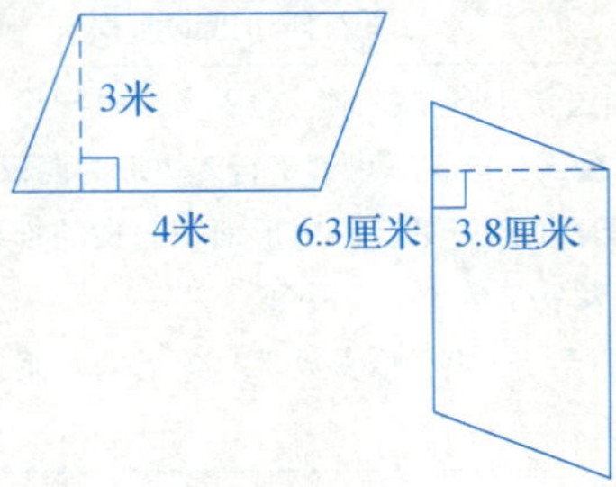 2. 求下面每个平行四边形的面积。 让学生学会用公式来列式计算，运用知识解决问题。	2 分钟	
归纳小结	计算平行四边形的面积必须知道什么条件，平行四边形的面积公式是怎样推导出来的？ 平行四边形的面积计算公式：平行四边形的面积=长×宽 用字母表示：S=ah	30 秒	
课后练习(2~3 题)			
1. 计算下面各个平行四边形的面积。 (1)底=2.5 厘米，高=3.2 厘米。(2)底=6.4 分米，高=7.5 分米。 参考答案：(1)8 平方厘米(2)48 平方厘米 2. 小明家有一块平行四边形的菜地，面积是 120 平方米，量得底是 20 米，它的高是多少？ 参考答案：6 米			
教学反思			
1. 通过图文并茂，把静止的问题活动化，激发了学生学习的积极性和主动性。 2. 创造出和谐的环境，引导学生自主探究。 本课是从学生的已有生活经验引入，与日常生活联系紧密，学生更易于接受，从而喜欢上数学。			

(六)脚本设计

“脚本”这个词一般有两个含义：

①在计算机语言中，脚本是按照一定格式编写的可执行文件；

②在影视拍摄制作中，脚本是指表演戏剧、拍摄电影、剪辑视频所依据的底本或书稿。本书的脚本是指后者。脚本是微课教学设计的产物，本章后面的微课素材准备与剪辑合成，都是按照脚本来进行操作的。可以说，好的脚本是微课成功的一半。

微课脚本可以分为文字脚本、分镜脚本、故事脚本三种。

一是文字脚本，是以文字描述为主，对微课视频中的动作、场景、画面、音效、文字、讲解、时间等做详细描述，通常适合屏幕录制式微课、手机拍摄的微课。

二是分镜脚本，是从拍摄的角度出发，对拍摄的每一个镜头的焦距、构图、景别、灯光、音效、解说词等进行标明，通常适合情景重现类、故事表演类、设备操作演示类微课视频的拍摄。

三是故事脚本，是将创意构思的主要画面绘制出来，把思想及文字的表达通过艺术手段视觉化呈现出来的方式，适合于制作以动画、卡通人物等为主体的微课录屏与拍摄。

在小学阶段，教师一般会选择使用文字脚本。（见表 7-4）

表 7-4 脚本设计案例表

微课结构	教学环节	展示内容与教学过程	制作工具与方法
片头（5 秒）	呈现基本信息（片头要求蓝底白字、楷体、时长 5 秒，显示教材版本、学段、学科、年级、学期、作品名称、教师姓名和所在单位等信息）	人教版小学数学四年级下册三角形的内角和初等教育学院教育技术中心	蓝底白字字幕，字体为四号和二号。用 CS 软件标题功能后期添加和编辑
导入（1 分钟内）	提出问题、激趣导入	提出问题：知道三角形两个角的度数，如何求出第三个角的度数？并将问题转化为求三角形的内角和。这就是咱们这节课要研究和解决的问题——三角形的内角和。（产生认知冲突，引发思考，激发求知和探究的兴趣和欲望，让学生带着问题去学习）（1 分钟）	使用 DV 录制，教师出镜。教师讲解的声音在片头字幕中出现
讲解（8 分钟内）	围绕提出的问题，从特殊到一般，一层层、一步步，逐步引导，逐层剖析，先探究，再验证。最后是问题解决，能力提升，智慧得到启迪	1. 从最常用的两种直角三角形的内角和（180°）入手，提出一般三角形内角和的问题（搭建帮助学生思考的脚手架）（30 秒）	Smart notebook 课件与录屏软件
		2. 利用测量的方法探索和发现三角形三个内角的和等于 180°，建构“三角形三个内角的和等于 180°”的知识（4 分钟）	使用 Smart note-book 量角器工具与录屏软件
		3. 利用“撕拼”的方法操作和验证三角形三个内角的和等于 180°，进一步巩固对“三角形三个内角的和等于 180°”的认知（3 分钟）	插入预先制作的动画片段
		4. 知识应用：解决“知道三角形两个角的度数，如何求第三个角的度数”问题（20 秒）	Smart notebook 课件与录屏软件
		5. 知识拓展：解释不能画出有两个直角的一个三角形的原因（10 秒）	Smart notebook 课件与录屏软件
小结（1 分钟）	教学回顾与小结，提出新的问题，引发新思考	1. 本课回顾：五个探究步骤（40 秒）	教师出镜，使用 DV 录制
		2. 提出新设问：一个三角形中，有没有可能有两个钝角呢？（20 秒）	

第三节 微课视频拍摄与后期制作

一、微课视频的拍摄与录制

根据微课的教学功能和技术特征，常见的微课视频可以分为两种类型：一种是使用摄像机或手机等器材将教学内容拍摄出来的视频；另一种是使用截屏软件，将电脑播放的微课 PPT 或者教师的操作演示过程录制下来的视频。公式推导、例题分析、定理分析等书写内容较多的理论课程，适合使用手机拍摄制作微课视频。软件操作、PPT 演示、微视频播放等内容则比较适合录制屏幕。

对大多数农村地区教师而言，使用手机拍摄和录制屏幕是最经济、最实用的。这两种方法甚至无须专业设备、无须专门人员，并且制作成本低，制作过程方便简单。本节将具体介绍手机拍摄微课和使用软件录制屏幕的方法。

(一)手机拍摄微课

1. 拍摄前的准备工作

(1)教学资料的准备

首先要准备好微课的脚本，并认真阅读和理解脚本内容。由于使用手机拍摄的过程中，镜头的焦距、景别、角度等都是固定的。不需要在脚本中规定每一个分镜和教学内容的时长，教师可以根据教学内容安排分镜的内容。通常情况下，教师使用 A4 白纸进行授课讲解，可以根据 A4 纸来划分分镜节点，每一张纸作为一个分镜内容，每一张纸解决一个教学问题。

由于拍摄过程中需要更换 A4 纸，为了不影响拍摄效果，请将预备的 A4 纸放置在办公桌上指定的位置，并便于取用。当 A4 纸放置在规定的拍摄区域后，用粘胶固定纸张，以免在讲解过程中移动。

(2)器材的准备

摄像器材主要是手机和固定支架。固定支架可以选用手机万向台式支架。在固定好支架和安装好手机后，要调整支架的万向节，使手机的摄像头垂直对准固定好的 A4 纸中心区域；特别注意查看手机内存和电池是否够用。如果内存不够用，则需要清理内存或更换内存卡。

接着要调整手机的高度和拍摄焦距，使 A4 纸正好位于手机拍摄的有效区域内。如果教学内容需要使用到三角尺、直尺、圆规、彩色笔等工具，应放在手机拍摄区域以外指定的地方，并便于取用。需要同步录制教师讲解声音时，配置外置式录音笔或录音麦克风，以提高授课录音的质量。

(3)拍摄环境的布置

微课拍摄要选择比较安静的地方，如会议室、独立办公室、书房等场所。拍摄前切记要关闭手机的信号，以免在拍摄过程中干扰录制。同时还应关闭办公室电话、电视机、空调等。最好能在光线充足的地方拍摄，可以将室内日光灯或台灯打开作为补充照明，并对各个照明灯的亮度、角度、位置进行适当调整，以消除阴影。

2. 录制过程中要注意的问题

一是教师在讲授或书写的过程中，要注意头部和手部动作，以免触碰手机或支架。需要使用双手操作三角尺等绘图工具时，尽量不要遮挡光线，不要影响拍摄画面。更换纸张或取用教学工具时，动作要自然、流畅、舒缓，不要紧张和慌乱。

二是每次拍摄前都要检查和调整手机的位置，以免出现不必要的失误。拍摄微课视频最容易出现的问题是拍摄画面变形，这是由于手机摄像头没有垂直正对 A4 纸的中心位置。在拍摄前可以试拍几次，调整到最佳拍摄角度。在拍摄过程中，要注意保持手机的稳定，不需要变焦，变焦功能会导致画面失帧、抖动、模糊。

三是尽可能使用横拍方式进行拍摄，这是因为目前很多播放设备都采用 16∶9 的宽屏。竖屏拍摄会导致剪辑出来的视频左右两边有较宽的黑边。为了确保录制画面方向一致，请在拍摄前关闭手机画面自动旋转功能。每完成一个镜头后，都要停下来回放检查，出现错误时要重新拍摄。

四是拍摄时尽量使用录音笔等外部设备获取声音。如果实在没有专门的录音设备，就找一个安静的时间、地点进行拍摄，如下班后的办公室、晚上夜深人静的房间等。开始拍摄后，教师不要马上开始演示操作，要等待 3 秒以后再开始，以便后期剪辑处理。如果演示完了也不要立刻松懈下来，更不能看镜头，保持最后一个动作和表情 3 秒之后再停下来。

(二)录制屏幕微课

1. 屏幕录制软件的安装

与其他视频微课的制作不同，录屏类微课不需要额外的视频录制设备，只需要准备好软件就行了。在众多的录屏软件中，TechSmith Camtasia(简称：TSC)不仅录屏功能强大，操作方便，简单易学，而且具备视频编辑功能。本节以 Camtasia Studio 6 为例进行讲解。

安装 Camtasia Studio 6 的具体步骤如下。

(1)下载软件

下载两个必要软件到本地电脑：Microsoft. NET Framework 4. 6；Camtasia Studio 6。

(2)安装软件

第一步，安装 Microsoft. NET Framework 4. 6。安装该软件需要同意协议，稍等片刻安装完毕。

第二步，安装 Camtasia Studio 6 英文原版，然后安装汉化补丁。按照自动安装步骤，选择同意许可条款即可。

第三步，软件安装完成之后，输入注册号(由注册机自动生成)，软件安装完毕，软件界面，如图 7-2 所示。

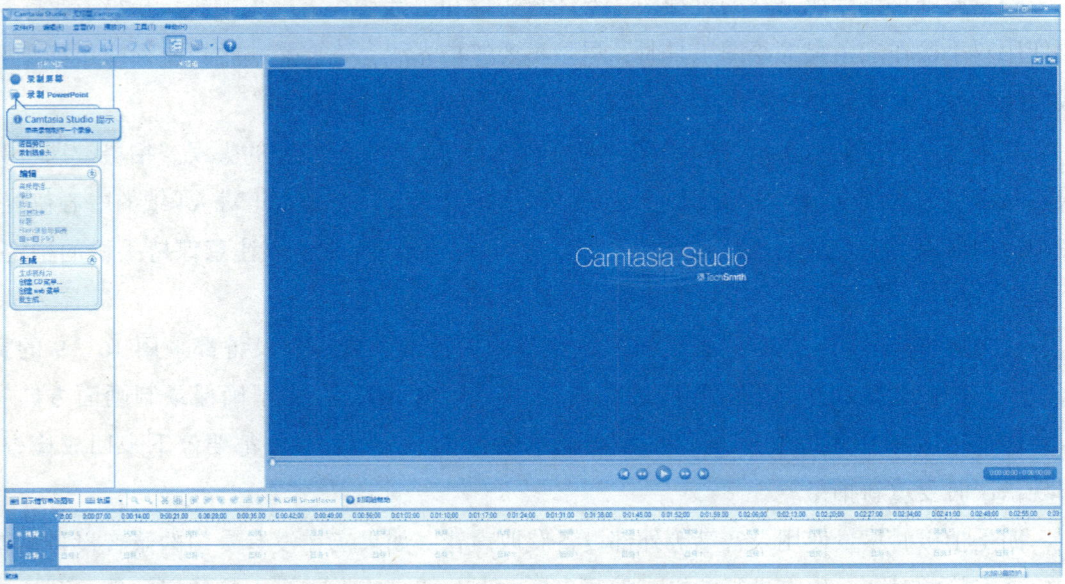

图 7-2　Camtasia Studio 6 的主界面

2. 录制的方法与要点

一是启动软件，打开录屏功能。鼠标双击桌面上 Camtasia Studio 6 软件图标，启动软件。在软件主界面左上角单击“Record”(录制)按钮，在软件主界面右下角出现录屏功能界面(如图 7-3 所示)。

二是录屏参数设置。录屏参数包括选择区域、设置两项主要内容。如图 7-3 所示，前者是指用户要录制的屏幕区域，有两个选择：全屏录制、自定义录制区域。后者是指用户要选择是否使用摄像机和录制音频。参数设置完成之后，请关闭任务栏中运行的其他文件或文件夹，以免影响视频录制效果。

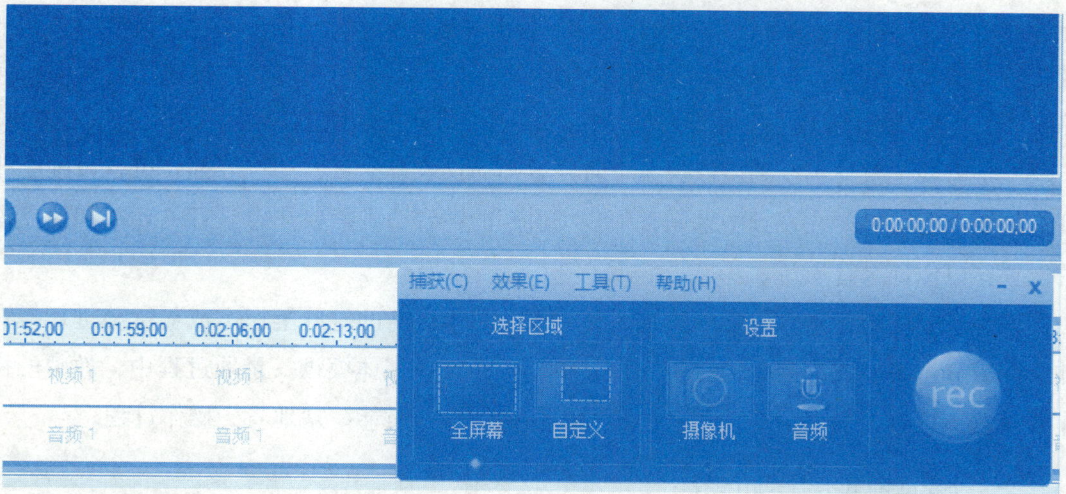

图 7-3 录屏功能对话框

三是开始录屏。鼠标单击录屏功能对话框右侧的 rec 按键，等待 3 秒的倒计时之后，就开始录屏。授课教师这时可以开始操作 PPT 课件或者进行软件操作的演示过程。在图 7-4 所示的界面上，可以看到录屏持续的时间及相关的控制按钮。

图 7-4 视频录制的控制面板

四是录屏结束之后，点击“Stop”(停止)按钮，系统会自动返回主界面，刚才录制的视频文件将被导入到“Media”(媒体箱)中(如图 7-5 所示)。根据需要选择保存、删除、编辑或者生成其他视频，至此，屏幕录制工作就完成了。

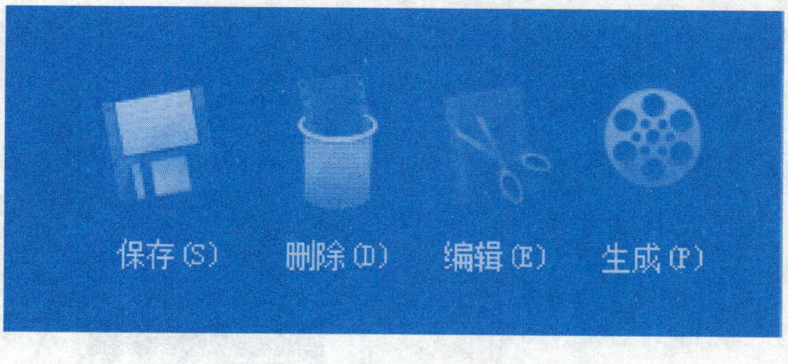

图 7-5 录制好的视频操作面板

3. 录屏时应注意的问题

一是采用全屏录制时分辨率选择最大挡，帧率选择 30。建议选择 16 : 9 的宽屏模式，PPT 的页面也采用 16 : 9 的宽屏模板。如果在讲解 PPT 的过程中要对内容进行重点标记，可以将鼠标指针的箭头设置为彩色画笔样式。

二是录屏软件进入录制状态后，打开 PPT 课件并全屏放映，按照微课脚本和教案要求进行讲解授课即可。在讲授过程中出现小的错误，不要急于关闭录屏。可以在发现错误后停顿 3~5 秒钟后重新开始讲解，后期制作过程中把错误、停顿的录屏内容裁剪掉。

三是需要把教师录制到微课视频中时，教师的仪表、语言、动作等都要符合教师职业规范的要求。如果要在视频中录制教师现场讲解的声音，则需要注意录音的环境和麦克风的位置，以保证录音质量。

四是录制内容为软件的操作过程时，建议使用 16∶9 的宽屏笔记本或显示屏进行授课和录屏，分辨率设置为最大值，防止视频中软件的菜单字体模糊。录屏过程中，教师的操作要缓慢，鼠标不做多余的动作，便于学生在微课学习时能清楚地看到操作过程。

二、微课视频的后期制作

下面继续以 Camtasia Studio 6 为例，介绍如何进行微课视频的后期制作。

(一)参数设置与素材导入

1. 启动软件

启动 Camtasia 软件之后，系统会自动生成一个名称为“Untitled Project. tscproj”(. tscproj 是 Camtasia 项目文件的特定后缀名)的临时项目文件。

2. 保存并重命名项目文件

在软件主界面上单击菜单“文件”→“保存”，弹出“另存为”对话框，在该对话框中选择好项目文件保存的位置，并将文件名修改为“微课制作示例 . tscproj”，然后单击“保存”按钮，关闭对话框。

3. 导入媒体素材

在软件主界面的左侧单击“Media”(媒体)选项卡。然后在该选项卡右侧的“Media Bin”(媒体箱)中点击鼠标右键，在弹出的菜单中点击“Import Media...”(导入媒体)选项，弹出“打开”对话框，选择预先准备好的素材文件，单击“Open”(打开)按钮，就可以将媒体文件导入媒体箱中(如图 7-6 所示)。

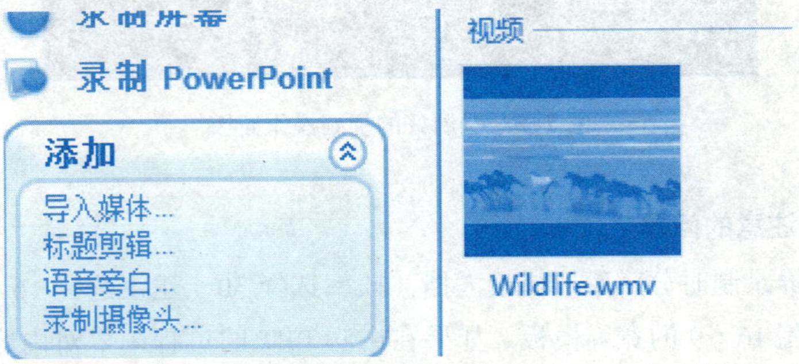

图 7-6　将素材导入媒体箱中

4. 设置微课视频的尺寸

在视频窗口的黑色背景上单击鼠标右键，在弹出的菜单中选择“Project Settings...”（项目设置），打开“Project Settings”（项目设置）对话框（如图 7-7 所示）。这一步非常重要，它决定了微课视频的最终尺寸大小。

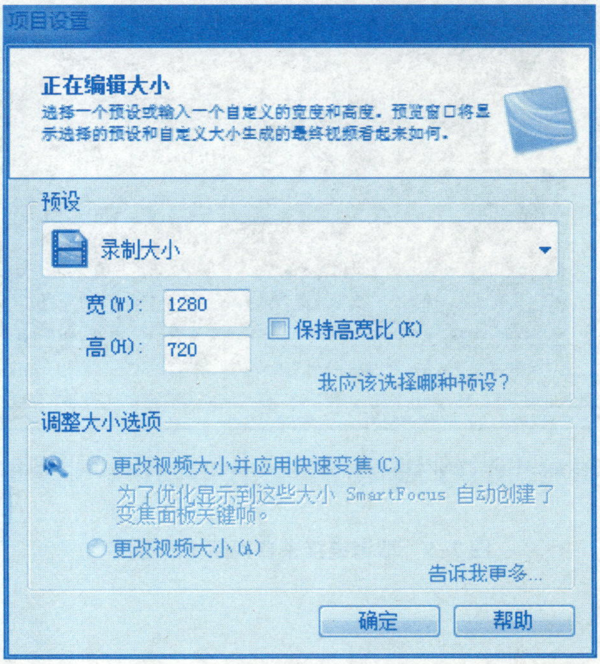

图 7-7 设置微课视频的尺寸

按照当前微课竞赛的规则，一般将视频宽高比例设置为 1280×720（16∶9），最后单击确定。

（二）视频裁剪

1. 导入讲课视频、音乐、图片等视频编辑素材，待拖入轨道裁剪

将课堂录制好的视频拖到“轨道 1”上（如图 7-8 所示）。

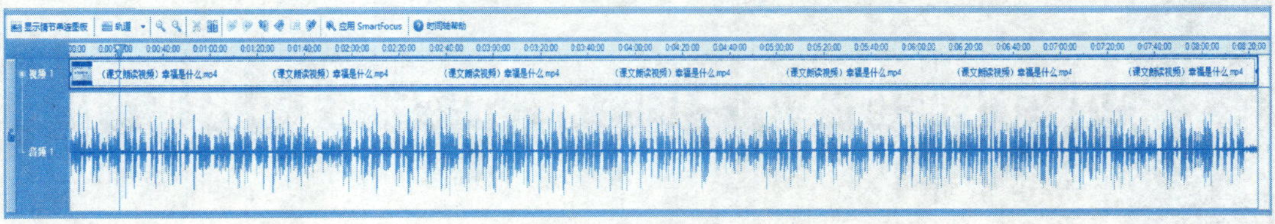

图 7-8 轨道 1 上插入视频

2. 分离视频和音频

在编辑菜单上，找到时间轴，点开取消链接来自视频 1 的音频(如图 7-9 所示)，这样就可以裁剪视频和声音了。

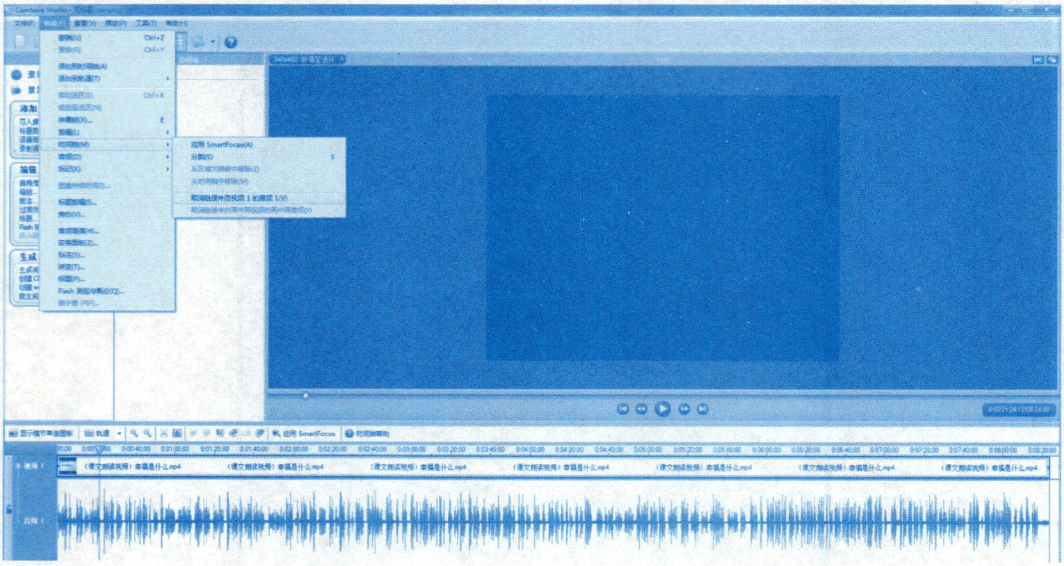

图 7-9　取消链接来自视频 1 的音频

3. 视频剪辑

找到需要裁剪的位置，点击“剪辑”按钮，就把视频分成两部分，然后把鼠标指向前半段视频的尾部，按住鼠标左键往前拖动，就删除掉前半段视频的后部分内容；或者把鼠标指向后半段视频的首部，按住鼠标左键往后拖动，就删除掉后半段视频的前部分内容(如图 7-10 所示)。

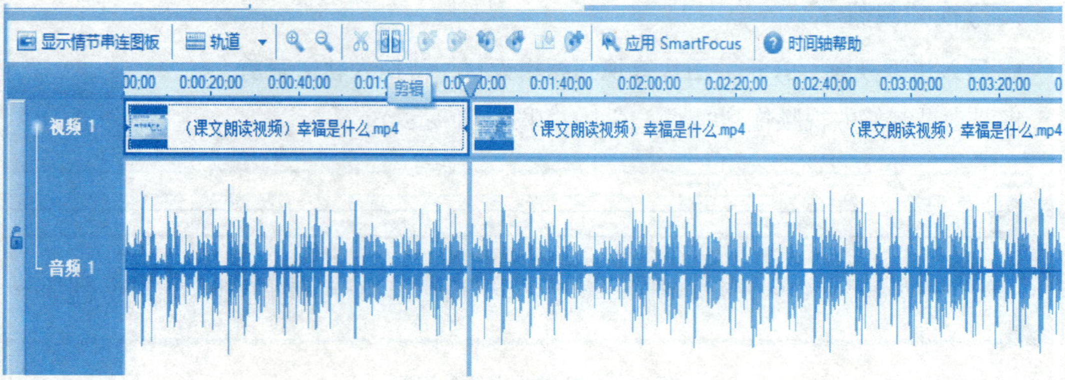

图 7-10　视频剪辑

4. 将教学课件另存为图片

打开 PowerPoint，选择另存为，在保存类型中找到 JPEG(文件交换格式)(如图 7-11 所示)。点击所有幻灯片，这样就将教学课件中的所有幻灯片保存为图片格式了。

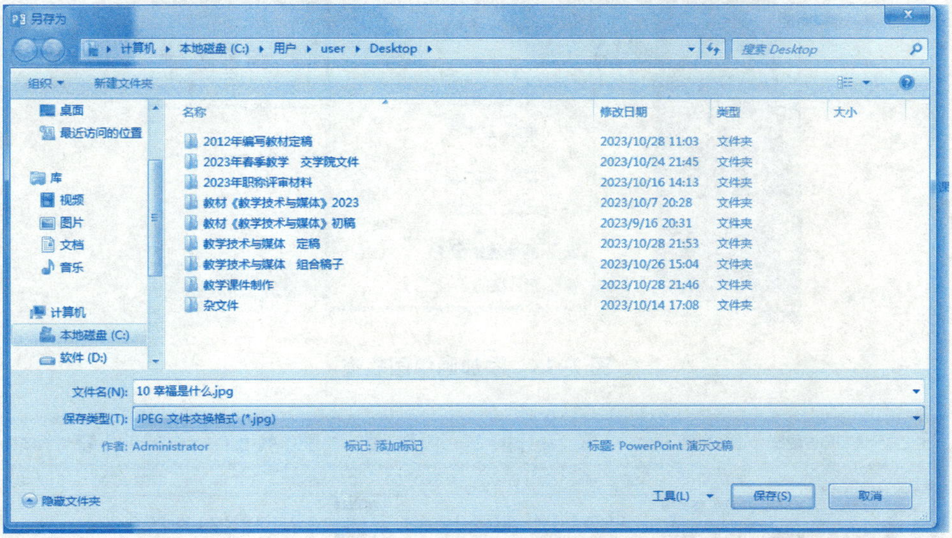

图 7-11 教学课件另存为图片

5. 添加图片素材

导入先前保存的图片素材进入剪辑箱，然后将待插入图片的位置用“剪辑”按钮剪开，再将图片拖拽到两段视频的交界处即可(如图 7-12 所示)。

6. 添加画中画

单击轨道右侧的倒三角形，在对话框中点击画中画轨道，在屏幕右下角就增加了一条画中画轨道和画中画音频轨道(如图 7-13 所示)。

将要添加为画中画的视频拖拽到画中画轨道合适的位置，取消掉画中画音频的链接(如同取消视频 1 的音频链接一样，在编辑菜单中的时间轴里面取消)，然后按 del 键删除掉声音(如图 7-14 所示)。

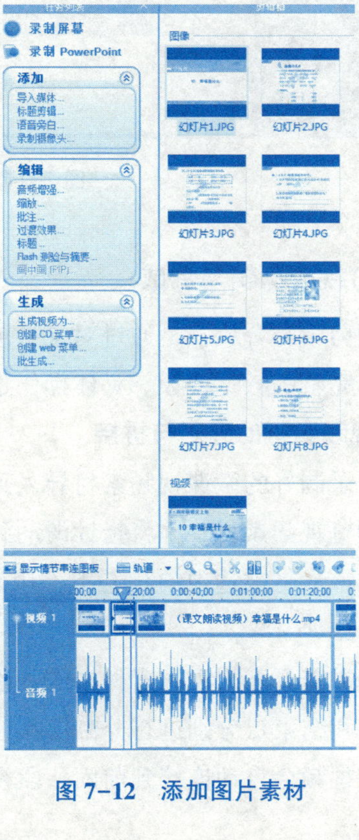

图 7-12 添加图片素材

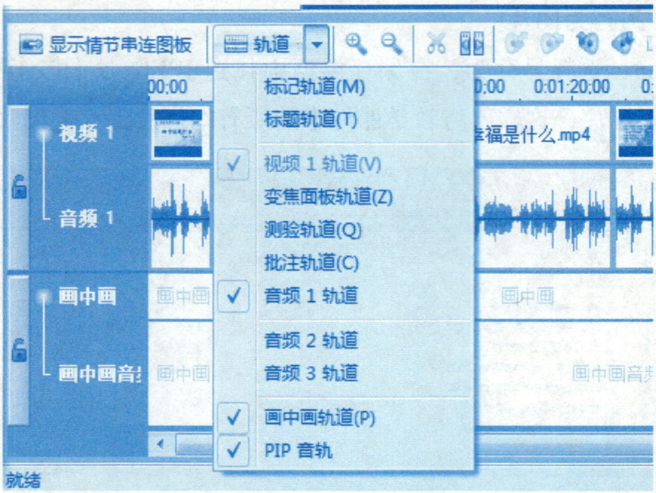

图 7-13　添加画中画轨道

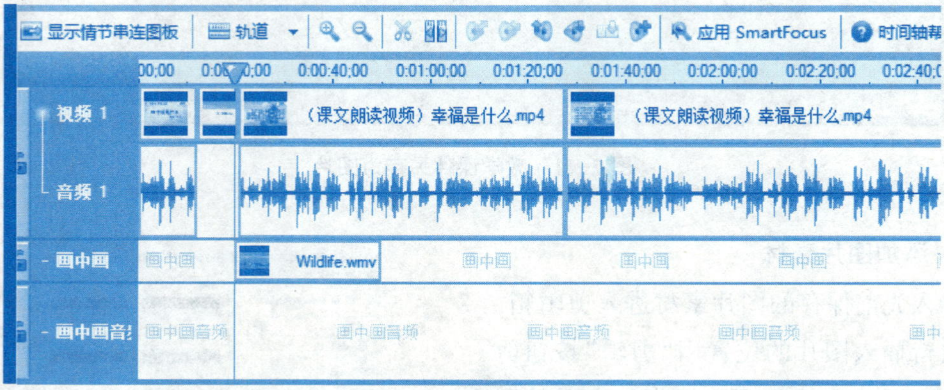

图 7-14　在画中画轨道添加视频

(三)视频剪辑与合成

视频剪辑与合成，是通过对录屏或摄像机拍摄获得的微课正文内容进行剪辑、编辑，形成一个完整的教学视频。具体操作过程如下。

1. 视频素材的分割与拼接

①将录制好的微课视频素材导入到 1 号轨道上，并放置在背景图片之后。

②浏览视频素材，并将指针滑动到需要分割的位置。

③在该素材被选中的状态下，用鼠标单击“Split”(分割)图标，视频就被切割成两段(如图 7-15 所示)。

④如果需要删除视频素材中的一段不合格视频，可以使用上述方法在这段不合格视频的起始点和结束点分别进行分割操作，然后删除分割的这一段不合格视频即可。被分割好的后一段视频会自动连接到前面一段视频，从而组成一段新的视频。

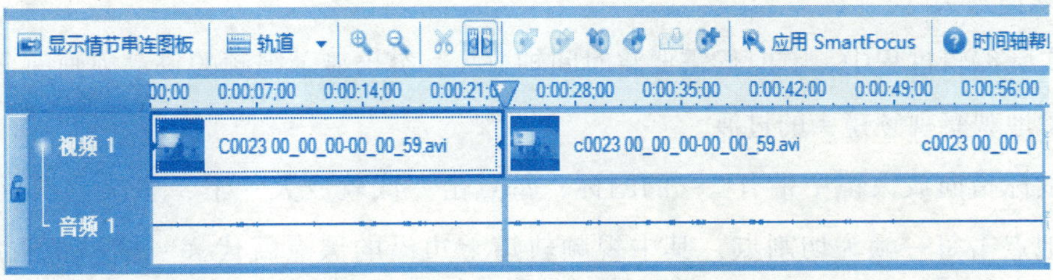

图 7-15 分轨视频

2. 分离音频和视频

如果要删除视频素材中的声音，首先就要将音频和视频进行分离，然后删除音频就可以了。操作步骤如下：

①用鼠标右键单击 1 号轨道上的视频素材(带有音频)，点击编辑菜单中的时间轴，然后取消链接来自视频 1 的音频，就完成了视频和音频的分离；

②音视频分离之后，视频素材保留在原轨道上，音频文件将单独出现在紧邻的空白轨道上(轨道上有波形)(如图 7-16 所示)。

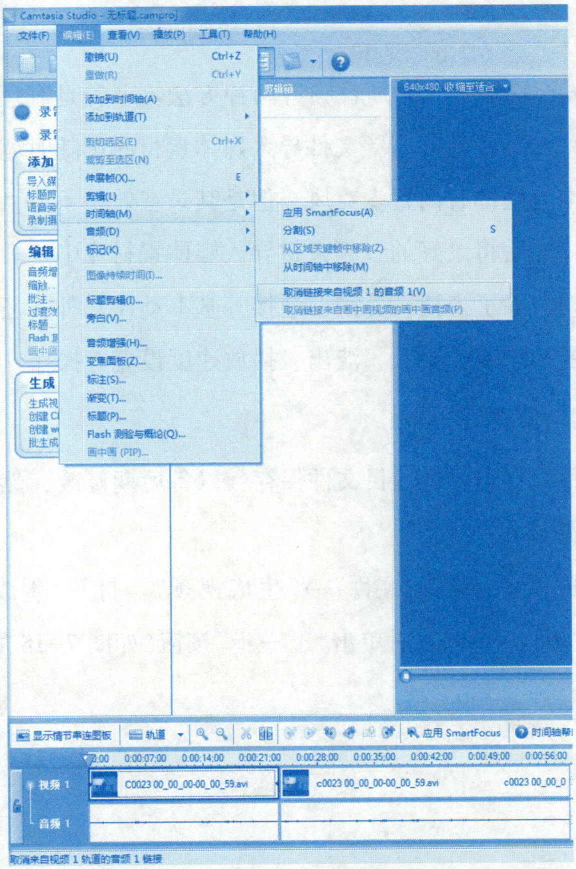

图 7-16 分离后音频和视频出现在两个轨道上

3. 轨道放大

在实际编辑过程中，有时候需要将时间轴放大，突出显示视频的每一帧画面，让学生能更清楚地观察视频镜头的过渡。

将鼠标指向放大镜中带有“+”的图标，每点击一次就放大一下，多次点击后会让鼠标准确地点击每一帧为切割点，其中视频轨道上边沿的黑点就代表一帧（如图 7-17 所示）。

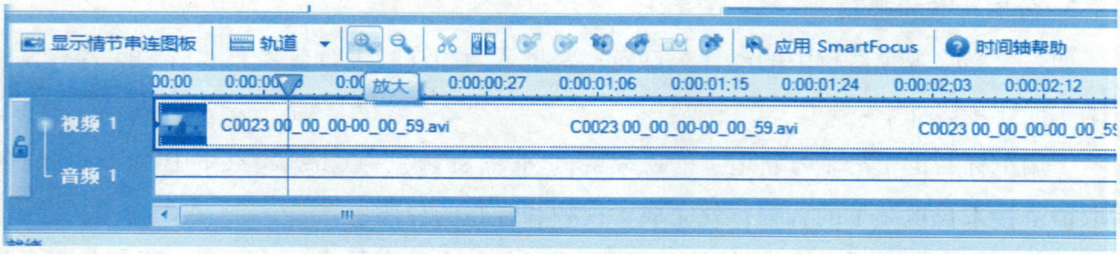

图 7-17　放大后的轨道

（四）添加音频

在 Camtasia Studio 6 软件中，添加音频有两种方法：一种是利用该软件自带的录音功能进行同步录音；另一种是将外部音频文件导入媒体素材库中随时调用。

尽管大部分笔记本电脑都有内置麦克风，但是其录音效果不好。建议使用外置麦克风或者录音笔同步录音，然后将录好的音频素材导入媒体素材库中。

对音频素材的操作，除了拖拽、分割、连接等基本动作之外，还可以利用音频效果工具，为其进行降噪、音量均衡、淡入、淡出、播放速度设置等操作。

（五）成片的输出与保存

视频编辑完成之后，首先要将项目文件保存，以备后期修改，然后就可以输出视频格式的成片了。基本步骤如下。

一是在软件主界面上单击菜单“文件”→“生成视频”，打开“生成向导”对话框。在下拉框中选择“自定义生成设置”，然后单击“下一步”按钮（如图 7-18 所示）。

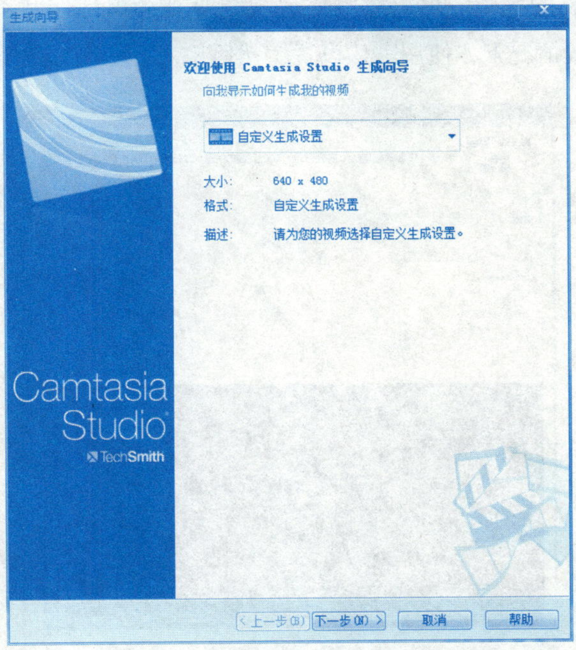

图 7-18　生成向导 1：自定义生成设置

二是选择视频的保存格式。在对话框中选择“MP4/FLV/SWF - Flash 输出”，然后单击“下一步”按钮(如图 7-19 所示)。

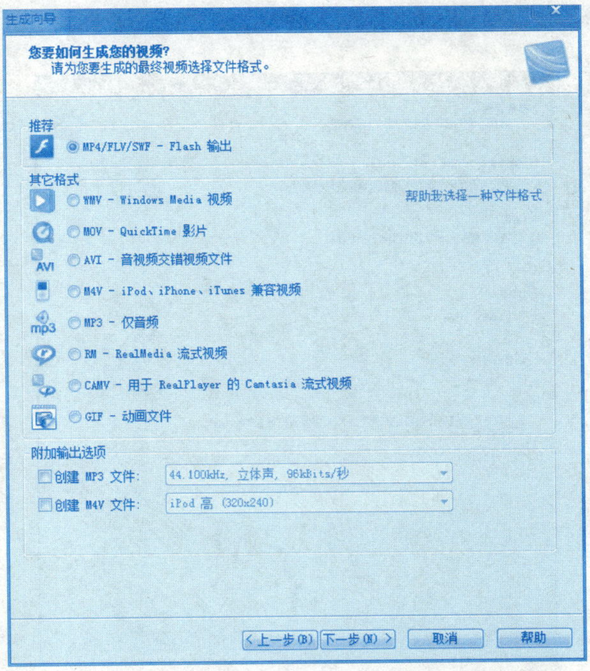

图 7-19　生成向导 2：设定为 MP4 输出格式

三是设置视频播放的参数。可以设置播放视频时是否出现控制条、视频大小、视频参数、音频参数等。一般情况下，使用默认设置，然后单击“下一步”按钮(如图 7-20 所示)。

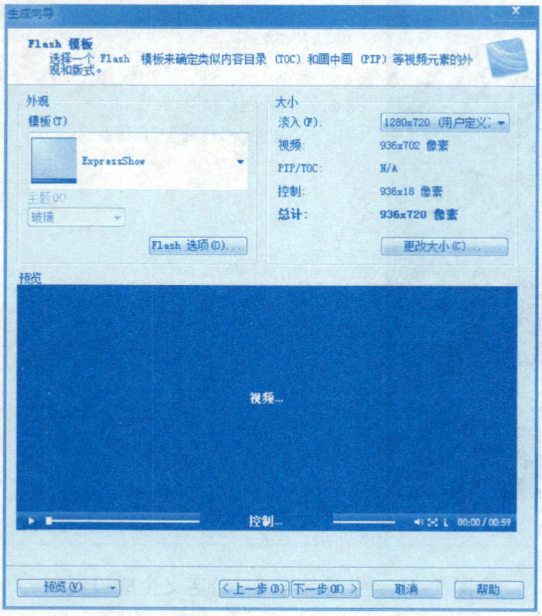

图 7-20　生成向导 3：设置视频播放的参数

四是设置视频的标题、作者信息、水印、HTML 选项等。一般情况下，这里也使用默认设置。然后单击“下一步”按钮(如图 7-21 所示)。

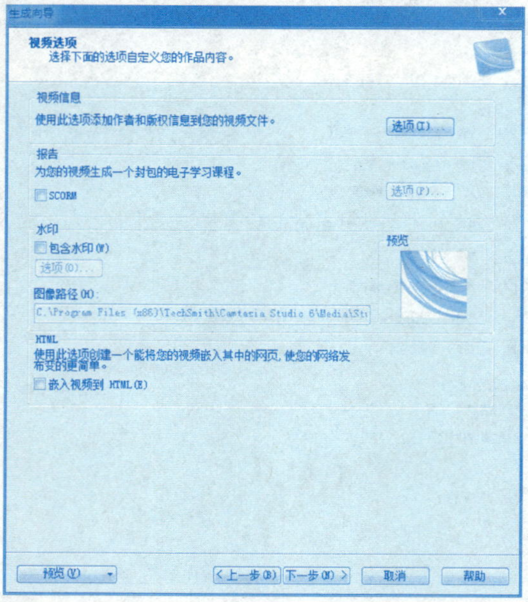

图 7-21　生成向导 4：设置视频选项

五是设置项目的名称及保存的地址。在“生成名称”中输入项目名“学生讲课视频”，在“文件夹”下选择项目保存的地址路径。最后单击“完成”按钮(如图 7-22 所示)。

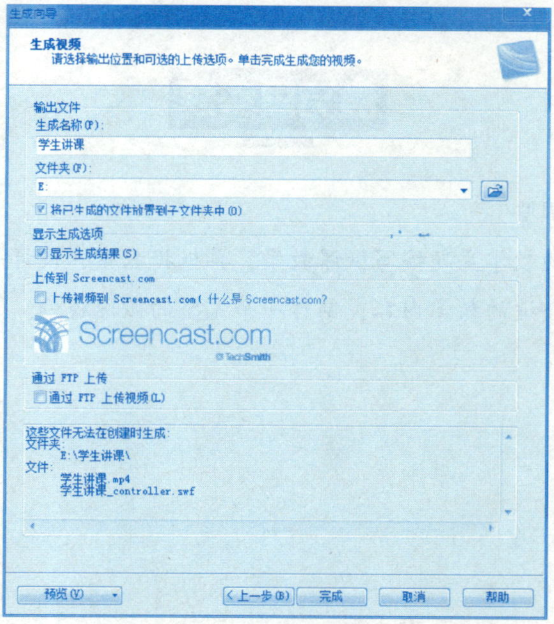

图 7-22 生成向导 5：设置视频名称和保存地址

六是开始进行视频渲染，完成之后就弹出“Production Results”(生成结果)对话框(如图 7-23 所示)。

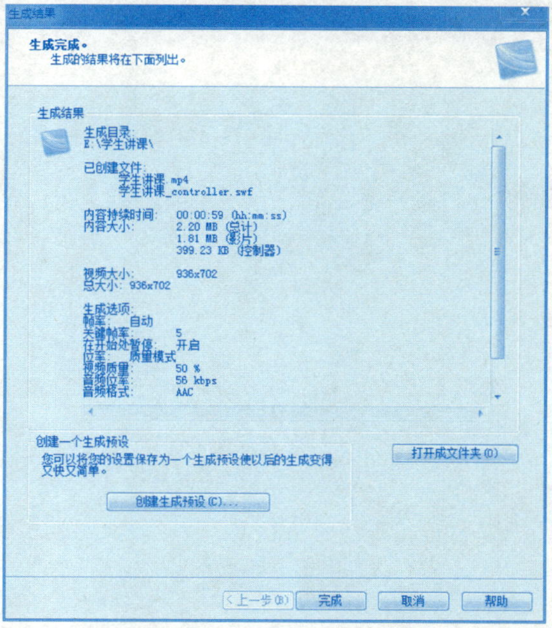

图 7-23 生成向导 6：视频制作完成

在"Open Production Folder"(打开生成文件夹)按钮中，可以找到生成的MP4格式视频文件。单击"完成"按钮，关闭对话框。

复习思考题

1. 微课的特征有哪些?
2. 选择一个合适的教学主题编写微课教案，再根据教案，设计一份微课制作脚本。
3. 请你选择一个合适的教学内容，制作一个完整的微课视频。

第八章

“面面俱到，别具匠心”——前沿技术教育应用

【学习目标】

1. 了解人工智能的概念。
2. 了解 3D 打印技术。
3. 了解虚拟现实技术。
4. 理解 STEAM 教育的内涵。
5. 了解创客教育的内涵。
6. 了解智慧教育的内涵。

【思政导读】

加强人才国际交流，用好用活各类人才。深化人才发展体制机制改革，真心爱才、悉心育才、倾心引才、精心用才，求贤若渴，不拘一格，把各方面优秀人才集聚到党和人民事业中来。

第一节 人工智能

一、人工智能概述

人工智能是计算机科学的一个分支，它企图了解智能的实质，并生产出一种新的能以与人类智能相似的方式做出反应的智能机器，该领域的研究包括机器人、语言识别、图像识别、自然语言处理和专家系统等。人工智能从诞生以来，理论和技术日益成熟，应用领域也不断扩大。可以设想，未来人工智能带来的科技产品，将会是人类智慧的“容器”。

二、人工智能技术在教育中的应用

在20世纪中期，人工智能开始成形。近年来，随着云计算、智能算法等相关技术的发展，为人工智能发展奠定了基础，同时在应用与算力等方面取得了巨大的成就和突破，并成为各行各业关注的焦点，经过几年的发展，人工智能给社会发展带来了非常重要的变化。教育行业是一个面向未来的行业，它紧紧跟随着先进技术的发展，同时，人工技术和教育行业的结合是必要发展趋势，相对于传统教育来说，已经有了非常明显的变化，将更多的智能产品引入教育课堂。其主要优势体现在如下几个方面。

(一)自适应学习

在自适应学习中，使用人工智能来收集和分析学生的学习数据，并概述每个学生的学习风格和特点，然后自动调整教学内容、模式和节奏，以满足他们的需求。随着时间的推移，数据的积累逐渐增加，人工智能会越来越“聪明”，在适应学生的学习上也会越准确。这样就形成了一个良性循环，学生的学习效率会越来越高、效果会越来越好，自信心也会增强。一家在美国与澳大利亚被称为“智能麻雀”的公司自2011年成立以来一直致力于为学校和教师开发适应性教学工具。他们的产品是集课程设计、在线学习、实时反馈、自适应学习、大数据分析、在线协作学习和智能教练于一体的平台。教师可以利用在线平台上的工具和内容库来设计课程，教学过程的各个环节都可以加入与学生互动的元素，让学生通过完成课程中的一些“任务”来掌握知识。

通过这些交互，系统可以随时收集学生的学习数据，跟踪学生的学习进度，发现学生学习的瓶颈和难点，从而实时反馈和强化。对于更小的孩子，一些公司在适应性学习系统中加入了游戏化，让枯燥的学习变得更有趣。美国公司“Dream Box Learning”设计了一个在游戏中学习数学的平台。该平台基于学生在游戏中的表现和互动，促进学生的数学学习，并根据学生的学习进度调整内容和习题，让学生在不自觉的情况下完成年级要求的所有数学课程。

(二)个性化学习

个性化学习是指可以根据每个学习者的需求提升学习速度和优化教学方法的各种教育项目。这种体验是根据不同学习者的学习偏好和具体兴趣量身定制的。这种人工智能教育程序可以适应个人的学习节奏，并继续提供更复杂的任务，以加快他们的学习进程。因此，不管是学习效率高的还是学习效率低的学生都可以按照自己的节奏进行学习。Holotescu 设计并开发了 MOOC(大规模开放在线课程)Buddy 教学机器人，为学习者提供有针对性的、个性化的学习资源。Bayne 还开发了智能助教 Botty，可以在教学过程中帮助教师，使课堂教学活动更有效。这些教育项目将在自动更正作业、在线答题和智能评价等许多方面提供帮助。

(三)自动评分系统

自动评分系统是一种基于人工智能的专业计算机程序，它模拟教师在教育环境中为学生的任务打分，可以用来评估学生对知识的掌握情况，分析他们的答案并提供反馈，开发个性化的培训项目等。许多人工智能教育应用程序都在使用这个程序。通过学习测试，系统自动提供学习者的评价分数。这种方法一方面可以帮助教师更好地了解学生的学习情况；另一方面，也可以让学生更加了解自己的学习成绩和知识掌握水平。在教育应用程序中使用自动评分系统的例子之一是以色列音乐教育应用程序。这款应用程序更注重课堂教学，为教师和学生提供教学和评价工具，从教到学再到实践，利用现代先进技术改变音乐教育的方方面面。Wolfie 自带的自动评分系统，帮助音乐教育者引导学生纠正习题中的错误，为教师与学生提供了一种完全不同的音乐教育和学习互动方式。

(四)间隔提醒

当一个人要忘记所学知识时，可以通过定时重复提醒来加强理解和记忆，这是一种行之有效的解决方案。这方面的例子是波兰发明家彼得·沃兹尼亚克，他提出了一个基于间隔效应的教育应用程序。这款应用会追踪人们在什么时候学了什么。通过人工智能，这款应用可以确定用户何时最有可能忘记某样东西，并建议用户修改。只需稍加修改，就能确保信息在人脑中储存数年。因此对加强人的理解和记忆，人工智能的教育应用程序也是可以胜任的。

(五)虚拟教师

近年来，基于人工智能技术的发展，一些企业家开始利用人工智能为学生提供在线的“虚拟导师”，以帮助孩子学习。在乔治亚理工学院，学生被一位名叫 Jill Watson 的助教迷住了，她能快速而准确地回答学生的问题。然而，学生并不知道沃森女士的真实身份实际上是一台装有 IBM 人工智能系统的计算机。在伦敦也有一家名为“Wizz Education”的公司，它的旗舰产品“Maths-Whizz”是一款在线辅导软件，广受欢迎。公司设计了与学校课程表一致的课外学习课程。在学习过程中，学生可以随时提问。虚拟教师将逐步为学生解答问题，并根据学生的反馈调整答案，直到学生掌握所学知识。同时，该系统还为家长提供了实时的汇报，让家长可以随时了解孩子的学习进度，更好地了解孩子是否能跟上学校的进度，或者是否在学习过程中遇到困难等。该系统允许父母对孩子进行学习监督，而且父母也可以通过在线互动鼓励或奖励孩子。

因此，基于人工智能的机器人导师前景广阔，有望最终取代人类教师。在长时间的教育项目实践中，通过收集学生和教师对学习过程的反应情况，人工智能系统能够向学生和教师提供有价值的反馈，然后通过人们投入其中的学习时间来提升用户体验。消费者与系统的交互，直接影响到如何创建和更新建议。随着人工智能学习技术过程的自动化，教师亲自向学生提供直接支持，教学将变得更加容易。人工智能被视为通过试错法进行学习的“中性”工具。在教师面前失败可能会让学生感到尴尬，但是当使用虚拟学习环境时，这个问题就完全消除了。

大规模开放在线课程作为一种在传统课堂时间之外实时教育和评估学生的手段，也越来越受到欢迎，特别是在专业和终身学习发展领域，它通过使用深度学习、自然语言处理和其他方法来评估学生的投入程度、行为和结果。逐步淘汰面对面的交流，取而代之的是新的人工智能平台，通过调整，它们可以适应教师、学生和教育机构的要求。

(六)增强现实技术(AR)/虚拟现实技术(VR)

在教育中使用增强现实(AR)/虚拟现实(VR)的好处是显而易见的。课堂不再局限于小教室、白板和 PowerPoint，而是整个宇宙。包括互联网巨头谷歌和 Facebook 在内的许多公司都致力于研究如何将 AR/VR 应用于教育。为了让 VR 场景尽可能逼真，“Alchemy VR”公司选择与三星、谷歌、索尼、BBC、国家自然博物馆和澳大利亚悉尼博物馆等多家机构合作，制作 VR 教育内容。该公司的“Great Barrier Reef Tour”就是与 BBC 纪录片团队合作的产物，让来自世界各地的学生有机会潜入澳大利亚的蓝色水域，了解珊瑚礁的生态环境。因此，通过人工智能的 AR 或者 VR，可以拓宽学生的视野，扩大教育教学的知识面。

(七)精准阅读

超过 75%的阅读学习智能教学平台，可以提供实时评估、同步词汇学习及整合各种资源等。阅读内容一般分为三大类：图书馆、新闻和文本集。其中每个类别都包含大量丰富的主题。在图书馆分类中，包括了艺术与文化、科学与数学、宗教与哲学、政治与经济等。同样的内容会根据不同的读者以不同的形式呈现出来，词汇也会根据学习者的阅读水平进行调整。这些功能都是基于人工智能技术。Newsela 为小学生创造了一流的教育，它将阅读材料与学校课程内容结合起来，提供五个阅读层次。整个目录的内容分为 2~6 个等级。每篇文章将有五个主力的词汇，这是学生将学习的新词汇。之后，进行测试练习以增强学习效果。教师可以通过实时数据采集来跟踪学生的学习进度，及时调整自己的教学进度、教学方法、教学内容等。

(八)智能校园

借助先进的人工智能技术，智能校园旨在提高教学质量和校园管理服务，为学生提供更系统和安全的环境。在澳大利亚维多利亚州的迪肯大学，智能校园的发展正如火如荼地进行着。作为老师的助手，它背后的智能来自 IBM 的沃森超级计算机系统。一旦项目完成，智能校园将能够回答所有与学生校园生活有关的问题，比如如何找到下一个报告厅、如何申请下学期的课程、如何得到作业、在哪里找到停车场或如何联系教授等，这些都是人工智能校园机器人能够解决的。这在很大程度上提高了师生的生活学习效率。

(九)远程学习

2014 年，Kose 出版了《人工智能在远程教育中的应用》一书，认为人工智能在远程教育中的应用旨在研究利用计算机来弥补学生和教育者之间的差距。在远程教育中，建议使用人工智能技术来支持远程教育，或者可以使用不同的智能系统来改进远程教育，从而让学生更能随时随地进行远程教育的培训学习，提高学习效率，节约时间成本。

从人工智能技术在教育中的应用的以上九个方面可以看出，人工智能在教育中的应用已经涵盖了教育教学的方方面面，未来的发展方向主要是继续完善人工智能教育的相关模型。我国对人工智能应用模型的研究还处于起步阶段，具体的研究思路和内容还需要结合相关理论对现有模型进行完善。

第二节 3D 打印

一、3D 打印概述

3D 打印技术(3D Printers)，快速成型技术的一种，是一种以数字模型文件为基础，运用粉末状金属或塑料等可黏合材料，通过逐层打印的方式来构造物体的技术。3D 打印技术与传统打印技术主要区别有三点：一是原材料的不同，传统打印机只需采用有色粉末和纸张，而3D打印需要以粉末状金属或塑料等可黏合材料为打印原材料；二是打印成品不同，传统打印机打印的是平面的纸，而3D打印打出的是立体的模型，是实实在在的物品，甚至是人和食物等；三是核心区别，传统打印只需准备好打印材料(一般是电子文档或图片)，而3D打印则首先需要对打印对象进行数字模型设计。

二、3D打印机的原理及流程

3D打印机打印看似复杂，但说起它的原理，却并不复杂，其运作原理和传统打印机工作原理基本相同，也是用喷头一点点“磨”出来的。只不过3D打印机喷的不是墨水，而是液体或粉末等“打印材料”，利用光固化和层叠等技术的快速成型装置。通过电脑控制把“打印材料”一层层叠加起来，最终把计算机上的蓝图变成实物。3D打印机的独到之处在于无须机械加工和模具作为辅助，只需要设计者根据用户的需求，通过3D建模软件进行建模，然后通过打印机读取模型数据进行打印输出。

一般来说，3D打印机打印一个物品的流程主要分为四个阶段，即建模、分层切片、打印和后期处理。首先，利用三维扫描仪或三维制图软件制作三维模型；其次，根据3D打印机的精确度及标准，用相关软件将虚拟模型分成若干层；再次，按照分层之后的数据，以增材制造的方法填充相应的每一层；最后，需要对打印出来的物品进行修整、打磨及上色等后期处理。

三、3D打印技术在不同学科的应用

3D打印也为教育行业打开了一扇新窗口，一些教育机构和组织正在研究、探索如何将该技术应用到教学和学习中，学生不仅可以享受到这种最新潮技术辅助教学的便利及各种创新用法，还可以此作为促进他们学习设计技能的推动力，更会对他们的技术素养和未来的职业发展产生深远的影响。比如电子专业可以试着制作电子部件、模型和设备外壳；化学专业可以制作3D立体分子模型；生物、医学等专业可以打印出分子、病毒、器官、人工关节或其他模型；数学专业可根据数学方程打印出模型，用于解决几何曲面问题、城市布局问题等；航空专业可以打印出飞机模型，作为空气动力学的实验模型；地理专业可以制作立体的地形图，人口统计图等直观模型；烹饪专业可以制作出菜品展示模型，打印出巧克力造型，甚至是人造食品；机电工程专业可以根据设计作品制作出原型，或者可直接使用的齿轮、连杆等部件；建筑设计专业可以打印出设计作品的微缩3D模型；历史、考古专业可以用于复原历史上的工艺品、古董，及用于复制易碎物品；动漫设计专业可以打印出作品的3D模型，如人物、动画角色模型；天文专业可以根据观察数据，打印天体模型；力学专业可以根据设计制作桥梁等模型，进行力学试验等等。因此，3D作为一种通用的技术，可以应用到大部分的学科中去，涵盖正式学习、非正式学习和培训等类型的教育，尤其适用于设计、工程相关领域或是需要快速制作模型的领域。

四、3D 打印在各学段的应用

3D 打印在教学方面的探索性和趣味性都很强。作为一种通用的技术，它可以应用到各教育阶段，包括中小学、高中、职业教育和高等教育。

中小学生是对立体实物认识的关键阶段，可以通过课堂将 3D 打印的实物立体展示，使得学生对各学科的抽象概念理解更加深刻，并将 3D 打印技术带进中小学课堂，学生先期学习如何在计算机上设计制造模型，完成设计小实物的设计，比如桌子、凳子、杯子及其他物品，然后通过 3D 打印出来。最后还可以布置项目实践，让学生自主去博物馆与创意广场进行信息采集和设计，使用 3D 打印机制作模型。

高中阶段学校可以开设 3D 打印通用技术课程。通过学习并使用 3D 打印机，学生能够了解课本中立体几何中各种几何图形的实体构造，教师提出了一个具有挑战性的任务，要求学生使用 3D 建模软件与 3D 打印机设计书中一些立体几何的模型或人物、物品模型。向学生展示如何综合利用各项技术的组合完成具有挑战性的设计任务，包括创造性地使用 3D 打印机高效地完成任务。

职业教育阶段，3D 打印更是能成为学生开展应用课程学习和实际应用的好帮手，特别是制造工程零件和部件设计打印，以及相关含有设计专业课程的辅助教学等。高等教育中几乎所有的专业都可以应用 3D 打印，如工程设计、生物医学、动漫设计等专业辅助学习。

五、3D 打印技术的优势

一是作为有效的教学和评估辅助手段。3D 打印机的使用节约了模型制作时间，使不具备模型制作技能的学生也能制作出精美的模型，而且 3D 打印提升了学生的创新能力。任课老师通过 3D 打印机创建的模型，都可以很好地了解学生在建模进展中的问题，如学生的设计草案和表达理念是否清晰，或学生所设计人物(事物)模型的姿态和平衡性等。

二是促进学习者的创新活动。3D 打印技术作为一种连接虚拟与真实世界的技术，不仅丰富了学习者的学习环境，而且促进了学习者的创新活动。综合利用 3D 打印机及其制造技术有助于营造优质的、多样化的创作环境，提供多种创新要素。

三是 3D 打印机可以实现将学习者的设计想法有效地可视化，更早地发现错误和不足，引导学习者走向创新驱动的设计过程。

第三节 虚拟现实技术

一、虚拟现实技术的概念

虚拟现实技术(Virtual Reality)是一种高新技术、人工环境，亦称为灵境技术、幻真技术。它是借助信息技术和计算机、互联网技术而生成的一种模拟环境，融合了计算机图形学、多媒体技术、通信技术、人机接口技术、数字图像处理、人工智能、传感器技术及人体行为学等多种先进技术。虚拟现实技术利用不同的传感设备，生成逼真的视、听和触觉一体化的三维逼真虚拟环境，从而实现用户与该环境的直接自然交互。在虚拟环境中，人们可以与其中的对象进行交互作用，获得如同真实环境的感受与体验。其中，虚拟环境(VE)是一种人工合成环境，当人在虚拟环境中时，可以用动作对虚拟环境造成影响，虚拟环境会跟着发生相应的变化，因此，可以给人们带来全新、逼真的一种身心体验。虚拟环境技术最早是应用在飞行员训练及宇航员模拟太空舱操作演练中，如今已经日益广泛地应用在医学、军事、汽车驾驶、教育等各个领域。

二、虚拟现实系统的构成

对于一个具体的虚拟现实系统来说，通常由以下五大主要元素构成：一是传感器件，其主要功能就是将虚拟环境中的物体、动作和声音等，根据人体的活动进行相应的转换，给用户带来视觉、听觉和触觉等多方面的真实感知体验；二是作用器件，其主要功能是将人的一些约定动作，比如行走、点头、手势等动作，转化成作用的数据信息，使之能够在虚拟环境中被察觉；三是虚拟环境发生器，其主要功能就是根据用户的需求，生成相应的虚拟环境，并通过作用器件传递相应的数据信息，以明确用户的位置与动作；四是人，人是虚拟环境中非常关键的元素，只有人存在的虚拟环境，才会形成一个有效、完整的反馈环路；五是虚拟环境，虚拟环境发生器生成虚拟环境，并通过传感器件与作用器件，与虚拟环境中的人形成交互作用，为用户提供身临其境的逼真体验。

三、虚拟现实技术的基本特征

虚拟现实技术是一门综合性技术，在这个虚拟环境中，人占据主导地位。因而，虚拟现实技术具有如下四种典型特征：一是多感知性(Multi-Sensory)，即一种理想化的人所具有的一切感知功能，比如视觉、听觉、味觉、触觉、嗅觉等多种感知。二是交互性

（Interactivity），即用户可以对虚拟环境中的物体进行逼真生动的操作，比如用户可以在虚拟环境中抓取物体，并且会相应地产生抓取和握住物体的感觉及物体的重量。交互性具有从环境得到实时反馈的自然程度。三是沉浸感（Immersion），又称临场感，是指虚拟环境能够使用户全身心地投入该环境中，并且能给用户带来生动逼真的真实体验。四是构想性（Imagination），主要是指用户在使用虚拟现实系统中，可以通过对各类信息进行综合，利用自身的动作行为，来联想、想象或者推理、判断各种客观不存在或不可能的环境，从而获得更多的信息与知识。

四、虚拟现实技术在教育中的运用

虚拟现实技术由于不受环境、场地、经费、天气等外在因素与条件的限制，也不用消耗相关的器材，还可以进行反复练习与操作，有效性、经济性、安全性都比较高，因而在教育领域受到了越来越广泛的欢迎。与传统的教育教学方法相比，虚拟现实技术的教育应用效果非常明显。过去，学生通常是借助书本、实验仪器等进行学习和研究，要受到学校场地、经费、实验器材等的影响和制约。在学习过程中，对一些比较抽象、难以理解的知识，比如数学的空间逻辑关系、实验发生的内部过程等，无法进行更加直观、有效的理解。但是，利用虚拟现实技术，就能创设虚拟的教学情境，从而为学生进行生动、直观的学习和理解，提供了诸多实现的可能。

（一）虚拟实验室

利用虚拟现实技术创设虚拟实验室，是当今教育中比较常见的一种方式。在进行实验教学时，由于一些实验器材比较昂贵、实验过程比较长，采用传统方法，往往不能有效地开展。但是，利用虚拟环境技术，就能够构建一个与实物等同的三维物体，比如虚拟的物理实验室、化学实验室、驾驶实验室、摄影实验室、虚拟演播厅等，在这个虚拟实验室中，系统会为学生提供图文并茂、声情并举的实验预备知识，还可以用 Pro/E 建模，将所用到的各种教学仪器、设备和产品进行实物虚化，学生可以在这个虚拟环境中，进行虚拟仪器的操作，教师可以对学生给予即时的实验指导等。这种虚拟实验室有效解决了传统实验教学中受空间、时间等客观因素影响的不足，学生只要登录虚拟实验室设备，就可以进行操作训练，不仅提高了教学效果，节约了教学成本，也激发了学生学习的热情与主动性。此外，利用这种虚拟环境技术，也可以避免一些高危实验带来的安全问题。

（二）虚拟图书馆

虚拟图书馆是借助全息摄影技术、3D 技术、三维建模、数据库技术等，把图书馆整个实体建筑，包括门窗、书桌、灯光、走廊、书架、检索机、各类书籍、报刊、光盘、磁带等，全部以虚拟现实技术整合在计算机中，构建一个虚拟图书馆。虚拟图书馆中的书籍、报纸、杂志等，均是通过高清扫描仪扫描并进行数字化存储的电子资料，用户只需要通过移动鼠标，就可以对虚拟图书馆内的所有数字化资源进行任意浏览。在浏览的时候，也可以如同现实阅读一样，对每本图书进行翻页，并伴有翻页的声音效果，给人一种身临其境的真实感觉。同时，用户也可以借阅喜爱的电子书籍，放在个人虚拟图书室中，在一定期限内进行自由阅读。

(三)虚拟体育馆

虚拟体育馆是利用材料科学、建筑科学、虚拟现实技术等综合技术，进行开发的一种虚拟体育馆，用户只要佩戴可视性头盔或眼镜，就可以学习或练习自己喜爱的体育运动项目，比如乒乓球联赛、虚拟单打或双打比赛，在这个过程中，用户可以利用挥动传感球拍和佩戴头盔或眼镜，来真实地感受打球的所有感觉。在结束后，还可以回放联赛的视频录像，来对自己的技术进行分析和总结，以便总结技巧、纠正错误动作、规范技能技术等。现在，击剑、篮球、排球、羽毛球、体操等运动项目，都已经可以在虚拟体育馆中进行练习。

(四)虚拟校园

虚拟校园是指借助 3D 摄影、仿真等技术来设计的虚拟学校环境，在虚拟校园中，设有虚拟教室、虚拟图书馆、虚拟实验室、虚拟体育馆、虚拟宿舍、虚拟食堂等，涵盖了实际校园环境中所有的学习设施与设备，学生在系统中可以进行任意角色扮演，也可与同学之间进行合作，共同进行学习、实验、娱乐等。

(五)虚拟教学

虚拟教学就是将教学过程中一些难以理解或逻辑关系比较复杂的内容，利用虚拟现实技术来创设立体空间，进行直观、生动、形象的阐释，以帮助学生更好地理解和把握其中蕴含的规律与关系。比如在中学生物课程中，教师在讲解自然中食物链知识的时候，就可以借助虚拟现实技术，引领学生进入到大自然的动植物世界中，来亲身感受大自然中的优胜劣汰和自然规律。

(六)科学研究

科学研究领域对于虚拟现实技术的应用，主要就是将真实生活中的事物虚设到模拟情境中，研究者通过详细的观察，来探析其中存在的问题、原因及规律，经过实证后，得出实际研究结果。比如在医学教学的实践环节中，外科医生就可以利用虚拟现实技术，来创设出虚拟手术室与虚拟病人和人体组织，学生进行虚拟手术操作，以此来提高手术技能。

(七)远程教育

随着信息科技和计算机、网络技术的日新月异，现今远程教育的教学模式及手段，与以往相比，也有了很大的变革，但是，却一直无法实现师生之间面对面的教学。虚拟现实技术的出现，较好地解决了这一问题。在网络远程教育学院，学员利用三维建模的虚拟现实技术，就能够把教师的形象创设到远程虚拟教室中，在学习终端的学生，只要进入到该教师的虚拟授课课堂，就能与教师实现真实的“面对面”教学互动。在虚拟课堂中，教师也可以创新地使用情境课堂、小组讨论、角色扮演等有效教学手法，以进一步提高学生学习的兴趣和积极性，以提高课堂教学效果与质量。

第四节　STEAM 教育

一、STEAM 教育概述

STEAM 教育是一门融合科学、技术、工程、艺术、数学五门学科的教学理念，将多学科知识融合于一个课堂之中，使分散的知识整合起来，达到互补的效果，强调知识的跨学科迁移，致力于培养具有创新能力和实践能力的人才。研究表明，STEAM 教育能够更好地提高学生的学习兴趣，使学生的技术素养有所进步，增强其创新能力及动手能力。随着现代社会的发展，一个国家能否在时代发展的洪流之中占据一席地位，具有创新精神和实践能力的综合型人才就成为其中的一个关键性因素，所以各国都开始将注意力放在 STEAM 教育上，将 STEAM 教育作为国家发展战略及人才战略进行实施，力求通过教育的力量培养综合型人才，从而推动国家的发展。各个国家的教育教学实践说明，STEAM 教育对于培养学生在未来社会生活中所必需的科学研究能力、独立思考、逻辑思维、技术适应能力等技能和品质有推动作用。中国培养人才的一个途径就是开展 STEAM 教育。

二、STEAM 教育的特征

(一)跨学科性

跨学科性是指在 STEAM 教育中，教育工作者不再重点关注单个学科或者学科之间的界限，而是重点关注教学中的某个问题，STEAM 教育提倡融合多学科之间的固有界限，将学科知识相互贯通，采用多学科知识解决实际问题。

(二)体验性

STEAM 教育提倡学生通过自学或者在教师的讲解下学习抽象逻辑知识，强调在学习过程中学生感觉、知觉等多方面的参与，在真实情境中通过解决实际问题，实现知识的迁移，从而熟练掌握知识。STEAM 教育为学生创造宽松的学习环境，提供充分发挥学生动手能力的学习体验情境，学生应用所学的数学、科学、工程等多学科知识解决真实情境中的问题，明确问题，针对问题提出解决问题的可能性假设，根据提出的假设设计解决方案，与同学协作解决问题。

(三)协作性

协作性是指 STEAM 教育鼓励学生与同伴之间合作学习，学生在学校中的学习是社会性的，学生之间在协作中互相支持、相互激励。STEAM 教育着重于在真实情境中提出问题，问题的解决需要学生和教师之间相互合作。在运用知识解决问题的过程中，学生可以询问教师，或与同学交流。在协作学习的过程中学生之间建立了良好的同伴关系，学生的合作能力得到了提高。

(四)实证性

STEAM 教育中包含了科学的相关知识，所以不仅要注重科学的实证性，重视通过对研究对象的观察归纳事物的本质及规律，同时更注重在真实情境中通过对问题探索，使学生在日常生活中能具备严谨的科学精神和严密的科学理性。

(五)技术增强性

STEAM 教育注重培养学生的技术素养，强调学生要了解技术的起源、发展进程及技术的使用方法，具备运用技术解决自己生活中所遇到问题的能力，学生应掌握相关技术操作方法，通过技术的熟练应用来解决真实问题，促进知识的跨学科迁移。STEAM 教育不是几个学科的简单相加，而是要打破学科之间的隔阂，实现知识的跨学科整合，从而培养具有综合能力的人才。

三、STEAM 教育的理念框架

2010 年，格雷特·亚克门教授提出 STEAM 教育框架(如图 8-1 所示)。这个框架是金字塔形，分为五种层级水平。第一层是最顶层，代表的是 STEAM 教育的最终目标即全面发展水平，学生能够获得实现全面发展的素质教育与终身教育。第二层是跨学科融合水平，这一水平要求实现科学、工程、技术、艺术与数学这五大学科的深度整合，多采用主题教学，鼓励学生用跨学科思维去探索、分析和解决问题。第三层是多学科水平，强调将艺术(Art)渗透到其他四大学科中，使学生在学习过程中追求美感和情感的投入。第四层为具体学科水平，STEAM 教育分为科学、工程、技术、艺术与数学这五大门类，该水平主要是探讨学科之间的知识联系。第五层是学科课程水平，列举了与 STEAM 教育相关的具体课程，如生物、美术、航空航天、人工智能、流体力学等。

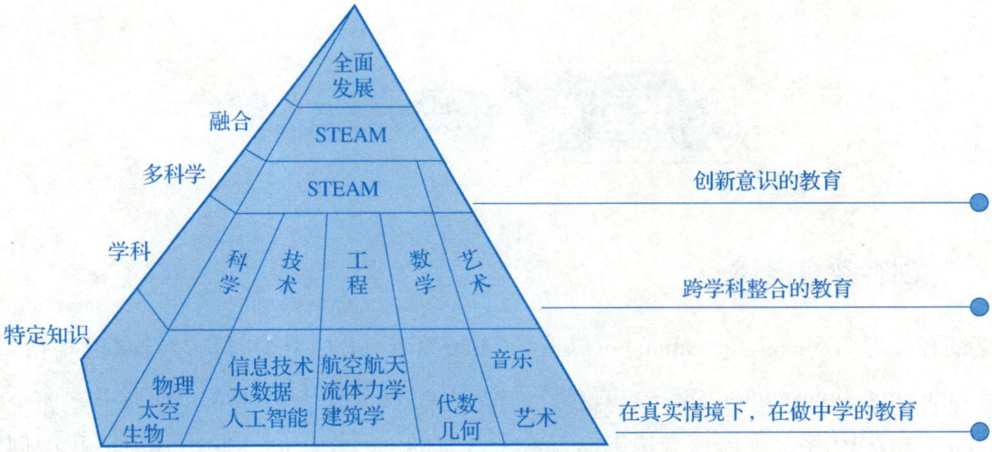

图 8-1 STEAM 教育的理念框架

四、STEAM 教育的研究意义

一方面来说，开展 STEAM 教育是教育工作发展的趋势。随着国际发展形式的变化和发展，我国在社会发展的进程中面临较大的人才缺陷。并且，由于当时国际社会的情况较为复杂，也亟待我国在科技、技术、数学、工程、物理、自然等方面做出新的发展和贡献，进而培养出具有较强的综合素质的人才，这也是 STEAM 教育的重要发展主旨。这一教育方式和教学理念十分重视对于学生的创新精神的培养和锻炼，进而在实践动手能力、自主探究能力等方面都获得较好的能力素质水平。同时，使用这种教学理念的教学形式，有利于借助于项目设计的平台，减少或消除不同学科之间的差异性，进而在工学文化知识中融入更多的人文元素，增强知识的可接受性。另一方面来说，采取 STEAM 教育形式，对于我国传统教育模式的打破与新时代下教学形式的发展具有十分积极的价值和作用。在传统的教学方式中，由于过分重视对于书本知识的灌输，忽视了对于科学学科本质的理解和探索，而在学生的素质水平、思维能力、逻辑能力等方面的培养更是严重不足。而随着我国教育学者对于学生综合素质和能力的重视程度不断增加，对于中学阶段的教育也提出了更高的要求。中学阶段正是学生培养兴趣、形成思维方式的关键时期，因而在这一时期实行 STEAM 教育，有利于学生综合能力素质的全方位发展和进步，从而增强教学水平，改善当前中学阶段的学生偏重知识而动手能力严重不足的缺陷。

第五节 创客教育

一、创客教育概述

“创客教育”(Maker Education)可以追溯到2009年11月美国时任总统奥巴马在“教育创新(Education Innovation)”大会上的发言，他呼吁“每个学生都应成为创造者，而不仅仅是消费者”。2010年，上海成立了国内首家创客空间——新车间，此举开启了我国创客运动的大幕，与此同时，一些学校也已经尝试开展创客教育，如北京景山学校、浙江温州中学等。2013年，北京景山学校的吴俊杰老师首倡“创客教育”概念，是国内提倡中小学创客教育的发起者之一，被称为国内中小学创客教育的“布道者”。这种自下而上的教育变革，很快得到了政府和政策层面的响应。2015年，李克强总理在政府工作报告中指出，要“推动大众创业、万众创新”“切实保护发明创造，让创新之树枝繁叶茂”“大力发展众创空间”“使‘草根’创新蔚然成风、遍地开花”。

二、创客教育核心概念与本质

目前，学术界对于创客教育还没有一个明确的概念界定，专家学者对创客教育做出了多种不同的解释，从创客教育本质的角度来看，主要包括以下四类。

一是“教学模式论”。这种观点认为创客教育是一种以培养学习者，特别是青少年学习者的创客素养为导向的教育模式，具体来说是一种融合信息技术，秉承“开放创新、探究体验”教育理念，以“创造中学”为主要学习方式和以培养各类创新型人才为目的的新型教育模式。

二是“教育类型论”。认为创客教育是一种培养青少年创客素养的工程教育，是在创客空间中开展的以造物形式培养学生综合实践能力的一种教育类型。为什么要强调“造物”?谢作如认为，只有强调“造”，才能突出创客运动的社会化、平民化，强调动手实践等特点；“创”是精英化的，而“造”是大众化的；只有关注“造”的创客教育，才是可以复制和普及的大众教育。即创客教育是创客文化与教育的结合，基于学生兴趣，以项目学习的方式，使用数字化工具，倡导造物，鼓励分享，培养跨学科解决问题能力、团队协作能力和创新能力的一种素质教育。

三是“教育取向论”。创客教育是一种以培育大众创客精神为导向的教育形态，是一种贯穿终身的，培养个体DIY、创造能力与分享精神的教育取向。

四是“教育课程论”。创客教育是一种引入中小学教育课程体系中实施的一系列关于创新动手技能训练的课程。

三、创客教育模式

创客教育的三种方式包括：一是搭建开放自由的创客空间，由学生根据自己的学习需求自主使用创客空间的学习资源和研发平台，还可参加学校不定期组织的创客竞赛或主题式创客活动。二是将创客教育有规划地整合于学校的常规课程中，例如芝加哥艺术学院将新兴技术和传统的课程教学资源进行有效整合，设立创客实验室、创客实训基地、创客夏令营，为学生提供沙箱、切割机、3D 打印机等设备，支持学生自主创造。这种方式不仅可以优化常规课程，也能提高学生的创新意识和实践能力。三是开设专门独立的系列化创客教育课程，让学生可以通过辅修学位或选修课程的方式参与正式的创客教育课程。

当前创客教育的主要实践模式是创设优质的创客空间、开发创客课程、打造创客师资队伍及营造创客文化氛围等为主导开展创客活动，通过构建良好的创客教育实践环境，鼓励学生广泛利用数字工具实现创意物化，提高学生的创新意识和动手实践能力。

第六节 智慧教育

一、智慧教育概述

所谓“智慧教育”是指借助创设智慧学习环境，借助智慧教学法，为学生智慧学习提供保障，从而促进其良好发展，即对高智能、创造力强的人进行培养，借助适宜的智慧技术投入丰富多彩的实践活动之中，同时积极创作价值与制品，更好地适应、选择和塑造生活、学习和工作环境。

二、智慧教育的特征

在建设智慧城市方面，智慧教育的实施是一项重要举措，相较于当前的信息化教育方式，其具有自身鲜明的教育特征。

一是信息化教育是开展智慧教育的重要基础，因此，智慧化教育有机结合了技术和管理、技术和科研、技术和教学。其中，智慧教育和信息技术的密切融合，是顺利实现智慧教育的有效途径之一。基于智慧教育，要求教师在课堂教学中会运用各种各样的移动终端，这就对教师的信息技术应用能力提出了较高的要求，其应能够在课堂中灵活运用信息化技术，让学生以学习本身为重，这是智慧教育的重要特征。

二是智慧教育是一种全新的教学方式，主要是为了和新时代的发展相适应，其既要培养具有一般意义上的公民，同时为了促使智慧地球的目标顺利实现，智慧教育需要全球各国一同努力。近年来，在国内外各个大学的协同配合下，慕课在全球范围中的运用日益广泛，借助网络向全世界传播共享了优质的教育资源，无缝整合共享全球教育资源，让各国学生与社会媒体均能借助网络获得自身所需的教学资源，这是智慧教育最显著的特点。

三是促使教育管理更加高效绿色，这是智慧教育的重要教育特征之一，同时这也能使智慧教育持续发展的需求得到满足，信息技术的日新月异，为实现绿色、智慧教育提供了重要保障，大数据时代背景下，学校教学资源和教育经费等有了更加充足的数据支撑，确保教学决策有据可循，为智慧教育的发展提供了保障。

三、智慧教育环境的构建

智慧教育环境建设是推进智慧教育的关键因素之一，然而智慧教育环境的建设并非单纯的先进设备的配置，而是应根据学校的实际情况针对性地选择合适的软硬件设备，进而创造智慧教育环境，其主要内容如下。

(一)智慧教室的建设

对于智慧教室的建设可根据学校具体情况对现有的教室进行改进，在原有设备基础上增加相应的智能化硬件设施，让学校具备软硬件设施齐全的智慧教室，以供教师和学生开展教学活动。

(二)智慧教学系统的引进

智慧教学系统主要包括教师端、学生端和教学管理端，教师可以通过系统给学生布置任务、答疑解惑，学生可以通过系统及时与教师进行交流。同时，此系统还可以实现对于学生学习情况的记录，还有课堂签到活动及对于学生学习的反馈，可以根据这些内容对学生进行分析，以便于实现个性化的教学。在硬件设备建设的同时，也要选择合适的智慧教学系统加以引进，从而真正地使软硬件设备投入常态化教学应用中。

(三)互动录播系统的引进

互动录播系统主要是对教师课堂教学实况进行录制，以便于教师在课后观察学生的课堂学习情况，或者根据录屏内容对课堂进行分析，作为教师进行教学反思、改进教学的依据，为以后改革课堂模式提供依据。

(四)智慧教学资源平台的建设

该平台的建设主要是为了给学生提供学习资源，教师可以在平台上为学生提供课程的有关资源，在课上用到的资源也进行保存，课后习题或者考试资源都要进行保存，以便于学生在日后复习的时候应用。并且教师和学生也可以在此平台上查询到课外的学习资源，就是给教师和学生提供一个资源平台。

四、智慧教育与传统教育的区别

(一)教育职责形式的转变

传统教育主要是围绕“教室、教师、教材”展开，受教师教学水平的影响，导致学生的潜能和思维受限。比如相较于国家重点高校，普通高校的师资配备、基础设施建设仍不完善，而借助大数据、云计算和互联网技术的智慧教育，则可以使此问题得到解决。学生可以在任何时间与地点借助手机等移动智能终端设备获取信息，这既带给了学生更加深刻的学习体验，使其学习兴趣更加浓厚，同时也促进了相关教育产业良好发展。

(二)教育思维的革新

在传统教育发展模式下的课堂教学中，教师只注重理论知识的传授，并未对学生创新能力的培养与发展引起重视，导致大部分学生创新思维不足。而智慧教育则改变了教学理念，用以“学生为中心”替代了以往的以“学科为中心”的理念，加大了学习中的互动力度，培养了学生的创新能力及信息整合和运用能力。

(三)学习方式的变革

传统教育明确界定了教师和学生的角色，而智慧教育对互联网交互平台进行了充分运用，展开了翻转课堂、虚拟实验室、慕课等在线学习，促使师生的角色发生变化。教师不再只是知识的传授者，而是成了教育教学的研究者和课程的开发者。同时，学生也从被动接受知识者成为传播知识的人，将经常性地开展探究式、交互式学习，而由此引发的学习方式的变革，必定能增强学生的创新能力。

课后习题

一、填空题

1. 人工智能领域的研究包括________、________、________、________和________等。

2. 3D 打印技术与传统打印技术的主要区别在于原材料、打印成品和________。

3. 虚拟现实技术利用不同的传感设备，生成逼真的视、听和________一体化的三维逼真虚拟环境。

4. STEAM 教育融合了________、________、________、________、________五门学科。

5. 智慧教育的特征包括与信息技术的密切融合、无缝整合共享全球教育资源和________。

二、选择题

1. 以下哪项不是3D打印技术在教育中的应用？（　　）

A. 电子专业制作电子部件　　B. 地理专业制作立体地形图

C. 医学专业打印器官模型　　D. 文学专业打印文学作品

2. 虚拟现实系统通常由以下哪些元素构成？（　　）

A. 传感器件、作用器件、虚拟环境发生器、人、虚拟环境

B. 计算机、互联网、传感器、作用器、虚拟环境

C. 建模软件、打印设备、虚拟环境、人、作用器件

D. 传感器、虚拟环境、作用器件、计算机、人

3. 以下哪项不是STEAM教育的特征？（　　）

A. 跨学科性　　B. 体验性　　C. 单一性　　D. 协作性

4. 创客教育的核心概念不包括以下哪种观点？（　　）

A. 教学模式论　　B. 教育类型论　　C. 教育取向论　　D. 教育孤立论

5. 智慧教育与传统教育的区别不包括以下哪项？（　　）

A. 教育职责形式的转变　　B. 教育成本的变化

C. 教育思维的革新　　D. 学习方式的变革

三、简答题

1. 简述人工智能在教育中的自适应学习是如何实现的。

2. 简述3D打印技术在各学段的应用情况。

3. 简述STEAM教育中跨学科性的含义。

4. 简述创客教育的三种模式。

5. 简述智慧教育环境建设中智慧教学系统的作用。

四、思考题

1. 结合教育实际，谈谈人工智能在教育中的应用如何促进教育公平？

2. 分析3D打印技术在教育中推广可能面临的困难及解决办法。

3. 探讨在中小学实施STEAM教育时，如何整合不同学科的教师资源？

4. 思考在创客教育中，如何激发学生的持续创新动力？

5. 论述智慧教育环境的构建如何提升教育质量和效率？

第九章

“善始善终，勇毅前行”
——智慧媒体与平台

【学习目标】

1. 掌握使用搜索引擎的基本技术。
2. 能用软件制作思维导图。
3. 掌握雨课堂教学技巧。
4. 掌握智慧教室的使用技术。
5. 掌握在线考试与测验技术。
6. 了解智慧校园的基本结构。

【思政导读】

加快建设国家战略人才力量，努力培养造就更多大师、战略科学家、一流科技领军人才和创新团队、青年科技人才、卓越工程师、大国工匠、高技能人才。

第一节 搜索引擎

一、搜索引擎概述

信息技术如今迅速发展，Internet 也得到了广泛的普及，网络上的信息量正在以指数趋势上升。由于其信息来源分布广泛，种类繁多，如果不能对信息进行有序化管理，用户将很难从如此海量的信息中提取出他们需要的信息。目前，搜索引擎已经成为人们获取信息的主要手段之一。搜索引擎就是在烦琐复杂的互联网信息中通过特定的检索策略，对信息进行搜索与分类，通过分析用户提交的请求，按照用户的要求和习惯进行组织，从而达到用户快速检索特定信息的目的。目前搜索引擎提供的搜索方式主要有整句、主题词、自由词等，用以适应不同用户的需求。

二、搜索引擎的产生与发展

蒙特利尔大学的 AlanEmtage 实现了最初的搜索引擎，称为 Archie 引擎，Archie 引擎可以在特定的网络中进行相关的信息检索。由于其工作原理与现代搜索引擎非常接近，我们通常认为他开创了现代搜索引擎领域。搜索引擎的发展大致经历了三代。

第一代搜索引擎是 1994 年 Michael Mauldin 将 John Leavitt 的“网络爬虫”程序接入到其索引程序中的 Lycos。由于结构和技术相对不成熟，它的搜索速度比较慢，更新速度也不能满足用户的检索要求。

美国斯坦福大学的 David Filo 和美籍华人杨致远合作成功开发了第二代搜索引擎，它创立了一些用户关心的目录，用户可以通过目录进行检索。

Google 的正式推出标志着第三代搜索引擎的诞生。其集成了搜索、分类、多语言支持等功能，同时提供了摘要、排序、快照等功能，另外与强大的硬件系统配合，大大改变了互联网用户检索网络信息的方式。第三代搜索引擎主要结构如图 9-1 所示。查询接口的作用是使用户进行交互，即提取用户的输入，并将检索结果返回。检索器依据用户的需求，可以方便地在索引库中查找相应的文档，按照相关度规则进行重排后返回。索引器负责对文档建立索引，使文档以便于检索的方式重新组织。分析器负责对收集器收集的信息进行分析和整理。

三、搜索引擎的类型

（一）全文搜索引擎

这类搜索引擎从互联网提取各个网站的信息（以网页的文字为主），建立起数据库，并能检索与用户查询条件相匹配的记录，按一定的排列顺序返回结果。著名的全文搜索引擎包括百度和 Google。

图 9-1　百度搜索引擎

（二）目录搜索引擎

目录索引虽然有搜索引擎功能，但严格意义上不能称为真正的搜索引擎。用户完全不需要依靠关键词（keywords）查询，只是按照分类目录找到所需要的信息。目录索引中，国内具代表性的就是新浪、搜狐、网易分类目录和 Yahoo 网站（雅虎）。其他著名的还有 OpenDirectoryProject（DMOZ）、LookSmart、About 等。

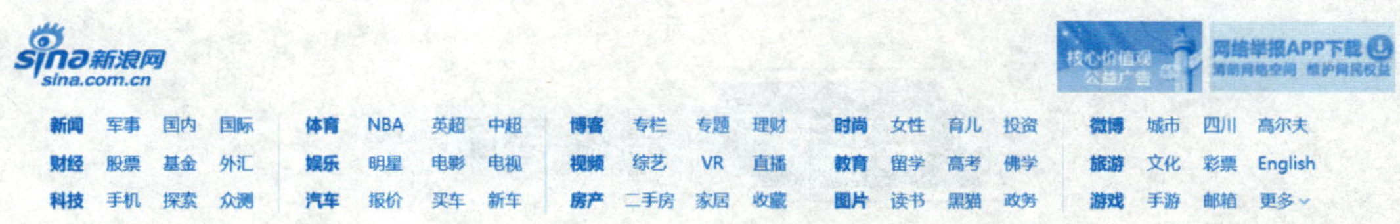

图 9-2　新浪搜索引擎

（三）元搜索引擎

这类搜索引擎没有自己的数据，而是将用户的查询请求同时向多个搜索引擎递交，将返回的结果进行重复排除、重新排序等处理后，作为自己的结果返回给用户。例如，AltaVista、NorthernLight、Excite、Infoseek、Inktomi、FAST、Lycos、Google、360 搜索等。

图 9-3　360 搜索引擎

（四）垂直搜索引擎

这类搜索引擎专注于特定领域的信息检索，例如专门搜索新闻、图片、视频或者专门搜索学术论文的搜索引擎，如千图网、今日头条等。

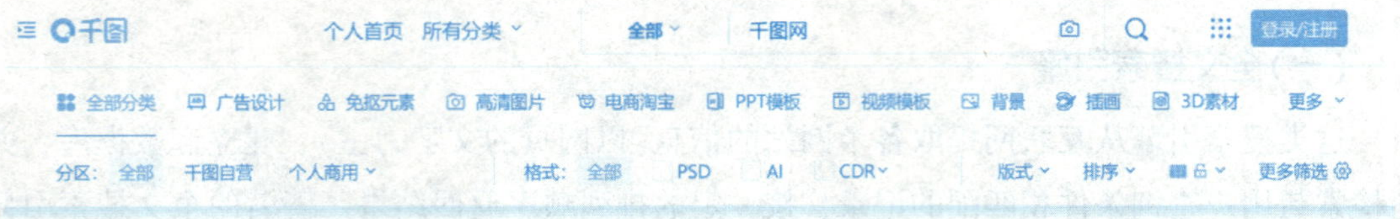

图 9-4　千图网

(五)互动式搜索引擎

在用户输入一个查询词时，这类搜索引擎尝试理解用户可能的查询意图，智能展开多组相关的主题，引导用户更快速准确定位自己所关注的内容。例如，搜狗搜索是搜狐公司强力打造的全球首个第三代互动式搜索引擎。

图 9-5　搜狗搜索引擎

第二节　思维导图

一、思维导图的概述

思维导图最初作为一种新的记录学习内容和知识的笔记方法而被英国心理学家东尼·博赞(Tony Buzan)创造出来。一个人的思维发展变化是思维导图主要展示的内容，学习者的发散思维能力可以借助思维导图进行提升，思维导图可以帮助学习者理清自己的想法和思路，产生头脑风暴，进而产生更多新想法。思维导图自提出以来，就受到了社会各界的普遍关注与使用，并广泛应用到学习、生活、教育、商业和职场等各方面。思维导图的绘制可以通过纸笔进行手绘，也可以借助 XMind、MindMaster、FreeMind、MindManager 等软件进行绘制。

二、思维导图的主要特征

思维导图是一种适于社会各层次人们的学习工具和学习方法。教师可以用它来制订教学计划，整理教学资料，指导备课授课，总结教学反思等，学生可以用它来记笔记，构思文章，以及归纳知识、指导复习等，常会起到事半功倍的效果。其主要特点有以下四点。

一是注意的焦点集中在中央图形上，一图值千字。通过一幅思维导图，可以把一本书的主要内容和相互关系，形象具体地展现在学习者面前，使学习者能较快较好地把握全书的脉络和作者的思路。

二是中心突出，主次分明，呈放射性开放式发展。思维导图以主题为主干，其他信息为分枝从中央图形向四周放射，主干可以不断增加，各个分枝可以不断“生长”。其开放式结构有利于系统地思考各要素之间的联系。

三是主题明确，联系紧密，便于记忆整理。分枝由一个关键的图形或关键字构成，次级话题也以分枝的形式表现出来，附在高层次的形式上；各个分枝线条上的关键词就好比方向舵或指南针，这样不容易在思维的海洋里迷航，可用它来梳理思路，整理思想。

四是便于联想和发散，易于把握相互关系。各分枝形成一个连接的节点结构并且末端开放，这就使我们容易把握各枝的联系和关系。

三、思维导图在不同类型课程教学中的应用

(一)在新授课中的应用

对于新讲解的课程，教师要利用思维导图绘制本节课的教学目标和教学内容大框架，同时突出本节课的重难点，让学生大致了解本节课要学习的内容，知道需要关注的重难点是什么，从而提高学生学习的目的性。本节课学完后，学生要根据本节课所讲的内容绘制一个比较详细的思维导图，检查一下自己是否掌握所学知识，同时教师也可以根据学生绘制的思维导图了解学生对学习内容的掌握情况。思维导图还可以帮助教师扩展教学内容，一定程度上打破学生的思维模式，使学生的知识面变得更广。例如语文教师在课堂中用思维导图展示整篇课文的体系结构、重难点、知识点，这展现了教师理解这篇文章的思路过程，有利于学生了解教师的思路，从而加深学生对课文的把握和理解。

(二)在复习课中的应用

传统复习课中教师大多采用“满堂灌”的形式对知识点进行灌输和复习，这种教学方法使得学生缺乏学习的积极性，容易导致课堂复习效率低。思维导图可以在复习课中对要复习的知识进行归纳整理，可以让学生对要复习的知识一目了然。学生通过这张图能清晰地知道这段时间这门课程的所有知识点及知识点之间的关系。例如在英语复习课中使用思维导图可以引发学生的头脑风暴，教师可以引导学生通过一个单词找到与它相关的单词、词组、语法、短语等，完成对词汇与短语的记忆和复习，同时还可以利用思维导图完成对同一类知识点的归纳总结。

（三）在实验课中的应用

思维导图在实验课中的应用主要表现在学生利用思维导图对要学习的实验内容进行预习，教师借助思维导图完成实验框架构建和重难点讲解，最后学生以小组为单位讨论并绘制整节实验课的思维导图等。这种教学方式有助于教师检查学生的实验预习情况，对课程内容的掌握情况及学生的思维过程，学生也可以在绘制思维导图的过程中完成对实验课所学内容的查漏补缺和巩固整理，同时还可以明晰实验思路和流程。以小组为单位协作绘制思维导图的过程，可以让学生知道彼此的思路，有助于学生之间的沟通交流和协作。在将思维导图用于实验教学时，思维导图要根据实验的特点来绘制，同时学生把实验过程绘制成思维导图也是对他们自己思路的整理，有助于学生更加了解整个实验，同时还会激发学生对实验的思考并产生创新想法。

（四）在阅读课中的应用

在阅读中使用思维导图，可以让读者对所阅读的文章有一个整体的了解，知道文章大概由几部分组成，各自内容是什么。在解答语文的阅读题时，如果学生能够利用思维导图概括出整篇文章的主要内容，那么就可以快速而准确地找到相关内容进行答题。对于一些语文文章阅读的讲解，教师可以以一个中心词为起始点发散成整个文章的大致结构及层次关系，让学生对要阅读的材料有一个整体认知，英文文章的阅读也可以这样整理。教师还可以利用文章中心词画一个一级思维导图，学生在此基础上以个人或小组的形式绘制整篇文章的详细思维导图，达到对阅读的文章整体内容可视化整理，从而大大提高学生阅读的效率。

（五）在写作课中的应用

思维导图用于写作课的教学，主要是让学生根据作文的主题发散自己的思维，找到与主题相关的场景或素材进行罗列，并把这些场景、素材和主题相结合绘制成一个思维导图，来记录自己写作的构思或思维过程。借助思维导图，学生可发展他们的发散思维，使思维更加活跃，文章涉及的内容更加丰富。研究发现，无论是在中小学生的作文写作中还是大学生的论文写作中，运用思维导图都可以激发学生的联想和创意，使学生写的文章成一定体系且具有逻辑性。

（六）在解题技巧课中的应用

思维导图还可以广泛应用到解题技巧课中，思维导图可以用于对措施型材料题的分析，如可以分析其存在的问题、影响及相应的措施，然后对这几个方面进行归纳，从而有针对性地从反面找到解决措施和对策。教师可以将这种解题方法绘制成思维导图，这样学生对这一类的解题技巧就可以有一个直观简洁的知识框架，一定程度上提升学生的解题速度与准确率。

四、思维导图的使用

下面以 Xmind 桌面版为例，简单讲解如何使用。Xmind 的入门操作非常简单，只需在电脑或手机、平板上下载 Xmind 的客户端后，花 3 分钟熟悉一下界面，即可开始进行思维导图的绘制。

(一)新建思维导图

打开软件进入界面，可以选择“新建”，可以选择“从模板新建”，也可以选择“从图库中新建”(如图 9-6 所示)

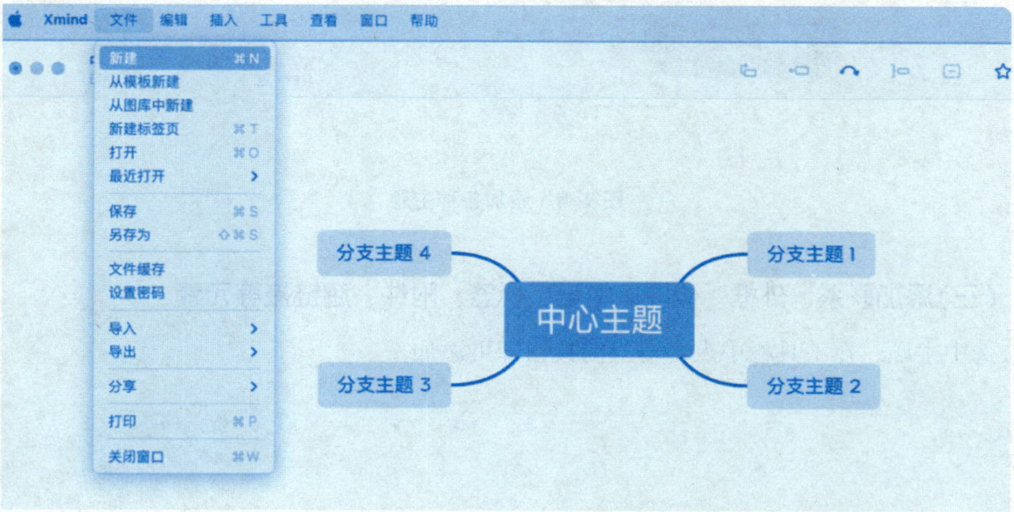

图 9-6 新建思维导图

也可以选择“文件”-“导入”，导入其他文件格式的文件(如图 9-7 所示)。

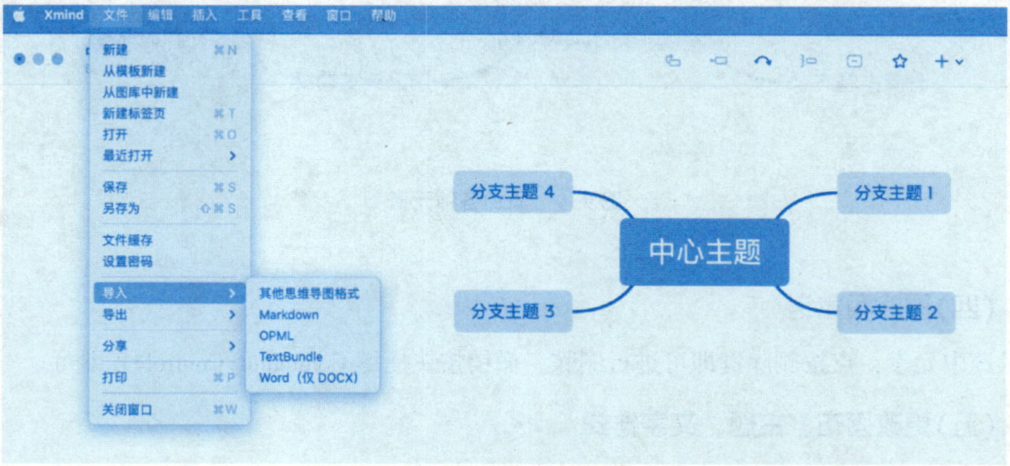

图 9-7 导入思维导图

(二)添加各种主题

按 Tab 键添加子主题，按回车键添加同级别主题，双击空白处添加自由主题。

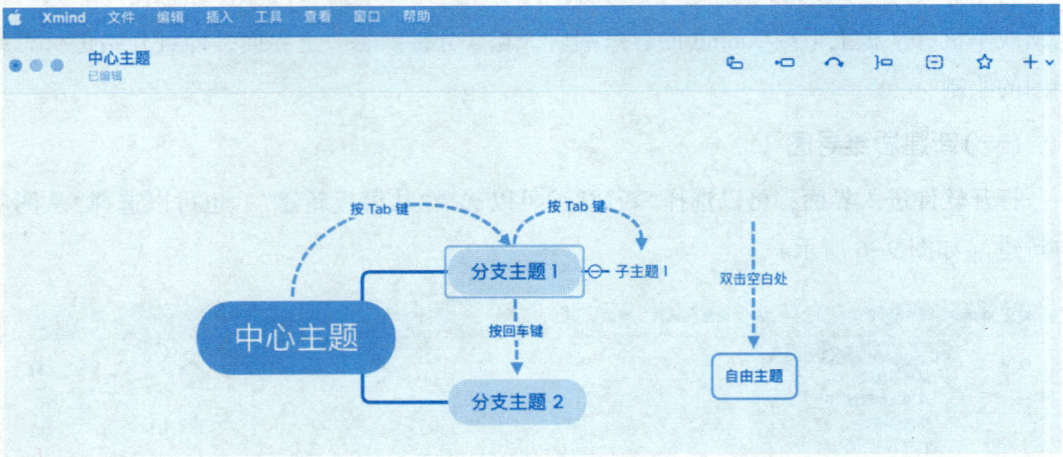

图 9-8　添加各种主题

(三)添加联系、外框、概要、笔记、标签、附件、超链接等元素

选中主题，在工具栏中点击对应的按钮即可添加。

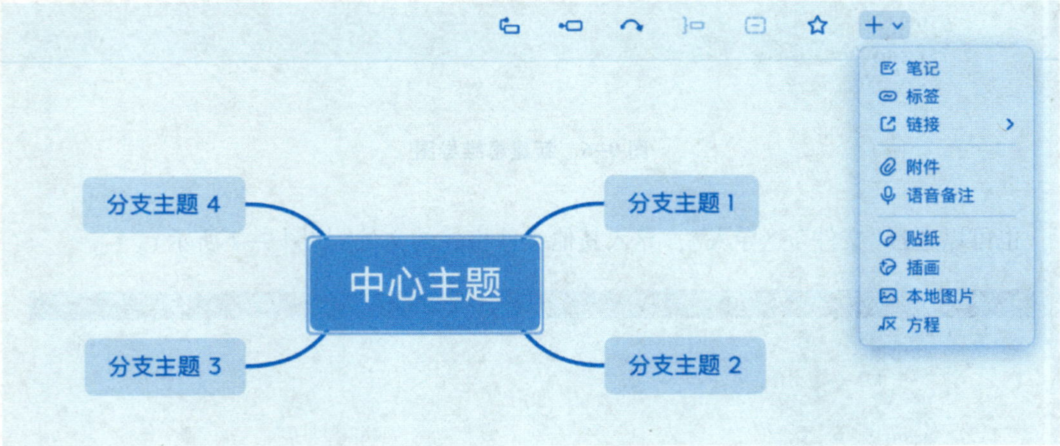

图 9-9　添加各种元素

(四)删除和撤销

选中元素，点按删除键即可进行删除。撤销按快捷键 Command/Control+Z 即可。

(五)更改画布、主题、文字样式

所有关于样式的修改，都在软件窗口右侧的格式面板中，打开右侧格式面板，根据需要可以修改当前画布、主题、文字样式。

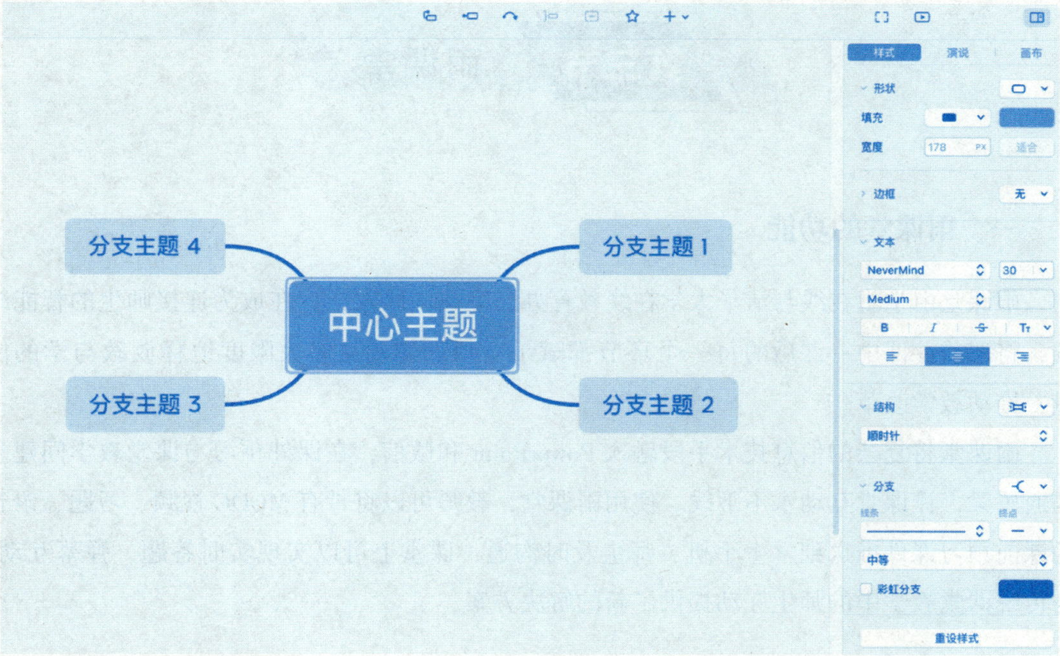

图 9-10　更改画布、主题、文字样式

(六)分享和导出

思维导图制作完毕之后，就可以导出。导出支持 PNG、PDF、SVG、Markdown、Excel、Word、PowerPoint、OPML、TextBundle 等文件格式，也可以将导图用邮件、印象笔记等分享出去。

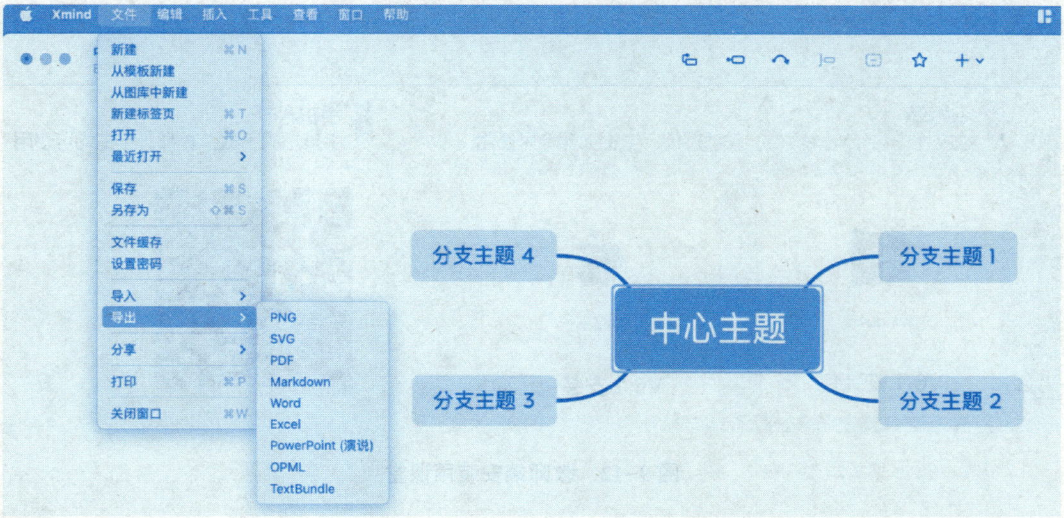

图 9-11　分享和导出

第三节 雨课堂

一、雨课堂的功能

雨课堂由学堂在线与清华大学在线教育办公室共同研发，旨在成为连接师生的智能终端，将课前—课中—课后的每一个环节都赋予全新的体验，最大限度地释放教与学的能量，推动教学改革。

雨课堂将复杂的信息技术手段融入 PowerPoint 和微信，在课外预习与课堂教学间建立沟通桥梁，让课堂互动永不下线。使用雨课堂，教师可以将带有 MOOC 视频、习题、语音的课前预习课件推送到学生手机，师生及时沟通；课堂上可以实现实时答题、弹幕互动，为传统课堂教学中的师生互动提供了新的解决方案。

二、教师端安装雨课堂

（一）教师端安装雨课堂

教师可以通过雨课堂的官网下载最新版本，如图 9-12 所示，安装的计算机要求操作系统版本在 Windows7 以上，Office 版本在 2010 以上。

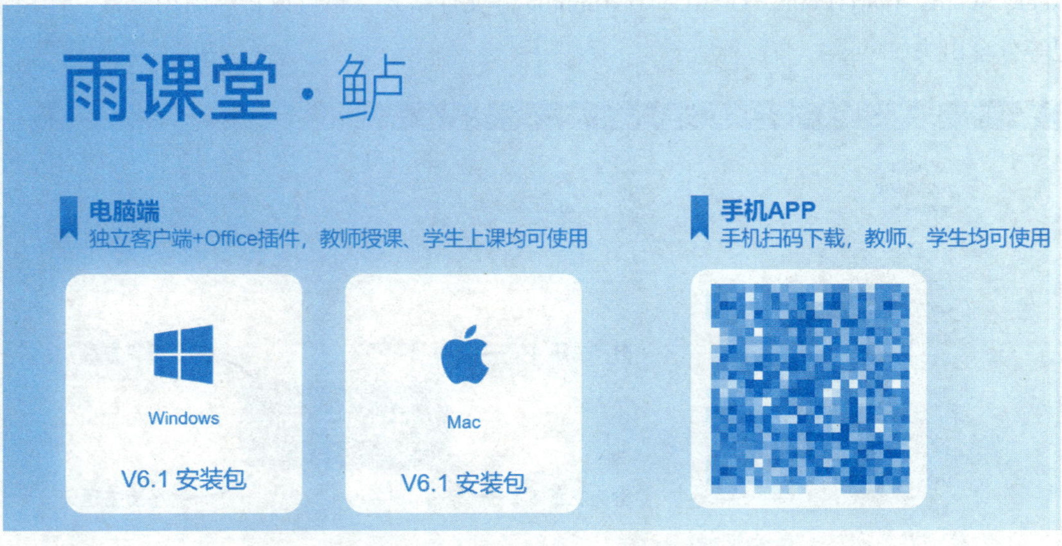

图 9-12　教师端安装雨课堂

雨课堂安装成功以后，可以看到在电脑端的 PPT 导航栏上多了“雨课堂”选项卡(如图 9-13 所示)。

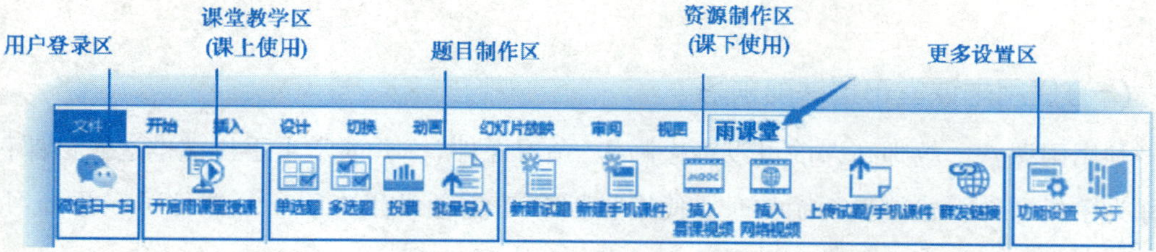

图 9-13 导航栏中各种选项

(二)学生端添加雨课堂

学生只需要通过微信关注雨课堂的公众号，并且扫描教师分享的邀请二维码加入班级就可以通过手机完成后续的教学任务(如图 9-14 和图 9-15 所示)。

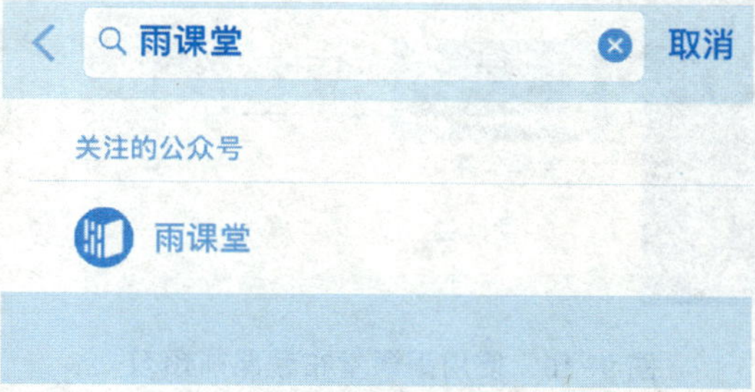

图 9-14 学生端添加雨课堂

图 9-15 二维码进入课堂

三、使用雨课堂

完成雨课堂的安装和添加后，教师利用微信登录雨课堂后就可以使用雨课堂的完整功能了。

(一)使用雨课堂布置课前预习

利用雨课堂，教师在课前可以轻松制作“预习课件”，并向学生手机端推送。该课件也可称为手机课件，建议教师制作时，使用竖版 PPT 方便学生查看。该课件可以添加习题、视频、语音，教师在发布时可设置截止时间(如图 9-16 所示)。

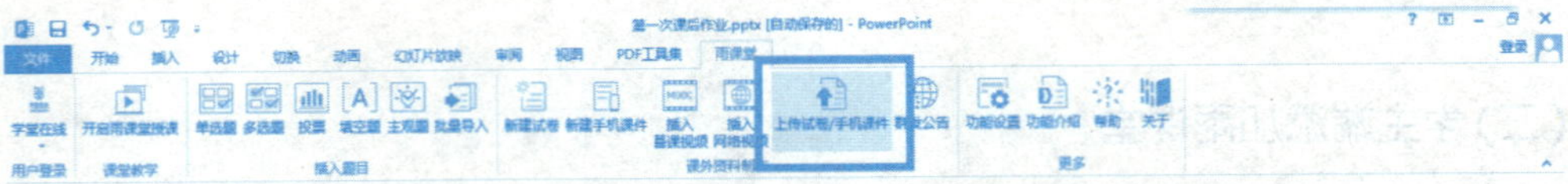

也可在网页端的【资源库】→【课件库】→【上传】直接上传课件。

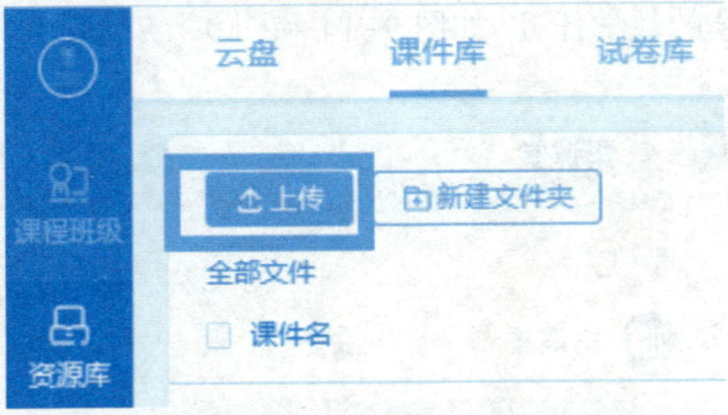

图 9-16　使用雨课堂布置课前预习

教师可以通过手机端查看学生预习课件及回答预留问题的情况(如图 9-17 所示)。

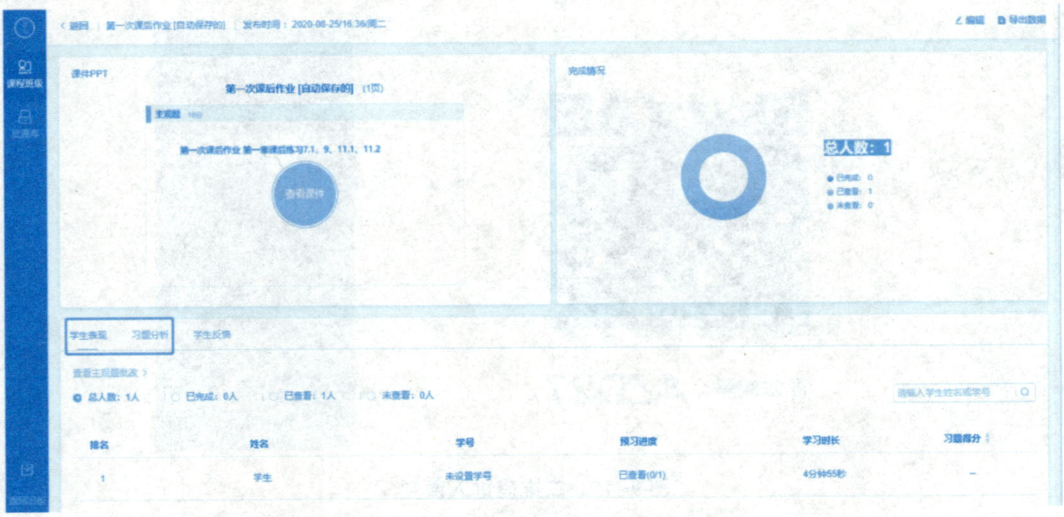

图 9-17　查看学生预习情况

(二)使用雨课堂开启课堂教学

课堂上，教师可以通过电脑端开启雨课堂授课(如图 9-18 所示)，选择授课班级后，学生通过手机就能看到教学课件的内容，同时，教师可以在课件中插入投票题、选择题等，调动学生的学习积极性，并且在教师端查看回答的统计结果。

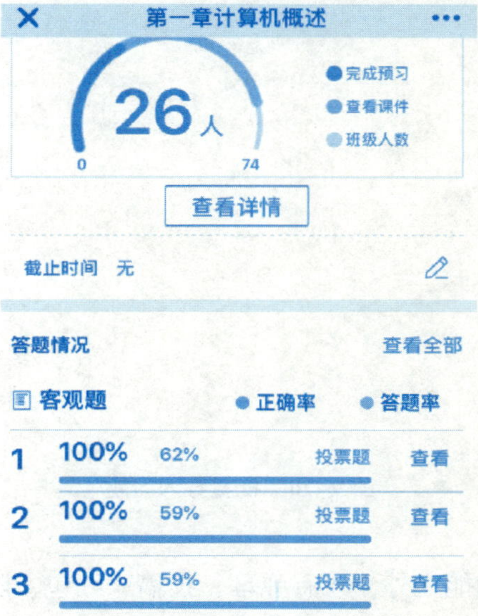

图 9-18 教师端查看统计结果

(三)利用雨课堂制作试题

教师可以利用雨课堂在课堂上发布试卷，或是课下给学生推送作业。学生利用手机作答，后台自动算出学生的成绩。单击“新建试题”按钮，PPT 会生成一份含有试卷标志信息的竖版 PPT，在此 PPT 中单击题型，即可添加题目模板(如图 9-19 所示)。

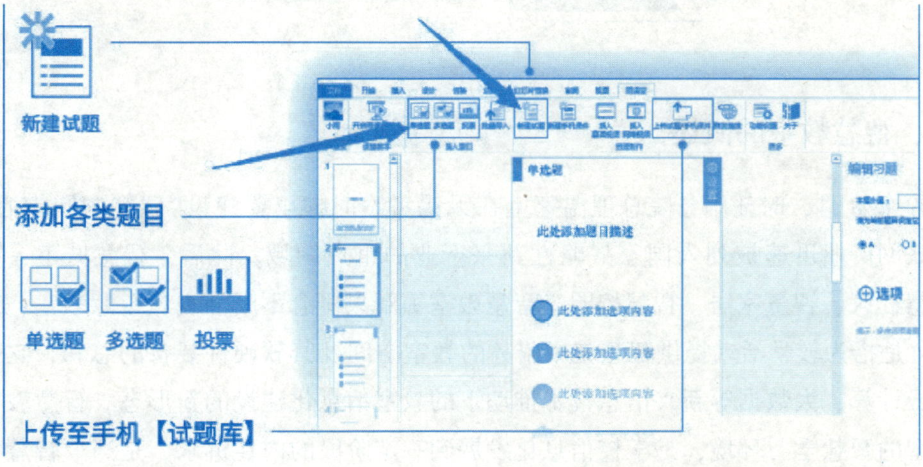

图 9-19 利用雨课堂制作试题

同时，教师也可以利用雨课堂的批量导入功能将 word 格式的习题集一键导入，并生成练习题或试卷(如图 9-20 所示)。

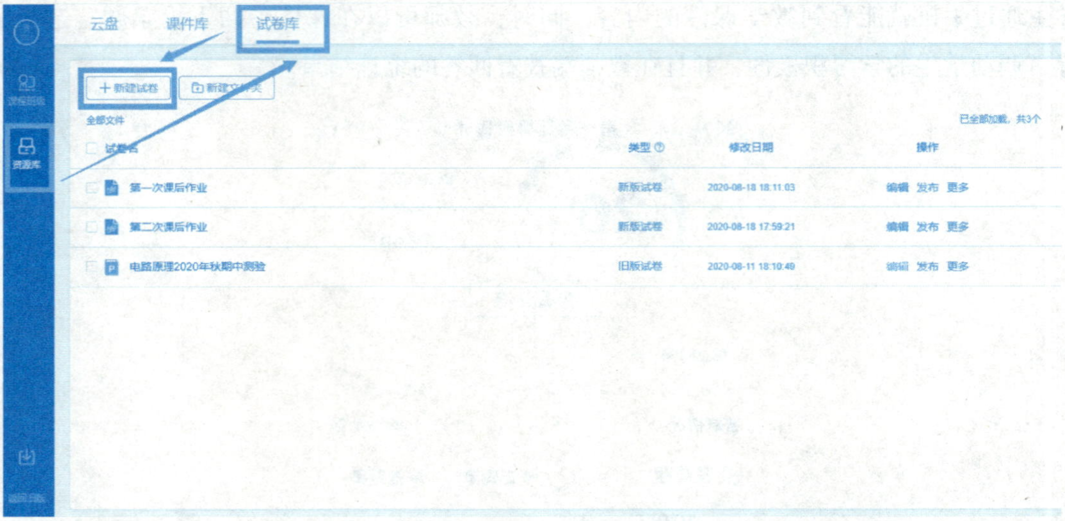

图 9-20　批量导入习题

其实雨课堂除了上述功能之外，还有弹幕、投稿、红包、随机点名等功能。无论是速课网还是雨课堂，它们的共同点都是充分利用了互联网和多媒体技术，把传统的教学由课堂内延伸到了课堂外，有效调动了学生的学习积极性，使学生通过各种移动终端能实现随时随地学习，从而更好地掌握知识，使教师可以随时与学生沟通，掌握学生的学习情况。

第四节　智慧教室

一、智慧教室的概述

2009 年 8 月，时任国务院总理温家宝在无锡考察时提出要建设“感知中国中心”，这之后物联网产业迅速被列入国家战略性新兴产业的重点领域。此后，智慧城市、智慧交通、智慧社区、智慧家居、智慧校园、智慧教室等新兴概念不断涌现。智慧教室(如图 9-21 所示)是指为教学活动提供智慧应用服务的教室空间及其软硬件装备的总和，它是在物联网、云计算、大数据等新兴信息技术推动下的教室信息化建设的新形态。智慧教室作为一种典型的智慧学习环境，是学校信息化发展到一定阶段的内在诉求，是当今智慧学习时代的必然选择。目前，我国智慧教室的研究正处于初级阶段。

智慧教室关注并利用新兴技术创建教与学的环境，促进资源个性化呈现、教学交互多元化，实现学习者的学习和相关技能的提高。智慧教室应用了许多信息技术，包括无线接入，多点触控、泛在计算、情境感知、物联网、云计算等技术，如何运用技术使传统教室充满智慧、促进学生学习、提高学习效果，是计算机和教育技术学领域研究者重点关注的问题。

图 9-21 智慧教室

二、智慧教室的功能

(一)在物理环境、人际环境、资源环境上的功能

在物理环境上能根据温度、湿度、学生数自动调节教室的温度、湿度、照明和色彩，适合学生学习；在人际环境上强调和谐、平等，促进师生、生生交流和共享；在资源环境上，实现个性化推送和资源共享，消除信息孤岛。

(二)在工具上的功能

提供丰富和智能的学习工具，开发学生潜力和提高学习效果。

(三)在交互上的功能

实现简单、自然、友好的人机交互，为学习者提供高效的信息获取及交流的工作空间，提高学习、讨论和协作效率。

(四)在学习支持上的功能

提供方便、快捷的学习支持服务，实现线上和线下相结合、正式学习和非正式学习相结合，为每个学习者实现个性化学习提供可能。

三、智慧教室的系统构成

目前，人们提出了很多智慧教室的系统模型，其中比较具有代表性的是"ISMART"系统模型。在该模型中，智慧教室由基础设施(Infrastructure)，网络感知(Network Sensor)、可视管理(Visual Management)、增强现实(Augmented Reality)、实时记录(Real-time Recording)、泛在技术(Ubiquitous Technology)六大系统组成。

(一)基础设施系统

包括物理空间、桌椅装置、供配电、通风空调、灯光照明等子系统。布局合理的物理空间和符合人体工程学的课桌椅构成智慧教室的空间环境，安全可靠、健康节能的供配电、通风空调和灯光照明也是必备的设施条件。

(二)网络感知系统

包括网络接入、射频识别、人体识别等子系统。网络接入既可以是有线的也可以是无线的。射频识别(RFID)、人体识别系统(HRS)等传感装置，按约定的协议，把各种设备相连并进行信息交换，即可实现智能化识别和感知。

(三)可视管理系统

包括中控、能耗、监控等子系统。智慧教室中软硬件装备、运行能耗、教室现场等都可以被实时监控，并基于大数据进行智能化分析，管理员可以通过可视化界面查看运行状况和进行管理操作。

(四)增强现实系统

包括交互演示，视频会议、穿戴设备等子系统。交互演示子系统代表着智慧教室的教学信息呈现能力；视频会议子系统支持异地同步互动教学；借助穿戴设备子系统，物理环境与虚拟环境的无缝融合更为便捷。

(五)实时记录系统

包括课程录播、电子学档，课堂应答等子系统。课程录播子系统用于记录教学全过程；电子学档子系统为教师教学决策和学生自主学习提供有效数据支持；课堂应答子系统支持课堂教学的及时反馈、深度互动。

(六)泛在技术系统

包括云端服务和移动终端等子系统。泛在技术强调信息技术和环境融为一体。智慧教室中的泛在技术既包括处于云端的海量教育资源和教育应用服务，也包括本地的笔记本、平板、智能手机等移动终端。

四、智慧教室的主要技术

(一)多屏交互显示设备

智慧教室拥有多个显示终端，既便于大班教学和小组合作学习，也利于学习资源的多角度显示。交互白板等交互设备作为显示设备，除了能够显示信息外，教学者、学习者还能与之产生多元形式的互动。

(二)手持终端设备

手持终端设备一般具有触摸输入功能，方便学习者获取资源，以及与教学者或其他学习者进行互动交流。如在教学中，学生可通过计算机或手持设备以电子投票、问题反馈的方式给予反馈。教师也可以借助平板电脑看到学生电脑屏幕上显示的内容，根据学生的需要及时协助学生完成课程，学生在校园里分组讨论也可及时与教师沟通讨论结果。

(三)智能课堂实录系统

使用高清摄像机可以对课堂中学习者的学习过程，包括自我学习和小组协作学习等过程进行记录，并储存于云端资源服务平台中，可供学习者课后进行学习过程的回放，支持教学反思。

(四)无线技术

在智慧教室中，无线技术在各方面都得到了应用。例如借助快速的无线访问，小组协作得以方便地开展，可以快速地获取网络资源和工具。在无线投影技术的支持下，学生学习的结果可以快速投射到大屏幕上。

(五)智能环境控制系统

基于 RFID 的物联网技术，可根据学习者学习的需要对课堂内的光、电、声、温进行控制，还可以根据课堂外的光照条件调节照明，根据季节气候的不同调节温度，根据课堂内的声场环境调节声音系统等，确保学习者在一个舒适的环境中学习。

第五节 在线考试与测验技术

随着社会经济的发展和网络技术的全面普及，网络化培训教育成为教育改革的一个重要特征，并对教育行业的发展形成了新的推动力。传统的线下培训和考试模式因其考场组织、审定编制、试卷发放、评判归档等各个环节需要人工的干预，耗费时间成本、场地成本和人工成本较高，且难以保证其客观性和公正性，已不能完全满足企业发展的要求。通过 Internet 技术实现线上培训和 PH 考试，可以从问卷发放、评判等环节实现自动化，杜绝了人工干预的可能性，具有线下考试无法比拟的优点。

一、在线考试与测验技术的概述

在线考试与测验技术是一种利用互联网技术进行考试和测验的方式。它可以将传统考试过程中的试卷组织、传送、收集、登记、评判等各环节缩小到一至两个环节，几乎杜绝了所有人工直接干预考试的可能性。被授权的考试用户不管身处何地，只要可以使用网络，就可通过网络登录在线考试系统，参加在线考试、在线调查、在线报名、在线练习等。

二、在线考试与测验技术的典型特征

一是快捷方便、省时省力：打破时间和地域的限制，随时随地可以进行。

二是成本低，效率高：借用当今互联网优势，通过考试系统发布考试，将二维码和考试链接散发给考生即可完成组织考试。

三是自动阅卷：不需要像传统考试那样，人工阅卷，花费大量人力物力，效率还低，且容易出错，在线考试系统都是自动判卷出成绩。

四是精准的考试报表分析：如考试分析、成绩分析、考生分析、错题分析等，不再像传统考试需要人工经过大量统计工作才能得到一份报表，大大节省时间和成本。

五是防作弊措施：有基础防作弊和智能防作弊措施，基础防作弊包含防止考生切屏、规定时间无操作交卷、禁止考生复制粘贴剪切、试题和选项乱序。智能防作弊有考前人脸实名认证、考试定时抓拍、考试实时视频监控、电脑屏幕实时共享、手机摄像头实时视频监考，其中视频都能录制，在考试后能回看并下载。

六是自动统计分析：考试结束后，考试的成绩、答题等数据系统会自动进行统计，然后生成对应报表，管理员不需要自己再手动统计整理数据，能直接在后台查看考试结果，查看成绩结果和排名，减少了很多的工作量，提高了工作的效率。

三、在线考试与测验技术的系统设计

在线考试系统由 5 大模块组成：登录、信息的添加、信息的删除、信息的修改、信息的查询。学生端由两大模块组成：在线测试、查看科目。管理员由 5 大模块构成：学生信息的管理、班级信息的管理、课程信息的管理、试卷信息的管理、题目信息的管理。

在打开系统之后，会弹出登录界面，需要输入正确的账号、密码才可登录访问。在输入账号、密码之后，如果核实无误则进入用户功能界面，用户即可进一步进行相关操作；如果验证出错，则登录失败，重新进入登录环节。

当管理员进行信息添加操作的时候，系统自动生成新信息的编号，管理员进入输入数据界面，输入信息完成后，系统检测信息是否合法，若不合法，则提示重新输入，直到输入数据合法，系统将新信息写入数据库。

当系统的两个主要使用者想要进行信息修改操作的时候，第一步要将需要修改的信息关键词进行输入，搜索完成后对信息进行修改。在这个过程中系统会主动检测修改后的数据是否有意义，如果数据有意义则对数据进行存储；如无意义则提示错误。删除操作是对于管理员而言的，管理员首先选择需要被删除的数据，系统为保证管理员的正确操作会提示是否确定删除，确定以后，系统会将该数据和与其相关属性有关的数据进行删除，随后对数据库进行更新。

四、在线考试与测验技术的详细应用场景

一是电子作业：答题者在线考试系统可以为学生布置电子作业。与传统纸质作业不同，电子作业在作答后，可以及时查看试题答案和解析，大大提高学生的做题效率。

二是培训考核：企业给员工进行线上的培训之后，通常会使用在线考试系统组织一场考核，以验证培训所带来的改变。

三是公开招聘：在进行员工招聘时，特别是在疫情阶段，许多企业会选择在线面试和在线考试。企业 HR 将考核的具体内容做成电子化试卷，由应聘人员网上报名、网上考试，并通过考试结果择优录取。

四是知识竞赛：学校、企事业单位的知识竞赛大多数已经摒弃了传统的线下出题方式，而是采取了方便省事的网上报名、线上答题竞赛的模式。既节省成本，又使整个竞赛管理流程更高效方便。

五是人才储备：为了保证人才选拔的公平公正性，许多企业管理者都会通过考试的方式来确定人才梯队的组建和储备。

六是特种考试：国家规定特种作业人员必须接受与本工种相适应的、专门的安全技术培训、经安全技术理论考核和实际操作技能考核合格，经考试取得特种作业操作证后，方可上岗作业。那么想要参加此工作的人员，就必须要培训、学习、考试，获得此证件才可以上岗。

七是机关单位：党建问答、素质考核、科室评比、新人培训、党政考试、普法宣传等，都可以通过在线考试系统进行。

五、在线考试与测验技术的优势

一是高效节约：在线考试系统可以自动阅卷，快速查询和打印成绩，提高了工作效率，同时节约了大量的人力和物力。

二是无纸化考试：在线考试系统实现了无纸化考试，提供了一个环保的考试方式。

三是准确公正：在线考试系统可以准确地避免人为因素，确保考试的公平公正。

四是安全性较好：在线考试系统具有有效的监考机制，可以有效地防止作弊。

五是自动化程度高：在线考试系统的自动化程度高，可以自动组卷、自动阅卷、自动统计分析，提高了考试的效率。

六是界面设计合理：在线考试系统的界面设计合理，使用更加方便。

七是强大的练习功能：在线考试系统具有强大的练习功能，可以帮助学生进行有效的复习。

八是打破地域限制：在线考试系统打破了地域限制，只要有网络，学生就可以参加考试。

九是试题资源管理：在线考试系统能管理考试试题，可以在试题库中对不同知识点和科目的试题进行分类管理。

十是丰富的试卷类型：在线考试系统提供了固定试卷、抽题试卷和随机试卷等多种试卷类型，能根据需要选择对应的试卷类型进行灵活组卷。

第六节 智慧校园

2008年，美国IBM总裁兼CEO彭明盛在题为《智慧地球：下一代领导议程》的演讲中首次提出了“智慧地球”的理念。2009年，奥巴马就任美国总统后对这一理念给予积极回应。在“智慧地球”的概念提出后，国内不少学者提出“智慧校园”的概念和建设思路。

一、智慧校园概述

智慧校园即智慧化的校园，也指按智慧化标准进行的校园建设，是指以不断提升高校核心业务能力为导向，以人为本，以教育、科研、社会服务、管理为中心，综合运用物联网、移动互联、软件定义网络、云计算、虚拟化、大数据等新一代信息技术，构建智能感知、智能应用、开放共享的数字空间，统一融合校园物理空间、用户社交空间和高校业务空间，形成泛在互联、全面感知、智能决策、开放共享、协同创新的校园环境。

智慧校园通常由以传感器网络及智能硬件为核心的校园基础设施和部署在数据中心内云端服务器上的智慧化软件系统构成，常见功能可分为智慧教学环境、智慧教学资源、智慧校园管理、智慧校园服务四大板块。

图 9-22 智慧校园

二、智慧校园特色功能

一是校园 Wi-Fi 全覆盖：综合布线，综合管路及桥架系统。学生只要输入学号登录，就可进行免费电话视频等通信；

二是查看附近系统：通过定位系统可以看到附近的吃、住、行、娱、购等，了解具体位置和路径轨迹，提升学生校园生活品质；

三是视频录播/点播系统：有电子公告及查询，学生直接通过 APP 查询实时信息，促进学生主动了解校园动态；

四是校园数据中心建设：建立公共云服务及数据备份、私有云系统，通过公共云服务，学校建立自己的数据中心，作为校园管理的数字依据；

五是校园一卡通：通过学校数据库连接，门禁系统与学生个人信息匹配，做到无人管理，就能出入寝室门。水电、饭卡等都可直接与银行卡绑定，进行线上充值服务，摆脱学院固定的充值时间，给学生提供便利校园生活；

六是平安校园：安全防范系统、摄像头、电子围栏都与学校大数据进行联通，一旦发现特殊情况，APP 就会及时发出响应，节省人力资源，建立平安校园；

七是数字教学：建立校园作业题库，学生只需通过手机下载老师布置的作业，完成后提交，作业通过大数据直接发送到老师的作业后台，供老师批阅和反馈，直接节省了学校的纸资源。充分利用大数据的优势，打造数字校园。

三、智慧校园内涵分析

(一)数据基础

智慧校园主要对应三类数据：校园基础数据、视频数据(含音频、图像数据)、非视频数据(时间序列监测数据)，智慧校园建设过程中，这三类数据相互融合才能实现最大效益。

一是社会基础数据。指学籍、教职、固定资产、设施设备等方面的登记信息，也包括地理信息、行程类数据和人使用设施设备服务的数据(也称使用数据)，此类数据来自智慧校园建设的各个子系统，实践中最迫切的需求是打破各子系统分头建设、缺乏统筹造成的信息孤岛局面，使数据互联互通。

二是视频数据。指通过音视频监测获得的非结构化数据，此类数据来自正在高速发展的视频监控系统，实践中最迫切的需求是让“行为和态势识别”功能普及化、融入智慧校园管理的真实业务流程。

三是非视频数据。指时间序列监测获得的结构化数据，此类数据来自各类非视频时序监测的(电、水、气、颗粒物、应力、位移等)硬件系统，实践中最迫切的需求是从有线组网、数据收集向无线组网、数据诊断的技术升级。非视频监测数据中，又以用电监测数据与智慧校园关系最为紧密，因为实践中学生宿舍作为人员密集场所有较高的安全用电管理要求，因此实践中学校是在新建和改造项目中最积极也最适合智慧用电技术应用的场景之一。

(二)基础设施

基础设施是智慧校园的硬件基础，提供异构通信网络、广泛的物联感知和海量数据汇集存储，为智慧校园的各种应用提供基础支持，为大数据挖掘、分析提供数据支撑，包括各类型传感器构成的传感器网络、各类型智能硬件构成的校园信息化设施设备、数据库与服务器等。

(三)支撑平台

支撑平台是体现智慧校园云计算及其服务能力的核心层，为智慧校园的各类应用服务提供驱动和支撑，包括数据交换、数据处理、数据服务、支撑平台和统一接口等功能单元。其中，数据交换单元是在数据库与服务器的基础上扩展已有的应用，包括数据存储、数据汇聚与分类、数据抽取与数据推送等功能模块；数据处理单元包括数据挖掘、数据分析、数据融合和数据可视化等功能模块；数据服务单元包括数据安全服务、数据报表服务、数据共享服务等功能模块；支撑平台单元包括统一身份认证、权限管理、菜单管理和接口服务等功能模块；统一接口单元是智慧校园实现安全性、开放性、可管理性和可移植性的中间件，如 API 接口、B/S 接口、C/S 接口和个性化接口等。

(四)应用平台

应用平台是智慧校园应用与服务的内容体现，在支撑平台的基础上，构建智慧校园的环境、资源、管理和服务等应用，为师生员工及社会公众提供泛在的服务。包括智慧教学环境、智慧教学资源、智慧校园管理、智慧校园服务四大部分。

(五)应用终端

应用终端是接入访问的信息门户，访问者通过统一认证的平台门户，以各种浏览器及移动终端安全访问，随时随地共享平台服务和资源。

课后习题

一、填空题

1. 搜索引擎提供的搜索方式主要有________、________、________等。

2. 思维导图的主要特点包括注意的焦点集中在中央图形上、________、________、________。

3. 雨课堂由________与清华大学在线教育办公室共同研发。

4. 智慧教室由________、________、________、________、________、________六大系统组成。

5. 在线考试系统由________、________、课堂、________、________五大模块组成。

二、选择题

1. 以下属于搜索引擎类型的是(　　)。

A. 全文搜索引擎　　B. 目录搜索引擎

C. 元搜索引擎　　D. 以上都是

2. 以下关于思维导图在新授课中应用的说法，正确的是(　　)。

A. 教师绘制教学目标和内容大框架，学生绘制详细思维导图

B. 教师绘制详细思维导图，学生绘制教学目标和内容大框架

C. 教师和学生都绘制教学目标和内容大框架

D. 教师和学生都绘制详细思维导图

3. 雨课堂可以实现的功能包括(　　)。

A. 课前预习课件推送　　B. 课堂实时答题

C. 课后作业推送　　D. 以上都是

4. 智慧校园的特色功能不包括(　　)。

A. 校园 Wi-Fi 全覆盖　　B. 视频录播/点播系统

C. 校园交通管理系统　　D. 校园一卡通

5. 在线考试与测验技术的典型特征不包括(　　)。

A. 成本高，效率低　　B. 自动阅卷

C. 精准的考试报表分析　　D. 防作弊措施

三、简答题

1. 简述搜索引擎的产生与发展经历了哪几代?

2. 简述思维导图在复习课中的应用。

3. 简述智慧教室的功能。

4. 简述在线考试与测验技术的系统设计。

5. 简述智慧校园的内涵。

四、思考题

1. 结合实际，谈谈搜索引擎在信息获取方面的优势和局限性。

2. 思考思维导图在个人知识管理和职业发展中的作用。

3. 分析雨课堂在教学中的应用如何促进师生互动和提高教学效果。

4. 探讨智慧教室的发展对未来教育模式可能产生的影响。

5. 论述在线考试与测验技术在教育评价体系中的地位和作用。

参考文献

[1]国家教委师范教育司. 教学技术基础[M]. 北京：北京师范大学出版社，1997.

[2]李克东. 新编现代教育技术基础[M]. 上海：华东师范大学出版社，2002.

[3]何克抗，李文光. 教育技术学[M]. 北京：北京师范大学出版社，2002.

[4]张剑平. 现代教育技术：理论与应用[M]. 北京：高等教育出版社，2003.

[5]李康. 现代教育技术教程[M]. 广州：广东高等教育出版社，2003.

[6]黄河明. 现代教育技术[M]. 北京：高等教育出版社，2004.

[7]何克抗. 关于《中小学教师教育技术能力标准》[J]. 电化教育研究，2005(04).

[8]何克抗. 关于教育技术学逻辑起点的论证与思考[J]. 电化教育研究，2005(11).

[9]张景生，杨凤梅. 现代教育技术概论[M]. 北京：电子工业出版社，2006.

[10]荣曼生，杨建良，黄建标. 现代教育技术基础[M]. 长沙：湖南教育出版社，2006.

[11]肖友荣，符传谊. 现代教育技术基础[M]. 北京：中国铁道出版社，2008.

[12]曾陈萍，吴军. 现代教育技术适用教程[M]. 北京：北京师范大学出版社，2010.

[13]丁莲，杜巍. 现状与反思：国内智慧校园研究综述[J]. 数码世界，2019（04）：288.

[14]杨平展，贺亚毛，曾庆怀，等. 现代教育技术概论[M]. 长沙：湖南大学出版社，2000.

[15]申田静，陈俊. 国内在线考试系统研究综述[J]. 中国教育技术装备，2015（14）：19-22.

[16]南国农. 信息化教育概论[M]. 北京：高等教育出版社，2004.

[17]尹俊华. 教育技术学导论[M]. 北京：高等教育出版社，1996.

[18]郑燕林. 实用教育技术[M]. 北京：科学出版社，2017.

[19]乌美娜. 教学设计[M]. 北京：高等教育出版社，1997.

[20]巴巴拉·西尔斯，丽塔·里奇. 教学技术：领域的定义和范畴[M]. 乌美娜，刘雍潜，译. 北京：中央广播电视大学出版社，1999.

[21]何克抗，郑永柏，谢幼如. 教学系统设计[M]. 北京：北京师范大学出版社，2002.

[22]Dick W，Carrey L，Carey J O. 教学系统设计[M]. 汪琼，译. 北京：高等教育出版社，2004.

[23]李兆义，桑苏玲，杨彦栋编著. 现代教育技术[M]. 北京：北京理工大学出版社，2019.

[24]冯学斌，赵建民. 教育技术理论与实践[M]. 济南：山东人民出版社，2004.

[25]缪亮，盘俊春. 几何画板 5. X 课件制作实用教程：微课版[M]. 北京：清华大学出版社，2018.

[26]冉新义，刘冰，安素平. 现代教育技术应用[M]. 厦门：厦门大学出版社，2017.

[27]张子涵. 信息技术教育应用的潜力、效果和挑战：基于“VR”“AR”“MR”的分析[J]. 软件导刊，2022，21(02)：216-220.

[28]王道俊，郭文安. 教育学(第七版)[M]. 北京：人民教育出版社，2016.

[29]刘俊强. 现代教育技术[M]. 武汉：华中师范大学出版社，2021.

[30]陈琳. 现代教育技术[M]. 2 版. 北京：高等教育出版社，2014.

[31]张一春. 信息化教学技术与方法[M]. 北京：高等教育出版社，2013.

[32]李海峰，王炜，吴曦. AECT 2017 定义与评析：兼论 AECT 教育技术定义的历史演进[J]. 电化教育研究，2018，(08)：21-26.

[33]杨九民. 现代教育技术[M]. 武汉：华中师范大学出版社，2005.

[34]闫志明，唐夏夏，秦旋，等. 教育人工智能(EAI)的内涵、关键技术与应用趋势：美国《为人工智能的未来做好准备》和《国家人工智能研发战略规划》报告解析[J]. 远程教育杂志，2017，(01)：26-35.

[35]祝智庭，贺斌. 智慧教育：教育信息化的新境界[J]. 电化教育研究，2012，(12)：5-13.

[36]刘邦奇. 为学习服务：“互联网+”时代的教育观念、模式及实现途径[J]. 中国电化教育，2017，(08)：39-45，80.

[37]王润兰. 现代教育技术应用[M]. 北京：北京师范大学出版社，2016.

[38]柯清超. 现代教育技术应用[M]. 北京：高等教育出版社，2016.

[39]李盛聪，杨艳. 网络学习环境的构成要素及特征分析[J]. 电化教育研究，2006，(07)：52-55，62.

[40]康叶钦. 在线教育的“后 MOOC 时代”：SPOC 解析[J]. 清华大学教育研究，2014

(01)：85-93.
[41]邱红艳，孙宝刚．现代教育技术[M]．重庆：重庆大学出版社，2020.
[42]顾明远．教育技术[M]．北京：高等教育出版社，1999.
[43] 耿青松．现代教育技术应用[M]．重庆：西南大学出版社，2021.
[44]袁振国．当代教育学[M]．4版．北京：教育科学出版社，2010.
[45]斯马尔蒂诺．教学技术与媒体(第八版翻译版)[M]．郭文革，译．北京：高等教育出版社，2008.
[46]祝智庭．现代教育技术：走向信息化教育[M]．北京：教育科学出版社，2002.
[47]程书肖．教育评价方法技术[M]．北京：北京师范大学出版社，2003.
[48]田中耕治．教育评价[M]．高峡等，译．北京：北京师范大学出版社，2011.
[49]李培林，张成爽，于龙．人工智能在教育领域应用浅析[J]．山东工业技术，2023，(04)：74-78.
[50] 张德成．现代教育技术[M]．上海：上海交通大学出版社，2018.
[51]马秀麟．信息化时代教师的专业发展[M]，北京：北京师范大学出版社，2017.
[52]张广平．3D打印技术在教育领域的应用[J]．信息记录材料，2019，20(2)：186-187.
[53]杜海娟．现代教育技术[M]．3版．北京：清华大学出版社，2019.
[54]葛传楠，雷成龙，诸明倩，等．STEAM教育发展及热点分析[J]．宁波教育学院学报，2023，25(03)：8-11，15.
[55]刘世玉，李成凤．创客教育：源起、现状与未来[J]．教育探索，2023(03)：1-6.
[56]刘莉莉．智慧教育的内涵与发展策略[J]．中国多媒体与网络教学学报(上旬刊)，2023(05)：60-63.
[57]马志杰．国外搜索引擎评价研究综述[J]．图书馆学研究，2013(02)：2-6.
[58]韩亚慧．思维导图在教育中应用的综述[J]．教育与装备研究，2023，39(01)：75-79.
[59]余树娟．现代教育技术[M]．武汉：武汉大学出版社，2015.
[60]周慧玲．多媒体教学在小学数学教学中的应 用探究[J]．新课程，2021(20)：113.
[61]靳永喜．浅谈多媒体教学技术在初中数学教学中的应用[J]．中国教师，2020(S2)：38.
[62]邓兰．对现代化教学技术在音乐教学中唯上的批判：兼论教师在音乐教学中的核心作

用[J]. 教育学报，2006年3期.

[63]时伟，李欢. 数字时代教师教学技术素养的反思与改进[J]. 课程. 教材. 教法. 2017(11).

[64]周序. 多提升些技术，少推广些理念：中国教学改革亟待转向[J]. 湖南师范大学教育科学学报. 2015(4).